港口与航运类一流专业规划教材
交通运输与物流系列丛书

国际货运代理实务

（第三版）

主编　孙 明

同济大学 出版社
TONGJI UNIVERSITY PRESS
·上海·

内 容 提 要

本书以实务操作为基础，结合最新法律法规和行业动态，系统地阐述了国际货运代理实务操作、业务技能及有关理论，对国际货运代理实践具有较强的指导意义。全书共7章，其主要内容有：国际货运代理人及其法律地位，国际海上货物运输基础知识，国际海运班轮货运代理实务，提单、海运单及其相关业务，国际航空货物运输基础知识，国际航空货运代理实务，国际货运代理运费计收实务。各章节思考与练习参考答案及部分世界技能大赛货运代理项目模拟题可扫描书后二维码下载。

本书适用于交通管理(国航)、交通运输、交通工程、物流管理、法学(海商法)、国际货运与报关、集装箱运输管理等专业本、专科教学，可作为世界技能大赛货运代理项目参赛学习用书，也可作为外贸、货代、物流等行业从业人员的职业培训教材及业务参考用书。

图书在版编目(CIP)数据

国际货运代理实务/孙明主编.--3版.--上海：同济大学出版社，2020.3(2024.7重印)

ISBN 978-7-5608-9180-4

Ⅰ.①国… Ⅱ.①孙… Ⅲ.①国际货运－货运代理－高等学校－教材 Ⅳ.①F511.41

中国版本图书馆CIP数据核字(2020)第027509号

国际货运代理实务(第三版)

主编　孙　明

责任编辑　朱　勇　　责任校对　徐春莲　　封面设计　陈益平

出版发行　同济大学出版社　www.tongjipress.com.cn

(地址：上海市四平路1239号　邮编：200092　电话：021－65985622)

经　　销　全国各地新华书店

印　　刷　常熟市华顺印刷有限公司

开　　本　787mm×1092mm　1/16

印　　张　14.25

字　　数　356000

版　　次　2020年3月第3版

印　　次　2024年7月第3次印刷

书　　号　ISBN 978-7-5608-9180-4

定　　价　38.00元

第三版前言

国际货物运输代理业，是指接受进出口货物收货人、发货人的委托，以委托人的名义或者以自己的名义，为委托人办理国际货物运输及相关业务并收取服务报酬的行业。其服务涵盖海运、空运、陆运、多式联运及综合物流业务，面广、量大、从业人员众多，是“国际航运中心”“交通强国”建设不可或缺的重要角色，在“一带一路”倡议下也起到了先行者的作用。

《国际货运代理实务》一书自2009年1月第一版和2012年10月第二版以来，得到了全国高校交通管理（国航）、交通运输、交通工程、物流管理、法学（海商法）、国际货运与报关、集装箱运输管理等本、专科专业师生，外贸、货代、物流等行业从业人员和广大新老读者的喜爱。

世界技能大赛，被誉为“世界技能奥林匹克”，代表了职业技能发展的世界先进水平，是当今世界地位最高、规模最大、影响力最大的职业技能赛事。货运代理项目是第44届世界技能大赛（2017年，阿布扎比）新增展示项目，并从第45届（2019年，喀山）开始成为正式项目。

该项目为全英文比赛，赛程为4天，累计比赛时间约21小时，围绕海运、空运、综合业务三个模块设计不同的考核任务，要求选手熟练掌握国际货运代理业务流程、海运地理、供应链管理等专业知识，并要时刻以实际工作中解决问题、服务客户为根本思路，在规定的时间内完成报价计算、运输组织、客户交流、单证操作、投诉处理等竞赛任务，考核选手们的综合业务处理能力、语言运用能力及职业素养。

自2017年下半年起，本人领衔并全方位指导上海海事大学学生参加2018年中国技能大赛暨第45届世界技能大赛货运代理项目各阶段的比赛。近两年的时间里，我校交通运输学院交通管理（国航）专业的王慧文、王宏宇两名选手历经上海市选拔赛、全国选拔赛、“十一进五”选拔赛和“五进一”选拔赛，始终保持了第一名和第二名的优异成绩。王慧文同学最终作为中国选手代表国家参加了2019年8月于俄罗斯喀山举办的第45届世界技能大赛货运代理项目。此外，她还于2019年5月代表中国参加另一赛事——“一带一路”国际技能大赛货运代理项目并夺得了金牌。王宏宇同学则同样进入国家集训队，成为该项目国际赛事的中国备选选手。

本人自2002年起从事国际货运代理实务、运输代理实务等课程的课堂教学、社会从业人员培训和企业内训，先后多次前往企业从事实践和研究工作。为了实现与国际接轨，还通过培训和考核取得国际认证，成为FIATA国际货运代理等项目认证的高级培训师。多年来，我们以“全方位育人”理念为指导，紧密围绕“课程育人”这一主线，将“教材育人”“实习实践育人”“科创竞赛育人”“教改教研育人”贯穿其中，充分挖掘自身优势和特点，探索构建“五位一体”的协同育人体系并付诸实践，起到一定的示范效应。本人负责的上海市教委重点课程建设项目“运输代理实务”已圆满完成建设任务。

本次修订，除了纠正之前版本发现的错误，补充VGM申报、拼箱货运价计算等实务操作类知识点外，还增加了我校师生在实质性企业实习（与企业员工“同吃、同住、同劳动”至少一周）工作中积累的全新知识点，并进一步融入了跨境贸易便利化、口岸业务无纸化等内容。在前两版的基础上，对标世界技能大赛货运代理项目的技术文件（WorldSkills Standards Specification），整理了一部分世界技能大赛货运代理项目的模拟题（扫描书后二维码下载，仅供学习和研究之用）。相关院校的选手可以在学习第一章至第七章理论知识的基础上，完成货运代理企业实习实践环节，再围绕该模拟题开展训练以熟悉世界技能大赛题型，从而提高技能水平。相关院校的老师也可先针对该模拟题开展研究以总结心得，从而有利于货运代理相关课程的教学内容和教学方法改革。

本次修订工作得到了王宏宇和王慧文同学的大力支持，他们主要在第三章、第六章和第七章的完善以及模拟题的整理方面做了大量的工作，在此表示感谢！

相信新版教材能够有利于课程教学质量的提高，有利于国家培养更优秀的世界技能大赛选手，更有利于“全方位育人”理念的推广。

对本书中仍有可能存在的不妥之处，恳请使用本教材的老师、同学和广大读者批评指正，以便再版时作修改补充。

孙　明

2019年11月于海大智慧湖畔

第二版前言

《国际货运代理实务》第一版自2009年1月出版以来，已逾三年。其间，国际经济形势、贸易惯例、运输法规和货运代理实务发生了新的变化。例如，国际金融危机和欧洲债务危机导致我国进出口贸易结构和数量产生了变化；国际商会自2007年起着手修订Incoterms 2000，于2010年9月公布新版本Incoterms 2010，并于2011年1月1日起实施；2008年12月11日，在纽约举行的联合国大会上，联合国贸易法委员会(UNCITRAL)制定的《联合国全程或部分海上国际货物运输合同公约》(*United Nations Convention on Contracts for the International Carriage of Goods Wholly or Partly by Sea*)(通称《鹿特丹规则》)正式得到通过，并且于2009年9月23日在荷兰鹿特丹举行了签字仪式，当中不乏美国和希腊等主要海运大国；2009年11月，中国民用航空局发布了《国际民航组织发布1999年〈蒙特利尔公约〉限额修订生效的通知》；同受金融危机的影响，国际货运代理企业通过提升市场、销售、海外代理等部门的业务能力，积极拓展多式联运与项目物流等手段，其业绩并不像班轮公司、航空公司那样糟糕。

为了使教材随时、充分地反映这些新变化，作者决定对《国际货运代理实务》第一版进行修订，贡献给全国高校航运管理、交通运输、物流管理、法学、国际货运与报关、集装箱运输管理等本、专科专业师生，外贸、货代、物流等行业从业人员和广大新老读者。

本书仍分为七章。第一章介绍了国际货运代理人的基本概念，阐述了它的法律地位以及它充当多式联运经营人的情形；第二章从船、港、货、线四个方面着手，介绍了海运货代实务必需的基础知识，重点阐述了海运集装箱和与集装箱货物有关的几个问题；第三章详细阐述了海运班轮货运代理实务的业务流程和相关单证；第四章专门介绍了海运提单、海运单的基本概念、法律特征和使用方法；第五章介绍了一些和国际航空货物运输有关的基础知识；第六章详细阐述了航空货运代理实务的业务流程和相关单证；第七章通过理论和例题，介绍了海运班轮运费和航空货物运费的计收办法。

参加本版修订的有：孙明(第一章、第四章、第七章)、汪爱娇(第二章、第三章)、张筱菱(第五章、第六章)等。他们在国际货运代理实践、本/专科教学、精品课程建设、企业员工培训、CIFA和FIATA考证培训等方面有着丰富的经验。

对本书中可能存在的不妥之处，恳请使用本教材的老师、同学和广大读者批评指正，以便再版时作修改补充。

孙　明

2012年10月于上海海事大学

前　言

随着中国对外经济与贸易的迅速发展，国际货运代理业的地位愈来愈重要。与此同时，各高校的航运管理、交通运输、物流管理、法学、国际货运与报关、集装箱运输管理等本、专科专业也纷纷开设了与国际货运代理实务有关的课程，以培养这方面的专才。

目前，市场上的许多货运代理公司既从事海运货代业务，也从事航空货代业务。然而，航空货运代理人与海上货物运输代理人相比，在法律身份、业务操作、单证使用、责任范围等各个方面均有其自身的特点。并且，专门针对航空货代业务的教材不多。

本书共分七章。第一章介绍了国际货运代理人的基本概念，阐述了它的法律地位；第二章从船、港、货、线四个方面着手，介绍了海运货代实务必需的基础知识，重点阐述了海运集装箱和与集装箱货物有关的几个问题；第三章详细阐述了海运班轮货运代理实务的业务流程和相关单证；第四章专门介绍了提单、海运单的基本概念、法律特征和使用方法；第五章介绍了一些和国际航空货物运输有关的基础知识；第六章详细阐述了航空货运代理实务的业务流程和相关单证；第七章通过理论和例题，介绍了海运班轮运费和航空货物运费的计收办法。

本书以实务操作为基础，结合最新法律法规和行业动态，系统地阐述了国际货运代理业务及有关理论，对国际货运代理实践具有较强的指导意义。本书适用于相关专业的本、专科教学，也可作为外贸、货代、物流等行业从业人员的职业培训教材和业务参考用书。

本书由上海海事大学国航系孙明老师主编，其在国际货运代理实践、本/专科教学、企业员工培训、CIFA 和 FIATA 考证培训等方面有着丰富的经验。本书由上海海事大学国航系杨志刚教授主审，同时也得到了上海海事大学国航系系主任王学锋教授的悉心指导，在此表示衷心感谢！

在本书的撰写过程中，作者参阅和引用了同行专家的著作及数据，得到了同济大学出版社相关编辑人员的帮助，在此一并致谢！

由于编写时间紧迫，难免出现一些疏漏、错误，敬请各界人士批评指正。

编　者

2009 年 1 月于上海海事大学

目 录

第一章
国际货运代理人及其法律地位

学习目标

知识要求

- 掌握国际货运代理人的定义。
- 了解国际货运代理人的作用和业务范围。
- 了解国际货运代理企业经营活动的限制。
- 掌握国际货运代理人的法律地位。

技能要求

- 具有分析不同情况下国际货运代理人法律地位的能力。

开章案例

国际货运代理公司就是代理人身份吗?

江苏某公司(以下简称A公司)将10台数控机床交由世运国际货运代理公司(以下简称B公司)承运,B公司签发了自己的提单将10台机床从A公司工厂安排运至张家港仓储公司装箱后由B公司安排拖往张家港集装箱码头堆场,装载驳船运往上海,在上海配装C公司船运往德国汉堡,张家港经上海转汉堡由C公司出具全程提单。

收货人D公司在目的港提箱时发现箱损,并由汉堡公证机构出具检验报告,报告证明箱损系由于箱内机床加固、绑扎不牢所致,而且机床也有一定程度的损坏。

对此,C公司认为:①尽管C公司承担海运,但箱损并非运输过失所致,汉堡公证机构的报告也已做了证明;②尽管C公司签发了从张家港至汉堡的提单,但该提单仅对海运区段承担责任;③C公司与A公司、D公司之间不存在提单关系,因为B公司已签发全程提单。

而B公司认为:①尽管签发全程提单,但箱损并非因提单签发所致;②既然汉堡公证机构报告认定箱损系由于加固、绑扎不当所致,理应由装箱人承担责任。

仓储公司认为:①即使汉堡公证机构报告证明因加固、绑扎不当造成箱损,但装箱时的装箱证明书证明装箱人并无过失;②经过常规的加固、绑扎后不应造成箱损,除非有外来第三方原因;③仓储公司与A公司、C公司、D公司均不存在任何合同关系。

(来源:《国际货运代理实务、法规与案例》 作者:杨志刚 孙明 吴文一)

讨论:

1. 本案中世运国际货运代理公司的法律身份如何认定?
2. 货代公司、仓储公司和船公司三者之间的关系如何认定?
3. 本案中箱损、货损分别应由谁承担?

第一节 国际货运代理概述

一、国际货运代理人的定义

“货运代理”是由英文“Freight Forwarding”翻译而得。“货运代理人”则是由英文的“Freight Forwarder”或“Forwarding Agent”翻译而得,由于最初是由“Forwarding Agent”翻译而来,因此选择使用了“代理人”一词。“国际货运代理”或“国际货运代理人”则只要加上国际“International”即可:“International Freight Forwarding”就是“国际货运代理”,“International Freight Forwarder”或“International Forwarding Agent”就是“国际货运代理人”。

在我国,由于普遍被接受的是“货运代理人”这一专用名词,所以本书亦沿用“货运代理人”一词。但是,“货运代理人”实际上并不仅仅从事代理业务,因此也就不仅仅是代理人的身份。

在我国,对“国际货运代理业”比较权威的定义是:国际货运代理业是指接受进出口货物收货人、发货人的委托,以委托人的名义或者以自己的名义,为委托人办理国际货物运输及相关业务并收取服务报酬的行业。因此,国际货运代理人就是指接受进出口货物收货人、发货人的委托,以委托人的名义或者自己的名义,为委托人办理国际货物运输及相关业务并收取报酬的人。“国际货运代理企业”这一名词只要将以上的“人”改为“企业”即可。

二、国际货运代理人的作用

国际货运代理人与各种承运人、仓储经营人、保险人，港口、机场、车站、堆场、银行等相关企业，海关、检验检疫、进出口管制等有关政府部门存在着密切的业务关系，不论对于进出口货物的收、发货人，还是对于承运人和港口、机场、车站、仓库经营人都有重要的桥梁和纽带作用。不仅可以促进国际贸易和国际运输事业发展，而且可以为国家创造外汇来源，对于本国国民经济发展和世界经济的全球化都有重要的推动作用。仅对委托人而言，至少可以发挥以下作用。

(一) 组织协调

国际货运代理人历来被称为“运输的设计师”，“门到门”运输的组织者和协调者。凭借其拥有的运输知识及其他相关知识，组织运输活动，设计运输路线，选择运输方式和承运人，协调货主、承运人及其与仓储保管人、保险人，银行、港口、机场、车站、堆场经营人和海关、检验检疫、进出口管制等有关当局的关系，可以省却委托人时间，减少许多不必要的麻烦。

(二) 专业服务

国际货运代理人的本职工作是利用自身专业知识和经验，为委托人提供货物的承揽、交运、拼装、集运、接卸、交付服务，接受委托人的委托，办理货物的保险、海关、检验检疫、进出口管制等手续，甚至有时要代理委托人支付运费，垫付税金和政府规费。国际货运代理人通过向委托人提供各种专业服务，可以使委托人不必在自己不够熟悉的业务领域花费更多的心思和精力，使不便或难以依靠自己力量办理的事宜得到恰当、有效的处理，有助于提高委托人的工作效率。

(三) 沟通控制

国际货运代理人拥有广泛的业务关系、发达的服务网络、先进的信息技术手段，可以随时保持货物运输关系人之间、货物运输关系人与其他有关企业、部门的有效沟通，对货物进行运输的全过程进行准确跟踪和控制，保证货物安全、及时运抵目的地，顺利办理相关手续，准确送达收货人，并应委托人的要求提供全过程的信息服务及其他相关服务。

(四) 咨询顾问

国际货运代理人通晓国际贸易环节，精通各种运输业务，熟悉有关法律、法规，了解世界各地有关情况，信息来源准确、及时，可以就货物的包装、储存、装卸和照管，货物的运输方式、运输路线和运输费用，货物的保险、进出口单证和价款的结算，领事、海关、检验检疫、进出口管制等有关当局的要求等向委托人提出明确、具体的咨询意见，协助委托人设计、选择适当处理方案，避免、减少不必要的风险、周折和浪费。

(五) 降低成本

国际货运代理人掌握货物的运输、仓储、装卸、保险市场行情，与货物的运输关系人、仓储保管人以及港口、机场、车站、堆场经营人和保险人有着长期、密切的友好合作关系，拥有丰富的专业知识和业务经验、有利的谈判地位、娴熟的谈判技巧，通过国际货运代理人的努力，可以选择货物的最佳运输路线、运输方式、最佳仓储保管人、装卸作业人和保险人,争取公平、合理的费率,甚至可以通过集运效应使所有相关各方受益,从而降低货物运输关系人的业务成本,提高其主营业务效益。

(六) 资金融通

国际货运代理人与货物的运输关系人、仓储保管人、装卸作业人及银行、海关当局等相互了解,关系密切,长期合作,彼此信任。国际货运代理人可以代替收、发货人支付有关费用、税金,提前与承运人、仓储保管人、装卸作业人结算有关费用,凭借自己的实力和信誉向承运人、仓储保管人、装卸作业人及银行、海关当局提供费用、税金担保或风险担保,可以帮助委托人融通资金,减少资金占压,提高资金使用效率。

三、国际货运代理企业的业务范围

(一) 国际货运代理企业的经营活动

我国的国际货运代理企业可以接受委托,作为代理人或者独立经营人从事下列全部或部分经营活动:

(1) 揽货、订舱(含租船、包机、包舱)、托运、仓储、包装。

(2) 货物的监装、监卸、集装箱拆箱、分拨、中转及相关的短途运输服务。

(3) 报关、报检、报验、保险。

(4) 缮制签发有关单证、交付运费、结算及交付杂费。

(5) 国际展品、私人物品及过境货物运输代理。

(6) 国际多式联运、集运(含集装箱拼箱)。

(7) 国际快递(不含私人信函)。

(8) 咨询及其他国际货运代理业务。

除以上各项业务外,符合条件的国际货运代理企业还可以从事第三方国际物流、无船承运等业务。

(二) 国际货运代理企业经营活动的限制

1. 需要办理相关手续

2004 年 5 月 19 日,国务院根据《行政许可法》和行政审批改革计划,作出《关于第三批取消和调整行政审批项目的决定》,明确取消国际货运代理企业经营资格审批和外国货运代理商在华常驻代表机构的核准。同年 7 月 1 日起,商务部正式全面停止国际货运代理企业经营资格的行政审批。7 月 16 日通知中国国际货运代理协会停止国际货运代理企业批准证书的发证和换证工作。

2005 年 2 月 1 日,商务部与国家工商行政管理总局联合发出《关于国际货物运输代理企业登记和管理有关问题的通知》,通知在明确规定企业申请从事国际货运代理业务,可以直接向所在地工商行政管理部门办理企业登记注册,同时要求工商行政管理部门在登记注册从事国际货运代理业务的企业时,严格执行《中华人民共和国国际货物运输代理业管理规定》关于经营海上、航空、陆路国际货运代理业务最低注册资本限额的规定。以从事国际货运代理业务为主要业务的企业,名称中应体现"国际货运代理"类似字样,企业的经营范围原则上按"××

国际货运代理业务”核定。商务主管部门在行业管理中要积极支持行业协会工作，充分发挥行业协会作用，加强行业自律，规范会员的经营行为。

小知识

国际货物运输代理企业注册资本最低限额标准

1995 年 6 月 6 日国务院批准的《中华人民共和国国际货物运输代理业管理规定》第 8 条规定，国际货物运输代理企业的注册资本最低限额应当符合下列要求：

经营海上国际货物运输代理业务的，注册资本最低限额为 500 万元人民币；

经营航空国际货物运输代理业务的，注册资本最低限额为 300 万元人民币；

经营陆路国际货物运输代理业务或者国际快递业务的，注册资本最低限额为 200 万元人民币。

经营前款两项以上业务的，注册资本最低限额为其中最高一项的限额。

国际货物运输代理企业每设立一个从事国际货物运输代理业务的分支机构，应当增加注册资本 50 万元。

2005 年 3 月 2 日，商务部又以 2005 年第 9 号部长令发布了《国际货运代理企业备案（暂行）办法》，明确了国际货运代理企业备案主管部门、管理体制、备案机关的条件、备案程序、备案材料、备案时限等问题。

此外，由于具体情况有所不同，各个国际货运代理企业的业务经营范围也有所不同。我国在国际货运代理行业以及其他与国际货运代理相关的行业实行的管理体制并不完全相同，因此，国际货运代理企业实际从事上述范围内的某些业务，可能还需到相关主管部门办理审批、登记、注册手续。

2.《营业执照》列明的经营范围

国际货运代理企业实际经营的国际货运代理业务范围，应当以在工商行政管理机关登记的经营范围为准。当国际货运代理企业根据实际需要，扩大经营范围，兼营其他业务时，依照有关法律、法规和规章，需要有关主管部门审查、批准的，应当向相关主管部门办理审批手续，并在工商行政管理机关登记。兼营的其他业务不需相关主管部门审批的，亦应向工商行政管理机关申请登记。工商行政管理机关颁发的《企业法人营业执照》通常将国际货运代理企业的经营范围规定为“承办海运、陆运、空运进出口货物的国际运输代理业务（未取得专项许可的项目除外）”。如果国际货运代理企业兼营其他业务，其《企业法人营业执照》也会根据有关主管部门的批准、许可文件或该企业的直接申请登记，加以相应记载。因此，各个国际货运代理企业的具体业务经营范围，最终应以工商行政管理机关颁发的《企业法人营业执照》列明的经营范围为准。

第二节　国际货运代理人的法律地位

我国 1986 年 4 月 2 日通过、1987 年 1 月 1 日实施的《民法通则》第 63 条规定：“公民、法人可以通过代理人实施民事法律行为。被代理人对代理人的代理行为，承担民事责任。依照法律规定或者按照双方当事人的约定，应当由本人实施的民事法律行为，不得代理。”

1995 年 6 月 6 日国务院批准的《中华人民共和国国际货物运输代理业管理规定》规定，国际货物运输代理业，是指接受进出口货物收货人、发货人的委托，以委托人的名义或者以自己的名义，为委托人办理国际货物运输及相关业务并收取服务报酬的行业。1998 年 1 月 26 日公布执行的《中华人民共和国国际货物运输代理业管理规定实施细则》将该定义进行具体化，规定:“国际货物运输代理企业可以作为进出口货物收货人、发货人的代理人，也可以作为独立经营人，从事国际货运代理业务。国际货运代理企业作为代理人从事国际货运代理业务，是指国际货运代理企业接受进出口货物收货人、发货人或其代理人的委托，以委托人的名义或者以自己的名义办理有关业务收取代理费或佣金的行为。国际货运代理企业作为独立经营人，从事国际货运代理业务，是指国际货运代理企业接受进出口货物收货人、发货人或其代理人的委托，签发运输单证、履行运输合同并收取运费以及服务费的行为。”

典型案例

国际货运代理人作为代理人时的地位及责任

某货运代理公司接受某货主委托办理出口货物运输事宜。货物抵达目的地前，货运代理得到货主电话要求(后来否认)后，指示外代公司凭提单传真件和银行保函放货，外代在通知船公司时忽略了要求银行保函这一重要条件，造成国外收货人提货后不付款，货主损失惨重，诉至法院。一审法院认为，见正本提单放货是船公司及其代理的行业管理和法定义务，无单放货与货运代理的指示没有因果关系。但二审法院认为，货运代理作为原告的代理，擅自指示外代公司、船公司无单放货，而货主的损失与此指示有直接因果关系，应赔偿货主的全部损失。

在此案中，货主的指示实际上是不符合船公司间正本提单放货的货运实践的，作为代理人，货运代理应当取得货主的书面授权，使其行为后果归属于货主，以避免本不应该承担的责任。

以上为 2002 年 1 月 1 日起施行的《中华人民共和国国际海运条例》颁布之前我国传统上对国际货运代理人的定义及法律地位的界定。据此，国际货运代理人的法律地位有两种:一是作为代理人。作为代理人的国际货运代理人既可以委托人的名义，即国际货运代理人作为进出口货物收货人、发货人的代理人，以收货人或发货人的名义从事代理活动;也可以自己的名义办理有关业务。这相当于大陆法系中的间接代理和英美法系中的隐名代理。二是作为独立经营人。作为独立经营人主要是作为承运人从事活动，国际货运代理人签发运输单证，享有承运人的权利，承担承运人的义务和责任。

我国《国际海运条例》(2002 年 1 月 1 日起施行，2013 年、2016 年、2019 年、2023 年共四次修订)及其《实施细则》[2003 年 3 月 1 日起施行，2013 年、2017 年、2019 年(两次)、2023 年共五次修订]将国际货运代理人在国际海上货物运输时以独立经营人身份从事业务的称为无船承运人。无船承运业务，是指无船承运业务经营者以承运人身份接受托运人的货载，签发自己的提单或者其他运输单证，向托运人收取运费，通过国际船舶运输经营者完成国际海上货物运输，承担承运人责任的国际海上运输经营活动。从事无船承运业务的企业应该取得相应的资格。

因此，在《国际海运条例》实施以后，我国国际货运代理人的业务主要包括传统的代理业务和无船承运业务，另外还包括集装箱拆箱、集拼箱业务以及物流业务、多式联运业务等。在作为传统意义上的代理人和无船承运人从事活动时，受不同的法律规范，承担不同的义务和责任。当然，一个企业可以同时从事这两种业务。在具体业务上，要么是作为发货人、收货人的代理人，要么是无船承运人，不能既是代理人又是无船承运人。

实务中，我们可对国际货运代理人的法律地位做如下划分，并举例说明。

(一) 代理人

1. 以被代理人的名义

如图 1-1 所示，货主 A 公司委托货代 B 公司代办货物出口手续，双方成立委托代理关系，A 公司为被代理人，B 公司为代理人。B 公司以 A 公司的名义向船公司或其代理人 C 公司办理订舱托运手续。货物装船后，C 公司签发提单(Bill of Lading，简称 B/L)作为运输凭证。作为运输合同的证明(第四章详述)，提单所证明的海上货物运输合同的当事人为托运人 A 公司和承运人 C 公司。

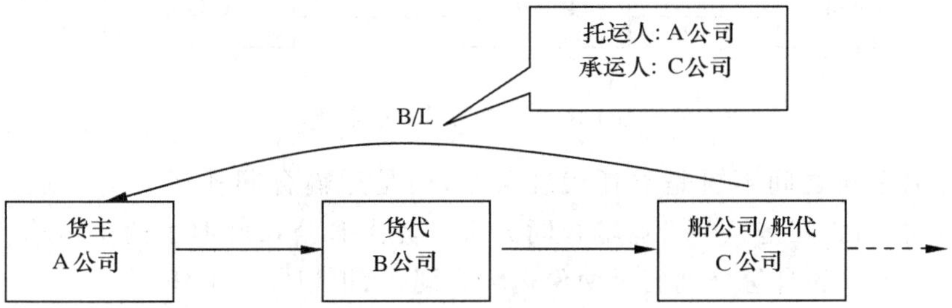

图 1-1　以被代理人的名义从事代理活动

其中，货代 B 公司仅作为代理人的身份，只收取了代理费或者佣金，在委托代理合同授权范围内的法律行为的后果由货主 A 公司承担，B 公司仅对自己代理行为本身的过错负责。

2. 以自己的名义

如图 1-2 所示，货主 A 公司委托货代 B 公司代办货物出口手续，双方成立委托代理关系，A 公司为被代理人，B 公司为代理人。然而，出于商业上的某些目的和需要，B 公司以自己的名义向船公司或其代理人 C 公司办理订舱托运手续。货物装船后，C 公司签发提单作为运输凭证。

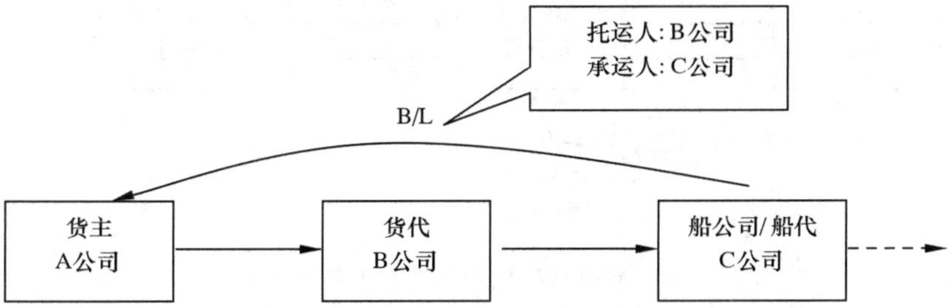

图 1-2　以自己的名义从事代理活动

提单表面所显示的是托运人 B 公司和承运人 C 公司之间的运输合同关系，但是，货代 B 公司仍然仅作为代理人的身份，只收取了代理费或者佣金，在委托代理合同授权范围内的法律行为的后果由货主 A 公司承担，B 公司仅对自己代理行为本身的过错负责。

(二)本人/当事人/独立经营人/无船承运人

如图 1-3 所示,货代 B 公司接受了 A 公司的订舱托运,收取了全程运费,承诺完成货物运输,然后又以自己的名义向船公司或其代理人 C 公司办理订舱托运手续,并支付运费。货物装船后,B 公司得到 C 公司签发的提单(Master Bill of Lading,简称 M-B/L,实务中也有采用 Sea Bill of Lading 或者 Ocean Bill of Lading 的说法)作为运输凭证,同时签发自己抬头的提单(House Bill of Lading,简称 H-B/L)。

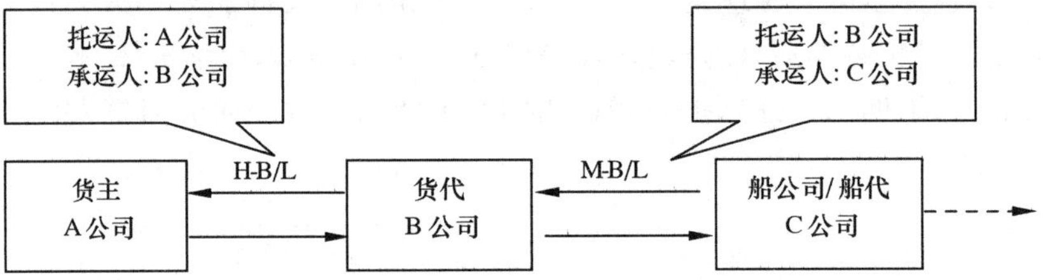

图 1-3　从事无船承运业务

A 公司与 B 公司之间不再是委托代理关系,而是运输合同托运人与承运人的关系。同时,B 公司和 C 公司之间是另一份运输合同关系。货代 B 公司赚取了两份运输合同下运费的差价,以本人、当事人的身份分别面对两份运输合同,承担相应的责任。

(三)双重身份/混合经营人

图 1-4 所示的情况与上述第(二)类相仿,区别在于:由于货代 B 公司的业务范围很广,其不但以本人、当事人的身份收取运费、赚取差价、签发提单、承担运输责任,同时也受到货主 A 公司的委托,代办货物出口报关等业务——为代理人的身份,仅对自己代理行为本身的过错负责。

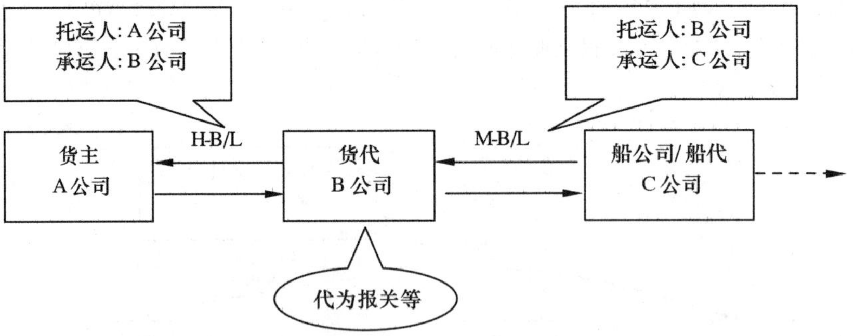

图 1-4　同时从事代理活动和无船承运业务

我们称这种情况为“双重身份”,在实践中极具复杂性。具体的案件中,我们要根据货损的性质,从因果关系的角度判断货代公司的身份(代理人或本人),选择适用的法律规范(代理法或提单法等),确定其赔偿责任。

典型案例

国际货运代理人双重代理行为的违法性

某货主委托某货运代理公司办理上海到南美的出口运输，货运代理公司未经授权签发了某提单抬头人的提单，同时又以提单抬头人的名义委托船公司实际承运。船公司向该货运代理签发了自上海到南美某港口的提单，这样货主虽手持提单却已丧失了货物的控制权，法院判决货运代理公司双重代理违法，赔偿货主的全部损失。

本案中，货运代理首先接收了货主的委托，成为货主的代理人，接着签发了某提单抬头人的提单，同时又以提单抬头人的名义委托船公司实际承运。如果提单抬头人追认该货运代理的行为，则提单抬头人在本案中为无船承运人，货运代理为提单抬头人的代理。由此可见，本案中的货运代理同时代表了一个运输合同的双方，即货主和承运人(某提单抬头人)，这违反了《民法通则》关于禁止双重代理的规定。

因此，在具体的业务中，货运代理要么代理货主，要么代理承运人，绝不能同时代理，否则很可能承担不利的法律后果。

第三节　国际货运代理人充当多式联运经营人

“一带一路”(The Belt and Road，缩写 B&R)是“丝绸之路经济带”和“21 世纪海上丝绸之路”的简称，2013 年 9 月和 10 月由中国国家主席习近平分别提出建设“新丝绸之路经济带”和“21 世纪海上丝绸之路”的合作倡议。

六年来，聚焦“六廊六路多国多港”主骨架，在设施联通方面，铁路、港口、航空等一批标志性项目取得了实质性进展。截至 2019 年 6 月底，中欧班列累计开行数量近 1.7 万列，国内开行城市达 62 个，境外到达 16 个国家的 53 个城市；回程班列已达 99%，基本实现去一回一，综合重箱率达 88%。

国际货运代理人从海运、铁路等基本业务出发，拓展业务内涵，作为多式联运经营人为客户提供国际货物多式联运，成为了“一带一路”伟大倡议的践行者。①

一、国际多式联运的定义

(一)《1980 年联合国国际货物多式联运公约》的定义

目前看来，《1980 年联合国国际货物多式联运公约》关于国际货物多式联运的定义最具权威性和影响力。根据该公约，国际货物多式联运是指：按照多式联运合同，以至少两种不同的运输方式，由多式联运经营人将货物从一国境内接管货物的地点运至另一国境内指定交付货物的地点。为履行单一方式运输合同而进行的该合同所规定的货物接送业务，不应视为国际多式联运。

公约的这一定义有两个特点：①它将多式联运与转运明确区分开来，前者是在不同运输方式之间进行连续运输，而后者是在单一运输方式之间进行连续运输；②公约强调多式联运的国际性，并规定国际性的标准是接管货物地点和交付货物的地点要位于不同国家。

① 数据来源：中国一带一路网，https://www.yidaiyilu.gov.cn/.

(二)《1991年国际商会多式联运单证规则》的定义

《1980年联合国国际货物多式联运公约》一直未能生效,主要原因:①公约具有强制适用性。其第3条规定,符合公约要求的多式联运合同一经签订,本公约即对这种合同强制适用。这种强制适用的要求,对一些国家来说,难以接受。②公约生效的条件也比较不易满足。它要求30个国家加入后的12个月内才能生效,但到目前为止,仅有10多个国家加入了该公约。为了确保该公约生效前国际货物多式联运能有效地进行,有关国际组织决定制定一个临时性的规则,这就是联合国贸发会会同国际商会在《1975年国际商会关于联合运输单证(Combined Transport Document—Combidoc)的统一规则》(以下简称《1975年国际商会统一规则》)的基础上,参考《1980年联合国国际货物多式联运公约》制定的《1991年国际商会多式联运单证规则》(以下简称《1991年国际商会规则》)。

《1991年国际商会规则》对多式联运并没有作出定义。但是根据其定义的"多式联运合同"和"多式联运经营人"来看,该规则所指的多式联运与《1980年联合国国际货物多式联运公约》的定义唯一的区别在于:《1991年国际商会规则》对多式联运的国际性没有规定。在内容上,它只规定至少使用两种不同的运输方式即可;在名称上,它使用的是"多式联运"而非"国际货物多式联运"。因此,该规则既可应用于国际货物的多式联运,也可应用于国内货物的多式联运。除此之外,多式联运的内涵在这两个国际性的法律文件中并没有其他不同。

二、多式联运的基本特征

从国际货物多式联运的概念分析可以得出国际货物多式联运的基本特征有:

(1) 国际货物多式联运首先是一种跨越国界的运输,其运输的起始地和目的地一定位于不同的国家境内,以此区别于一国境内的多式联运。

(2) 此种运输一定是通过两种以上不同的运输方式得以完成,不同运输方式的区分还要结合不同运输区段适用法律的不同加以界定。

(3) 虽然参与此项运输的当事方不止一个,但是必须有一个多式联运经营人作为多式联运合同的一方主体组织完成全部的运输并承担相应的合同责任。

(4) 全部多式联运过程必须涵盖在一个单独的货物运输合同之下,多式联运经营人有可能接受不同合同的约束,比如受多式联运经营人与其雇佣人之间雇佣合同的约束,同时在各个运输区段间不可避免地会有各种辅助性的工作是不能全部包括在各个分运输合同中的。因此,一个覆盖全程运输的单独的运输合同就成为多式联合运输得以完成之必要,多式联运也由此成为一种独立的运输模式而不再是各种单一运输方式的简单叠加。

国际多式联运是一种较高级的运输组织方式,它集中了各种运输方式的特点,扬长避短,融合一体,组成连贯运输,达到简化货运环节,加速周转,减少货损货差,降低运输成本,实现合理运输的目的。它相对于单一运输方式具有较大的优越性,主要表现在如下几个方面:

(1) 提高运输组织水平。国际多式联运开展以前,各种运输方式都是自成体系,因此其经营的范围是有限的,承运的数量也是有限的。多式联运的开展,实现了运输的合理化,改善了不同运输的衔接协作,从而提高了运输的组织和管理水平。

(2) 综合利用各种运输的优势。多式联运通过各种运输方式的合理搭配,充分发挥各类运输工具的效能,提高了运输效率,减少了货物的库存时间和费用,降低了运输成本。

(3) 实现"门到门"运输的有效途径。国际多式联运综合了各种运输的特点，组成了直达连贯运输，可以把货物从发货人的内地工厂或仓库，直接运到收货人的内地工厂或仓库，还可以运到收货人指定的任何适宜的地点。

(4) 手续简便，提早结汇。在多式联运方式下，货主只需办理一次托运手续，指定目的地，货物在启运地装上第一程运输工具后，货主即可取得多式联运单证，并可凭此向银行办理收汇手续。这较之过去从内地发货，需要在到达港口装船后才可取得装船提单收汇要早，因而，也有利于加速资金周转，节省利息支出。

(5) 安全迅速。整个多式联运过程各个环节配合密切，衔接紧凑，中转迅速而及时，中途停留时间短。此外，多式联运以集装箱为主体，货物封闭在集装箱内，这样既减少了货损货差，还可以防止污染和被盗，能够较好地保证货物安全、迅速、准确、及时地运到目的地。

(6) 降低运输成本，节约运杂费用。多式联运可以从多方面节约费用，降低成本，对货主而言是优惠运价，对承运人而言是高利润。

三、多式联运经营人

(一) 国际多式联运经营人的法律性质

《1980年联合国国际货物多式联运公约》规定的国际货物多式联运经营人是指其本人或者通过其代表订立国际货物多式联运合同的任何人。他是本人，而不是发货人的代理人或代表或者参加多式联运的承运人的代理人或代表，并且负有履行合同的责任。因此，多式联运经营人是一个独立的法律主体，他的身份是基于多式联运合同而向托运人承担履行运输义务的本人，不管他是作为多式联运的实际提供人还是作为运输的承办人，只要他事实上与发货人签订了国际货物多式联运合同，作为本人他就应该负责对多式联运做出妥善安排，同时对整个多式联运合同履行过程中发生的货物的灭失、损害以及货物的迟延交付承担责任。

随着贸易运输实践的发展以及社会分工的不断细化，多式联运经营人不可能也没有必要去亲自完成多式联运的所有环节，更多的情况是多式联运经营人自己将其中的一部分或者全部业务委托给各区段实际承运人或货运代理人、雇佣人等去完成。这样，多式联运经营人一方面作为本人与托运人签订了多式联运合同承担所有合同义务，为货物利益方提供一次托运、一次收费、一单到底、统一理赔、全程负责的一体化运输服务，另一方面又与各区段承运人、货运代理人、雇佣人等发生契约关系，通过这种契约关系利用他们的服务以完成自己在多式联运合同中的义务。因此，多式联运经营人的这种区别于任何单一运输方式下承运人的独特法律地位在这多层次的合同关系中得以集中体现，同时也决定了多式联运经营人的法律性质及多式联运经营人在多式联运中的法律地位和作用。

(二) 国际多式联运经营人的基本特征

国际货物多式联运是由众多运输方式有机结合而完成的，所以它的法律关系也就显得较为复杂，其中既有多式联运经营人与货物利益方之间的运输合同关系，又有多式联运经营人与其代理人、受雇人及其他相关方之间的代理关系、承揽运送关系、侵权关系等。作为国际货物多式联运合同的主体，多式联运经营人应当具备以下基本特征。

(1) 无论是其本人还是通过其代理人，多式联运经营人必须是与托运人签订国际多式联运合同的合同主体，他本人即是合同的一方当事人。多式联运的实质在于它是一个单一的运输过程,即通过不同的运输方式,把货物自接管地点运往交货地点。因此,多式联运经营人为完成运输而与其他分订约人订立的合同关系只是为履行多式联运经营人与托运人订立的多式联运合同而必须采取的措施,二者属于不同的合同关系层面。

(2) 多式联运经营人从接管货物时起到交付货物时止,对无论是否实际处于其掌管支配下的货物的灭失、损害以及迟延交付承担赔偿责任。虽然这并不影响多式联运经营人向实际造成货物灭失、损害以及迟延交付的责任人进行追偿,但是只要货物利益方选择向其主张权利,其便负有第一位的赔偿责任。尽管大多数情况下合同项下的货物并不是由联运经营人亲自支配,但是只要在责任期间内,货物即视为在其掌管之下,这是多式联运经营人与托运人订立多式联运合同的必然要求。

(3) 多式联运经营人还必须承担多式联运合同中所规定的与运输和其他服务有关的相关责任,并保证将货物最终妥善交付给多式联运单证持有人或者是单证中指定的收货人。这方面的责任有:①合理谨慎地选择和监督实际承运和处理货物的分订约人责任;②照管运输期间货物的责任,这体现在履行特定义务、要求指示义务以及依指示履行合同义务三方面。

(4) 多式联运经营人应当具备从事国际货物多式联合运输所要求的基本物质、技术条件和相应的资质能力。

(三) 国际多式联运经营人的经营资质

关于国际货物多式联运经营人应该具备什么资质,有关的公约和规则都未做出具体的规定,虽然在《1980 年联合国国际货物多式联运公约》的制定过程中,发展中国家曾经建议在公约中增设有关多式联运经营人应该具备的最低资质要求的条款,但是这一建议未被其他国家所接受,最终只是在公约的第四章"多式联运管理"中做了一个一般性的规定,即"多式联运经营人应遵守其营业所在国所适用的法律和本公约的规定"。这样,多式联运经营人就与一般的单式运输承运人或者一般的生产经营者一样,其具体营业资格的取得有赖于各个国家有关法律、法规的相关规定。

我国曾在《国际集装箱多式联运管理规则》中对多式联运经营人提出过五点资质要求,但是在 2003 年 12 月该规则已经被废止。《国际海运条例》及其《实施细则》分别针对国际船舶运输业务经营者、无船承运业务经营者、国际船舶代理业务经营者、国际船舶管理业务经营者以及国际班轮运输业务经营者规定了不同的资格条件。虽然这些规定都仅仅针对国际海上运输及其辅助性业务经营者,但对确定联运经营人的资格条件不无借鉴意义,可以在综合以上各个可能发展为联运经营人的主体资格条件的基础上确定多式联运经营人应该具有的资质要求,即确定该多式联运经营人由何种主体(国际船舶运输业务经营者、无船承运业务经营者、国际船舶代理业务经营者、国际船舶管理业务经营者等)充当,则该多式联运经营人首先应具有其主体原本应具有的资质要求。

本章小结

本章首先介绍了国际货运代理人的定义和作用,接下来阐述了国际货运代理人的业务范围和经营活动限制,使读者对我国国际货运代理行业的相关管理规范有一个大体的认识;然后通过对法律法规的解释和图示方式详细分析了不同业务活动下国际货运代理人的法律身份;

最后，针对实务中很多货运代理人提供多式联运服务的现状，介绍了多式联运的定义、特征以及国际货运代理人充当多式联运经营人的法律性质和经营资质。通过本章的学习，读者应该对国际货运代理人的管理规范和法律身份有一个大致的了解。

思考与练习

一、单项选择题（从下列每题给出的四个选项中，选择一个符合题目要求的选项）

1. 根据我国现行的国际货运代理行业管理规定，国际货运代理企业不得从事的业务有(　　)。

A. 接受收货人委托从事货运服务

B. 接受其他货运代理人转托运的货物

C. 允许其他单位、个人以该企业或其营业部名义从事国际货运代理业务

D. 以宣传自己服务优势的竞争手段从事经营活动

2. 国际货运代理人签发自己的提单时，其身份是(　　)。

A. 货主代理人　　B. 托运人代理

C. 收货人代理　　D. 承运人

3. 国际货运代理人为货主办理代理业务时，收取的报酬是(　　)。

A. 差价　　B. 运费

C. 佣金　　D. 租金

4. 国际货运代理人与货主之间的关系被称为(　　)。

A. 委托代理关系　　B. 承托关系

C. 运输合同关系　　D. 买卖合同关系

5. 根据我国国际货运代理行业主管部门商务部的有关规定，中国国际货运代理企业业务备案工作由(　　)负责具体组织实施。

A. 中国国际货运代理协会　　B. 工商行政部门

C. 交通运输部　　D. 人社部

二、多项选择题（从下列每题给出的五个选项中，选择一个或多个符合题目要求的选项）

1. 国际货运代理人可从事的业务主要有(　　)。

A. 代为客户订舱　　B. 代为客户报关报验

C. 代为客户制单　　D. 代为客户办理保险

E. 代为客户安排内陆疏运

2. 国际货运代理人可充当(　　)。

A. 货主代理人　　B. 无船承运人

C. 第三方物流经营人　　D. 海上承运人

E. 多式联运经营人

3. 以下可以成为无船承运人的是(　　)。

A. 货运代理人　　B. 发货人

C. 收货人　　D. 船公司

E. 对运输合同承担责任的人

4. 国际货运代理人充当无船承运人，主要应具有(　　)。

A. 自己的提单　　B. 自己的银行账号

C. 主管部门注册的营运执照　　D. 与船公司的协议

E. 与货主的协议

5. 下列属于国际货物运输代理企业的经营范围的是(　　)。

A. 国际展品运输代理　　B. 国际多式联运

C. 私人信函快递业务　　D. 报关、报检

E. 外贸进出口业务

三、判断题(判断下列各题的表述是否正确，正确的打“√”，错误的打“×”)

1. FIATA 是国际货运代理人协会。(　　)

2. 国际货运代理人以他人名义签发他人 B/L 时是代理人。(　　)

3. 国际货运代理人以自己名义向承运人订舱时，运输合同的当事人是货运代理人与承运人。(　　)

4. 业务经营范围包括国际多式联运业务的国际货运代理企业应有在商务部登记备案的国际货运代理提单。(　　)

5. 国际货运代理从事纯粹代理业务，无论本身是否有过失，都不承担任何责任。(　　)

四、简答题(结合所学知识，回答下列问题)

1. 简述 NVOCC 的法律特征。

2. 国际货运代理人的作用有哪些?

3. 我国有关法律法规对国际货运代理企业的注册资本是如何规定的?

4. 根据我国国际海运条例的规定，国际货运代理企业经营无船承运业务的，不得有哪些违规行为?

5. 如何判断国际货运代理企业作为混合经营人的法律地位?

五、案例分析题(结合所学知识，分析案例材料，回答问题)

原告 A 公司诉称，委托被告 B 公司承运的货物从美国运至中国上海，卸船时发现货物受到严重损害。经调查，被告向原告签发了自己公司为抬头的提单，并表明是被告代理承运人而签发提单，并收取运费。这批货物在承运时装载在舱面上，船公司出具的由被告法定代表人背书的海运提单上明确标有“货装舱面、风险与费用由托运人自负”字样，而被告却未将这一事实告知原告，致使原告因未按照舱面货物投保而无法向保险人索赔。据此，原告请求法院判令被告赔偿货损 68 万美元，并承担相关诉讼费用。

被告 B 公司辩称，自己在本案运输中的身份是货运代理人，不承担承运人的义务和责任。被告受了承运人的蒙骗，对于货装甲板不知情。原告遭受货损系由其未购买足够保险而产生，且货损发生与货装甲板无因果关系，据此请求法院驳回原告诉讼请求。

问题：

实践中，如何辨别货运代理人和无船承运人?

本案中 B 公司是货运代理人还是无船承运人? 为什么?

第二章
国际海上货物运输基础知识

学习目标

知识要求

- 了解国际海运船舶的种类和国际海运货物的种类。
- 掌握货物积载因数的基本原理。
- 掌握国际海运危险货物的基本种类和包装、标志要求。
- 了解国际海上货物运输的主要航线。
- 掌握国际海运集装箱常见的几种箱型和种类。
- 了解集装箱标志的含义。
- 掌握集装箱货物的流转形态、交接地点、交接方式和交接责任。

技能要求

- 能够辨别和分析在不同的交接方式下，集装箱运输经营人责任、义务的不同。

开章案例

集装箱货物的交接方式(提单条款)对货运代理人的责任有何影响?

2010 年 6 月 14 日,上海光华公司与美国海外贸易公司订立一批家具买卖合同,合同规定:CIF 洛杉矶;装运港为上海港,装运期 2011 年 6 月 14 日至 28 日;开证期 2010 年 12 月 15 日至 31 日,信用证交单期 21 天;货物品质、数量与买卖合同相符,凭已装船提单(连同商业发票、保险单、原产地证书、商检证书、商业汇票等)结汇;家具必须装载集装箱运输。

2011 年 1 月 15 日,美国公司开证。同年 5 月 22 日,上海光华公司委托上海捷运货运代理公司安排货物出口手续,捷运公司遂向船公司订舱,6 月 16 日船公司"好运"轮抵上海,装船时发现有 2×20′GP 箱损,船公司、码头、理货公司均作了确认。同日,"好运"轮开航。

"好运"轮开航后,船公司在签发给捷运公司的提单上作了如实的批注。捷运公司要求在自己签发给光华公司的提单上加同样的批注,光华公司则要求出具保函。由于双方产生争执,直到 7 月 9 日,捷运公司接受保函,签发了清洁提单。

注:船公司提单为 CY-CY 条款,捷运公司提单为 DOOR-CY 条款。

讨论:

1. 本案中买卖双方之间是否存在违约行为?
2. 上海光华公司能否得到银行议付货款?
3. 本案中箱损(以及可能存在的货损)应由谁承担?

第一节　国际海运船、港、货、线

一、国际海运船舶

(一) 干货船

干货船可以分为件杂货船、滚装船、冷藏船、多用途船、干散货船和集装箱船等许多不同类型。当今的国际班轮运输经常涉及的是集装箱船。

1. 件杂货船(General Cargo Vessel)

件杂货船,也称普通杂货船、杂货船,主要用于运输各种包装和裸装的普通货物。国际海上货运中,件杂货船的吨位一般为 5 000～20 000t。

2. 滚装船(Roll on/Roll off Ship,Ro/Ro Ship)

滚装船是采用将装有集装箱或其他件杂货的半挂车或装有货物的带轮的托盘作为货运单元,由牵引车或叉车直接在船岸之间进行装卸作业形式的船舶。滚装船的吨位大多为 3 000～26 000t。

3. 冷藏船(Refrigerated Ship)

冷藏船是将货物处于冻结状态或某种低温条件下进行载运的专用船舶。冷藏船上有制冷装置,货舱温度一般为－25℃～15℃。冷藏船的吨位较小,通常为数百吨到几千吨。

4. 多用途船(Multi-purpose Ship)

多用途船是具有多种装运功能的船舶。多用途船按货物对船舶性能和设备等的要求不同,可分为以载运集装箱为主的多用途船,以载运重大件为主的多用途船,兼运集装箱和重大件的多用途船以及兼运集装箱、重大件和滚装货的泛多用途船四种。

5. 干散货船(Dry Bulk Carrier)

干散货船是运输粉末状、颗粒状、块状等无包装大宗货物的船舶。为提高装卸效率，货舱口很大。按所载运的货物种类不同，又可分为运煤船(Coal Carrier)、散粮船(Bulk Grain Carrier)、矿石船(Ore Carrier)以及其他专用散装船。

6. 集装箱船(Container Ship)

通常所说的集装箱船是指吊装式全集装箱船(Full Container Ship)，或称集装箱专用船，是一种专用于装载集装箱以便在海上运输时能安全、高效地大量运输集装箱而建造的专用船舶。全集装箱船的结构特点：①一般为大开口、单甲板船，且常为双船壳，以利于集装箱的装载和卸载；②船舱内设置格栅结构，以固定集装箱，防止集装箱在运输途中发生前、后、左、右方向移动，从而保证航行安全和货运质量；③舷侧设有边舱，可供载燃料或作压载用；④甲板上设置了能装载多层集装箱的特殊结构；⑤多采用尾机型；⑥因为在舱内设有永久性的格栅结构，只能装运集装箱而无法装载杂货；⑦全集装箱船上有的带有船用装卸桥，用于装卸集装箱，但目前大多数全集装箱船都依靠港内的装卸桥装卸，故都不设装卸设备。

(二) 液货船

液货船是指载运散装液态货物的船舶，主要有油船、液化气船和液体化学品船三种。

1. 油船(Tanker)

油船是专门载运石油及成品油的船舶。油船有严格的防火要求，在货舱、机舱、泵舱之间设有隔离舱。油舱设有纵舱壁和横舱壁，以减少自由液面对船舶稳性的不利影响。有专门的油泵和油管用于装卸，还有扫舱管系和加热管系。就载重吨而言，油船在各类船舶中列世界第一位。

2. 液化气船(Liquefied Gas Carrier)

液化气船是专门装运液化气的船舶，可分为液化天然气船和液化石油气船。

液化天然气船(Liquified Natural Gas Carrier，LNG Carrier)按液货舱的结构，分为独立储罐式和膜式两种。

液化石油气船(Liquefied Petroleum Gas Carrier，LPG Carrier)按液化的方法，分为压力式、半低温半压力式和低温式三种。

液化气船的吨位通常用货舱容积来表示，一般为 60 000～130 000m^3。

3. 液体化学品船(Chemical Tanker)

液体化学品船是载运各种液体化学品，如醚、苯、醇、酸等的专用液货船。液体化学品大多具有剧毒、易燃、易挥发、易腐蚀等特点，对防火、防爆、防毒、防腐蚀有很高的要求。因此，液体化学品船上分隔舱多、货泵多。

二、国际海运港口

1. 海洋

地球表面的海洋面积约 3.6 亿 km^2，占地表总面积的 71%，约为陆地面积的 2.5 倍。海洋的中心部分称为洋，约占海洋总面积的 89%，其水温、含盐度不受大陆影响。地球上的海洋被大陆分割成四大块，即太平洋、大西洋、印度洋和北冰洋四大洋。

海是大洋的边缘部分,深度较浅,面积较小,没有独立的潮汐和海洋系统,水温、含盐度受大陆的影响较大。"地中海"是介于大陆之间的海,如亚、欧、非三大洲之间的地中海,南北美洲的加勒比海等。

海峡是海洋中相邻海区之间较狭窄的水道,其一般形式为在大陆与邻近的沿岸岛屿之间或两个大陆之间的狭窄水道,把比较宽广的海面或洋面联系起来,如台湾海峡、马六甲海峡、英吉利海峡、霍尔木兹海峡、直布罗陀海峡等。

2. 运河

运河是人工开凿的水道。在国际航运中,运河与海峡一样起着非常重要的作用,运河往往是航行中的咽喉地带,它们把许多重要海区和航线联系起来。运河还能大大缩短航程,提高航运经济效益。最著名的国际运河有苏伊士运河、巴拿马运河、基尔运河、圣劳伦斯水道等。

3. 港口

港口是整个运输大系统中的一个十分重要的环节,各种运输方式就是通过港口编织成为一张四通八达的运输网。随着现代化运输技术的发展,尤其是国际多式联运的开展,港口的作用与功能将日益增大。

为了使船舶能安全进港停泊作业,港口除了应具备良好的自然地理条件外,还必须具备一定的作业设施,方能发挥其独特的功能。港口一般分为水域和陆域两大部分。水域包括进港航道、港池和锚地,对于天然掩护条件差的海港,还需建造防波堤,以满足船舶在港池内稳定系泊的要求。港口陆域岸边建有码头,岸上则有港口库场、港区铁路和道路,并配备有各种装卸设备和运输机械,此外,还应有各种辅助设施和服务设施。

对于从事国际航运业务的人员来说,应了解港口的水域面积、水深、泊位数、作业效率、库场堆存能力、后方集疏运能力等情况。

小知识

美国的主要港口

太平洋岸(美西):西北部的西雅图、波特兰、塔科马;西南部的洛杉矶、长滩、旧金山、奥克兰。

大西洋岸(美东):纽约、萨瓦那、巴尔的摩、诺福克、查尔斯顿、波士顿、费城、波特兰。

墨西哥湾:休斯敦、新奥尔良、迈阿密、坦帕、莫比尔、蒙彼利埃。

三、国际海运货物

凡是经由运输企业承运的一切原料、材料、工农业产品、商品以及其他产品或物品都称为货物(Cargo 或 Goods)。海运货物则是特指经由海上运输企业承运的货物。

(一) 货物的分类

1. 按货物装运形态分类

按货物装运形态可分为件杂货和散装货。件杂货通常是一种按计件形式装运和交接的货物。件杂货包括包装货物(Packed Cargo)、裸装货物(Unpacked Cargo 或 Non-packed Cargo)和成组化货物(Unitized Cargo)。其中包装货物又可按包装形式加以分类。随着件杂货的集装箱化,成组化货物中的集装箱货物已经与件杂货并列成为单独的一类货物,即集装箱货物(Containerized Cargo)。散装货通常是一种按计量形式装运和交接的货物。散装货包括干质散装货(Solid Bulk Cargo)和液体散装货(Liquid Bulk Cargo)。

2. 按货物性质分类

按货物的性质不同,一般将货物分为普通货物(General Cargo)和特殊货物(Special Cargo)两大类。

普通货物主要有以下几种:

(1) 清洁货物(Clean Cargo)——是指清洁、干燥的货物,也可称为精细货物。

(2) 液体货物(Liquid Cargo)——是指盛装于桶、瓶、坛等容器内的流质或半流质货物。

(3) 粗劣货物(Rough Cargo)——是指具有油污、水湿、扬尘和散发异味等特性的货物。

特殊货物主要有以下几种:

(1) 危险货物(Dangerous Cargo)——是指具有易燃、易爆、毒害、腐蚀和放射射线等性质,在运输过程中可能引起人身伤亡和财产毁损,必须按照有关危险货物运输规则的规定进行运输的货物。

(2) 冷藏货物(Reefer Cargo)——是指在常温条件下易腐烂变质和其他需按指定的某种低温条件运输的货物。

(3) 贵重货物(Valuable Cargo)——是指价值昂贵的货物。

(4) 活的动植物(Live Stock and Plants Cargo)——是指具有正常生命活动,在运输中需要特别照顾的动物和植物。

(5) 长大、笨重货物(Bulky and Lengthy Cargo, Heavy Cargo)——是指单件货物体积过大或过长,重量超过一定界限的货物。按照港口收费规定和运价本规定,通常将单件重量为5t以上的货物称为重件货物,将长度超过9m的货物视为长大件货物。

(二) 货物的计量和积载因数

1. 货物的计量

货物的体积和重量不仅直接影响船舶的载重量和载货容积的利用程度,还关系到有关库场堆放货物时如何充分利用场地面积和仓库空间等问题,而且还可能是确定运价和计算运费的基础,同时与货物的装卸、交接也有直接的关系。货物的计量包括货物丈量和衡重。

货物的丈量又称量尺,是指测量货物的外形尺度和计算体积。货物丈量的原则是:按货物的最大方形进行丈量和计算,在特殊情况下可酌情予以适当的扣除,某些奇形货物可按实际体积酌情考虑其计费体积。货物的量尺体积是指货物外形最大处的长、宽、高之乘积。

货物的衡重是指衡定货物的重量。货物的重量可分为净重、皮重和毛重(总重),货物衡重应以毛重计算。

小知识

海运货物重量单位

海上货物运输中,货物衡重使用的衡制,即货物重量的计重单位为公吨(Metric Ton, M/T)。美洲国家有时使用短吨(Short Ton),欧洲国家则有时使用长吨(Long Ton)。使用时要注意区分,以避免分歧。

货物的重量原则上应逐件衡重,但因条件或时间限制,不具备逐件衡重时,可采用整批或分批衡重、抽件衡重并求平均值等方法测得重量。货物衡重可使用轨道衡、汽车衡(一种地秤)、吊钩秤、皮带秤、定量秤,对于散装运输的大宗货物还可以采用水尺计重(或称水尺检量,Draft Survey 或 Draught Survey)。

2. 货物的积载因数

货物积载因数(Stowage Factor,S. F.)是每一吨货物在正常堆装时实际所占的容积(包括货件之间正常空隙及必要的衬隔和铺垫所占的空间),单位为 m^3/t(英制为 ft^3/t)。货物积载因数的大小说明货物的轻重程度,反映一定重量的货物须占据船舶多少舱容,或占多少箱容,甚至仓储时须占多少库容。货物积载因数的实测方法为:将 1t 货物堆积成近似正方体的形状,丈量该货堆最大外形尺度,由此计得体积(其中包含货件之间的空隙及必要的衬垫)。散装货物的积载因数可用测量单位容量的方法求得。

(三) 危险货物

由于海上运输是国际贸易运输的主要方式,对危险货物的危险性、包装、运输、保管等需要有一个国际上的统一认识,才能使危险货物在各国间顺利流通。因此,根据联合国《关于危险货物运输的建议书》和国际海事组织《国际海上人命安全公约》第 7 章危险货物装运的有关规定,国际海事组织制定了《国际海运危险货物规则》(简称《国际危规》,*International Maritime Dangerous Goods Code*,*IMDG Code*)。我国政府于 1982 年宣布承认并开始在国际海运中实施《国际危规》。

此外,船舶在我国管辖水域载运危险货物的活动,还适用《船舶载运危险货物安全监督管理规定》(交通运输部令 2018 年第 11 号)。

1. 危险货物的分类及特性

由于危险货物品种繁多、性质各异,危险程度大小不一,很多危险货物具有多种危险性,新的危险货物还在不断出现,为了方便安全运输和管理,有必要对危险货物进行科学分类。《国际危规》根据危险货物的理化性质及对人身的伤害情况,将危险货物分为下述 9 个大类、若干个小类。因为这种分类并不相互排斥,所以对具有多种危险性质的货物,只能以其占主导的危险性确定其归类,但运输中必须兼顾这类货物的其他危险性质。

第 1 类——爆炸品(Explosives);第 2 类——气体(Gases);第 3 类——易燃液体(Inflammable Liquids);第 4 类——易燃固体、易自燃物质和遇水放出易燃气体的物质(Inflammable Solids, Spontaneously Combustible Substance and Substances Emitting Inflammable Gases when Wet);第 5 类——氧化剂和有机过氧化物(Oxidizing Substances and Organic Peroxides);第 6 类——有毒物质和有感染性物质(Toxic and Infectious Substances);第 7 类——放射性物质(Radioactive Substances);第 8 类——腐蚀性物质(Corrosives);第 9 类——杂类危险物质和物品(Miscellaneous Dangerous Substances)。

2. 危险货物的包装和标志

(1) 危险货物运输包装

危险货物运输包装的要求分为一般要求(通用包装)和特殊要求(专用包装)。一般要求的包装适用于第 3 类、第 4 类、第 5.1 类、第 6.1 类、第 8 类和第 9 类货物。特殊要求的包装适用于第 1 类、第 2 类、第 5.2 类、第 6.2 类和第 7 类货物。特殊要求的包装应符合的条件更为严格,需要时还应查规则。

经过试验合格的包装,都应在包装的明显部位标注清晰持久的包装试验合格标志,《国际危规》统一规定了包装试验合格标志。

(2) 危险货物的标志

危险货物的标志由危险货物的标记、图案标志(标签)和标牌组成。

标记是指标注在包装危险货物外表的简短文字或符号,包括危险货物的正确运输名称、联合国编号、海洋污染物标记、限量标记和可免除量标记等。

图案标志是指以危险货物运输规则中规定的色彩、图案和符号绘制成的菱形标志。用它可以醒目地标示包装危险货物的性质。凡具有次要危险性的货物,除要有主要危险性的图案标志外,还要有次要危险性的图案标志。主、次图案标志的不同之处为:前者标注类别号,而后者不标注类别号。

标牌是指放大的图案标志(250mm×250mm)。适用于如集装箱、可移动罐柜等较大的运输单元。

《国际危规》规定,危险货物的所有标志均须满足至少3个月海水浸泡后,既不脱落又清晰可辨。《国际危规》规定,危险货物标志应粘贴、印刷牢固,在运输中清晰、不脱离。

四、国际海运航线

(一) 海运航线的分类

海运航线是指船舶在港口间海上航行的路线。海运航线依托相互连通的大洋及其附属海域,将海岸沿线不同海域位置的港口彼此联系在一起。海上运输的路线相对于其他各种运输路线,具有投资少、自然形成的特点,进而也更多地受自然条件的影响和制约。依据不同的标准,可以将海运航线分为不同的类型。

1. 根据行经水域范围的不同分类

(1) 远洋航线(Ocean-going Shipping Line),又称跨洋航线,指航程距离较远,船舶航行跨越大洋的运输航线。

(2) 近洋航线(Near-sea Shipping Line),指本国各港口至邻近国家港口间的海上运输航线的统称。我国习惯上把航线在亚丁港以东地区的亚洲和大洋洲的航线称为近洋航线。

(3) 沿海航线(Coastal Shipping Line),又称国内航线,指本国沿海各港口之间的海上运输航线,如上海—天津、青岛—广州等。

2. 根据运力、运程和运量特点分类

(1) 主干航线

主干航线又称干线,是连接枢纽港口或中心港口的海上航线。通常所说的干线,主要是指世界上主要的集装箱班轮航线。全球集装箱运输的三大主干航线为泛太平洋航线、泛大西洋航线和亚欧航线。世界主要集装箱枢纽港大多坐落在这三条航线上。

(2) 分支航线

分支航线又称支线,是连接分流港口或称支流港口的海上航线。在支线上航行的船舶,连接的港口多为基本枢纽港或分流港口。

3. 根据船舶运营方式分类

(1) 定期航线

定期航线是指在水运范围内,使用指定船舶,按固定的船期和挂靠港,并以相对固定的运价经营客货运输业务的航线。这类航线通常又称班轮航线,现在多用于集装箱班轮运输。

(2) 不定期航线

不定期航线是指临时根据货物的需要而选择的航线。不定期船舶运输没有预订的船期表,但有些不定期船舶也有固定的航线和挂靠港口,如煤炭运输线、矿石运输线和石油运输线等。

(二) 集装箱海运航线

1. 远洋航线

我国习惯上以亚丁港为界,把去往亚丁港以西,包括红海两岸和欧洲以及南北美洲广大地区的航线划为远洋航线。集装箱班轮公司在这些航线上运营,分布有密集的航线网络,主要的集装箱运输航线包括美洲航线、欧洲航线、地中海航线及非洲航线。

(1) 美洲航线

① 远东—北美洲西海岸航线

该航线包括从中国、朝鲜、日本、俄罗斯远东东海岸到加拿大的温哥华,美国的西雅图、旧金山、洛杉矶和圣迭戈航线。从我国的沿海各港出发,偏南的经大隅海峡出东海;偏北的经对马海峡穿日本海后,或经清津海峡进入太平洋,或经宗谷海峡,穿过鄂霍次克海进入北太平洋。

② 远东—加勒比、北美洲东海岸航线

该航线从远东各港口出发,进夏威夷,过巴拿马河,到加勒比海沿岸各港口,例如:克隆、哈瓦那及美国、加拿大的大西洋沿岸的各港口。该航线常经夏威夷群岛南北至巴拿马运河后到达。从我国北方沿海港口出发的船舶多半经大隅海峡或经琉球庵美大岛出东海。

③ 远东—南美洲航线

该航线从远东各港口出发,向东经过琉球群岛等,到南美洲西岸的瓦尔帕莱索等港。从我国北方沿海港口出发的船舶多经琉球庵美大岛、琉球列岛、威克岛、夏威夷群岛之南的莱恩群岛穿越赤道进入南太平洋,至南美西海岸各港。或者,从远东各港口出发,经东南亚马六甲海峡,进入印度洋,过非洲好望角,进入南大西洋,到达南美洲里约热内卢、桑托斯、布宜诺斯艾利斯、里奥格兰德、南圣弗兰西斯科诸港。

(2) 欧洲航线

该航线主要由远东诸港口出发,经马六甲海峡,进入印度洋,过亚丁湾,进入红海,经由苏伊士运河进入地中海,经直布罗陀海峡北上,到达欧洲西部沿海港口。

(3) 地中海航线

该航线主要由远东诸港口出发,经马六甲海峡,进入印度洋,过亚丁湾,进入红海,经由苏伊士运河进入地中海,到达地中海沿岸港口(或经过地中海,进入爱琴海,通过博斯普鲁斯海峡进入黑海,到达黑海沿岸港口)。

(4) 非洲航线

该航线主要由远东诸港口出发,经马六甲海峡,进入印度洋,过非洲南部的好望角,进入大西洋北上,到达几内亚湾沿岸港口。

2. 亚太区域航线

(1) 远东—中东航线

该航线主要由远东诸港口出发，经马六甲海峡，进入印度洋，通过阿拉伯海，进入波斯湾，到达波斯湾沿岸港口。

(2) 东亚—东北亚航线

该航线主要是涉及我国沿海港口到日本和韩国的港口。

(3) 东亚—东南亚航线

该航线是中国、朝鲜、日本去东南亚各港以及马六甲海峡去印度洋、大西洋沿岸各港口的主要航线。东海、台湾海峡、巴士海峡、南海是该航线船舶的必经之地，航线业务繁忙。

(4) 远东—澳新航线

该航线从中国北方港口出发，经琉球群岛、加罗林群岛到澳大利亚的悉尼、墨尔本，新西兰的惠灵顿、奥克兰等港口。一般集装箱船舶多在香港中转或加载。去澳大利亚西岸的佛里曼特尔港，需经望加锡海峡，进入印度洋。

3. 沿海航线

中国沿海海上运输习惯上以温州为界，划分为北方沿海和南方沿海两个航区。北方沿海航区指温州以北至丹东的海域，它以上海、大连为中心。南方沿海航区指温州至北部湾的海域，以广州为中心，包括广州—汕头、广州—北海、广州—海口等航线。

第二节　国际海运集装箱

一、集装箱的定义和标准化

(一) 集装箱的定义

集装箱(Container)在我国台湾和香港等地称为“货柜”或“货箱”。根据国际标准化组织(International Standardization Organization，ISO)及大多数标准术语的定义，它是一种运输设备(Transport Equipment)，而在运输实践中又分为 S. O. C(Shipper Owned Container)和 C. O. C(Carrier Owned Container)两种情况来处理。国际标准化组织制定了集装箱规格，力求使集装箱标准化得到统一。

根据国际标准化组织 104 技术委员会(简称 ISO/TC 104)的规定，集装箱应具有如下条件：①具有耐久性，其坚固强度足以反复使用；②便于商品运送而专门设计的，在一种或多种运输方式中运输无需中途换装；③设有便于装卸和搬运，特别是便于从一种运输方式转移到另一种运输方式的装置；④设计时应注意到便于货物装满或卸空；⑤内容积为 $1m^3$ 或以上。

(二) 集装箱的标准化

目前使用的国际集装箱规格尺寸主要是第一系列的 4 种箱型，即 A 型、B 型、C 型和 D 型。它们的尺寸和重量见表 2-1。另外，为了便于计算集装箱数量，可以以 20ft 的集装箱作为换算标准箱(Twenty Foot Equivalent Unit，TEU)，并以此作为集装箱船载箱量、港口集装箱吞吐量、集装箱保有量等的计量单位。其相互关系为：40ft 集装箱＝2TEU，30ft 集装箱＝

1.5TEU,20ft 集装箱＝1TEU,10ft 集装箱＝0.5TEU。另外,实践中人们有时将 40ft 集装箱称为 FEU(Forty Foot Equivalent Unit)。

表 2-1　　第一系列集装箱规格尺寸和总重量

<table>
<tr><th rowspan="2">规格
/ft</th><th rowspan="2">箱型</th><th colspan="2">长</th><th colspan="2">宽</th><th colspan="2">高</th><th colspan="2">最大总重量</th></tr>
<tr><th>公制
/mm</th><th>英制
/ft in</th><th>公制
/mm</th><th>英制
/ft in</th><th>公制
/mm</th><th>英制
/ft in</th><th>kg</th><th>lb</th></tr>
<tr><td rowspan="4">40</td><td>1AAA</td><td rowspan="4">12 192</td><td rowspan="4">40′</td><td rowspan="4">2438</td><td rowspan="4">8′</td><td>2 896</td><td>9′6″</td><td rowspan="4">30 480</td><td rowspan="4">67 200</td></tr>
<tr><td>1AA</td><td>2 591</td><td>8′6″</td></tr>
<tr><td>1A</td><td>2 438</td><td>8′</td></tr>
<tr><td>1AX</td><td><2 438</td><td><8′</td></tr>
<tr><td rowspan="4">30</td><td>1BBB</td><td rowspan="4">9 125</td><td rowspan="4">29′11.25″</td><td rowspan="4">2 438</td><td rowspan="4">8′</td><td>2 896</td><td>9′6″</td><td rowspan="4">25 400</td><td rowspan="4">56 000</td></tr>
<tr><td>1BB</td><td>2 591</td><td>8′6″</td></tr>
<tr><td>1B</td><td>2 438</td><td>8′</td></tr>
<tr><td>1BX</td><td><2 438</td><td><8′</td></tr>
<tr><td rowspan="3">20</td><td>1CC</td><td rowspan="3">6 058</td><td rowspan="3">19′10.5″</td><td rowspan="3">2 438</td><td rowspan="3">8′</td><td>2 591</td><td>8′6″</td><td rowspan="3">24 000</td><td rowspan="3">52 900</td></tr>
<tr><td>1C</td><td>2 438</td><td>8′</td></tr>
<tr><td>1CX</td><td><2 438</td><td><8′</td></tr>
<tr><td rowspan="2">10</td><td>1D</td><td rowspan="2">2 991</td><td rowspan="2">9′9.75″</td><td rowspan="2">2 438</td><td rowspan="2">8′</td><td>2 438</td><td>8′</td><td rowspan="2">10 160</td><td rowspan="2">22 400</td></tr>
<tr><td>1DX</td><td><2 438</td><td><8′</td></tr>
</table>

二、集装箱的类型

集装箱分类可以有多种方法,如以制造材料不同或以尺度不同等进行分类。这里以集装箱的用途不同进行分类,以有利于根据所运输的货物的不同来选择不同类型的集装箱。

(一) 干货集装箱(Dry Cargo Container,DC)

除冷冻货、活的动物和植物外,不需要调节温度,且在尺寸、重量等方面均适于装于箱内运输的货物,几乎均可使用干货集装箱。一般所称的通用集装箱(General Purpose Container,GP)就是干货集装箱。这种集装箱适用于各种干杂货,包括日用百货、食品、机械、仪器、家电用品、医药及各种贵重物品。

(二) 保温集装箱(Insulated Container)

保温集装箱是一种所有箱壁都用热导率低的材料隔热,用以运输需要冷藏和保温的货物的集装箱,一般包括三种类型。

1. 冷藏集装箱(Reefer Container,RF)

冷藏集装箱是指装载冷藏货并附设有冷冻机的集装箱。在运输过程中,启动冷冻机使货物保持在所要求的指定温度。箱内顶部装有挂肉类、水果的钩子和轨道,适用于装载冷藏食品、新鲜水果、特种化工产品等。冷藏集装箱投资大,制造费用几倍于普通箱;船上用于装载冷藏集装箱的箱位有限;同普通箱比较,该种集装箱的营运费用较高,除因支付修理、洗涤费用外，每次装箱前应检验冷冻装置，并定期为这些装置大修而支付不少费用。

2. 隔热集装箱(Insulated Produce Container)

这是一种为防止箱内温度上升，使货物保持鲜度，主要用于载运水果、蔬菜等货物的集装箱。通常用干冰制冷，保温时间约72h。

3. 通风集装箱(Ventilated Container)

这是一种为装运不需要冷冻，且具有呼吸作用的水果蔬菜类货物，而在端壁上开有通风口的集装箱。这种集装箱通常以设有通风孔的冷藏集装箱代用。

(三) 特种集装箱(Special Container)

这是一种为适应特种货物运输的需要，而在集装箱的结构和设备方面进行了特殊设计和装备的集装箱。这种集装箱因所适用的货物种类不同而有许多种类，其中主要有：

1. 散货集装箱(Solid Bulk Container)

散货集装箱主要用于运输啤酒、豆类、谷物、硼砂、树脂等货物。

2. 罐式集装箱(Tank Container，TK)

这类集装箱专门装运各种液体货物，如食品、酒品、药品、化工品等。货物由液罐顶部的装货孔进入；卸货时，货物由排出孔靠重力作用自行流出，或者由顶部装货孔吸出。

3. 敞顶集装箱(Open Top Container，OT)

敞顶集装箱，实践中又称开顶集装箱，是集装箱种类中属于需求增长较少的一种，主要原因是货物装载量较少，在没有月台、叉车等设备的仓库无法进行装箱，在装载较重的货物时还需使用起重机。

4. 框架集装箱(Flat Rack Container，FR)

这是以装载超重货物为主的集装箱，省去箱顶和两侧，其特点是可从箱子侧面进行装卸。框架集装箱可适用于那些形状不一的货物，如废钢铁、卡车、叉车等。

5. 牲畜集装箱(Pen Container)

这是一种专门为装运动物而制造的特殊集装箱，箱子的构造采用美国农业部的意见，材料选用金属网使其通风良好，而且便于喂食，该种集装箱也能装载小汽车。

6. 汽车集装箱(Car Container)

这是专门供运输汽车而制造的集装箱。结构简单，通常只设有框架与箱底，根据汽车的高度，可装载一层或两层。

三、集装箱的代码、识别和标记

集装箱代码、识别和标记国家标准(GB/T 1836—2017/ISO 6346:1995)规定了集装箱识别系统和识别标记、尺寸和箱型代码及其相关标记、作业标记以及标记的标打方法。

(一) 识别系统和识别标记

1. 识别系统

识别系统由以下几个部分组成，它们应同时使用：

GB/T 1836—2017/ISO 6346:1995

——箱主代码：3个拉丁字母；

——设备识别码:1 个拉丁字母;

——箱号:6 位数字;

——校验码:1 位数字。

(1) 箱主代码

集装箱箱主代码应由 3 个大写拉丁字母组成,具备唯一性,且应在国际集装箱局(BIC)注册。例如,中国远洋海运集团有限公司的箱主代码为 COS。

(2) 设备识别码

设备识别码由 1 个大写拉丁字母表示:

——“U”代表所有集装箱;

——“J”表示集装箱所配置的挂装设备;

——“Z”表示集装箱拖挂车和底盘挂车。

(3) 箱号

箱号由 6 位阿拉伯数字组成。不足 6 位时,应在前面置 0 以补足 6 位。

(4) 校验码(核对数字)

校验码用于检验箱主代码和箱号传递的准确性,按该国标附录 A 所列的方法,通过箱主代码、设备识别码和箱号求得,标打时应设在方框之内。

2. 识别标记

上述箱主代码、设备识别码和校验码为集装箱必备识别标记,它们应按规定的字体大小、字型和布局要求,并按照便于作业人员视读的位置紧凑排列。

(二) 尺寸和箱型代码

集装箱的外部尺寸和类型均应在箱体上标出,以便识别。对于相关标准规定的,具备从箱顶起吊、搬运和堆码作业等条件的集装箱,均应按要求标出尺寸和箱型代码。

1. 尺寸代码

集装箱的尺寸(指外部尺寸)代码应用 2 位字符表示:

——第 1 位:用数字或拉丁字母表示箱长,例如,2 表示箱长为 20 英尺,4 表示箱长为 40 英尺;

——第 2 位:用数字或拉丁字母表示箱宽和箱高,例如,2 表示箱宽为 8 英尺、箱高为 8 英尺 6 英寸,5 表示箱宽为 8 英尺、箱高为 9 英尺 6 英寸。

2. 箱型代码

集装箱的箱型代码包括箱型及其特征信息,并用 2 位字符表示:

——第 1 位:由 1 个拉丁字母表示箱型;

——第 2 位:由 1 个数字表述该箱型的特征。

例如,G0 表示一端或两端开门的通用集装箱。

作为交换数据,如果不需要标示具体特征,可用组代码表示。例如,GP 为通用集装箱的组代码。

(三) 作业标记

作业标记不同于上述用于数据传递或其他用途的代码。它标打在箱体上,仅是为提供某些信息或视觉警示。

必备的作业标记主要包括最大总质量(MAX GROSS)和空箱质量(TARE)、空/陆/水联运集装箱标记、箱顶防电击警示标记、箱高超过2.6m(8 ft 6 in)的集装箱高度标记。

标打在集装箱上的“最大总质量”应与国际集装箱安全公约(CSC)所列标牌完全一致。

除了必备的作业标记,还可标打最大净货载(NET)的数据,此为可择性作业标记。

上述质量的单位均用kg和lb同时标出。

四、集装箱货物的交接

(一) 集装箱货物的流转形态

集装箱运输是将散件货物(Break Bulk Cargo)汇成一个运输单元(集装箱),使用船舶等运输工具进行运输的方式。集装箱运输的货物流通途径与传统的杂货运输有所不同,集装箱运输不仅与传统杂货运输一样以港口作为货物交接、换装的地点,还可以在港口以外的地点设立货物交接、换装的站点(Inland Depot)。

集装箱运输改变了传统的货物流通途径,在集装箱货物的流转过程中,其基本流转形态有整箱货和拼箱货两种,另外还有合并运输和分立运输的特殊做法。

1. 整箱货(FCL—FCL)

整箱货(Full Container Cargo Load,FCL)是指由货方负责装箱和计数,填写装箱单,并加封志的集装箱货物,通常只有一个发货人和一个收货人。

在目前的海上货运实践中,班轮公司主要从事整箱货的货运业务。

2. 拼箱货(LCL—LCL)

拼箱货(Less than Container Cargo Load,LCL)是指由承运人的集装箱货运站负责装箱和计数,填写装箱单,并加封志的集装箱货物。通常每一票货物的数量较少,因此装载拼箱货的集装箱内的货物会涉及多个发货人和多个收货人。承运人负责在箱内每件货物外表状况明显良好的情况下接受并在相同的状况下交付拼箱货。

在目前的海上货运实践中,主要由拼箱集运公司或货运代理公司从事拼箱货的货运业务。

3. 合并运输(LCL—FCL)

这种条款中,货物由承运人在装货港集装箱场站安排装箱,由收货人自行拆箱。一般是多票拼箱货有同一个收货人,装同一个集装箱,由托运人支付装箱费。

4. 分立运输(FCL—LCL)

这种条款中,货物由发货人自行装箱,由承运人安排目的地集装箱场站拆箱。一般是多票拼箱货有同一个发货人,装同一个集装箱,收货人需支付拆箱费。

(二) 集装箱货物的交接地点

货物运输中的交接地点是指根据运输合同,承运人与货方交接货物,划分责任、风险和费用的地点。由于国际公约或各国法律通常制定了强制性的法律规范,因此承运人不能通过合同的方式减轻自己的责任;而有关费用问题,则可以由双方当事人另行约定。在集装箱运输中,根据实际需要,货物的交接地点并不固定。

如图2-1所示,承运人无论是出口国的“接货”,还是进口国的“交货”,目前集装箱运输中货物的交接地点常用的主要有:①集装箱堆场(CY);②集装箱货运站(CFS);③货主的工厂、仓库或其他双方约定的地点"门"(Door)。

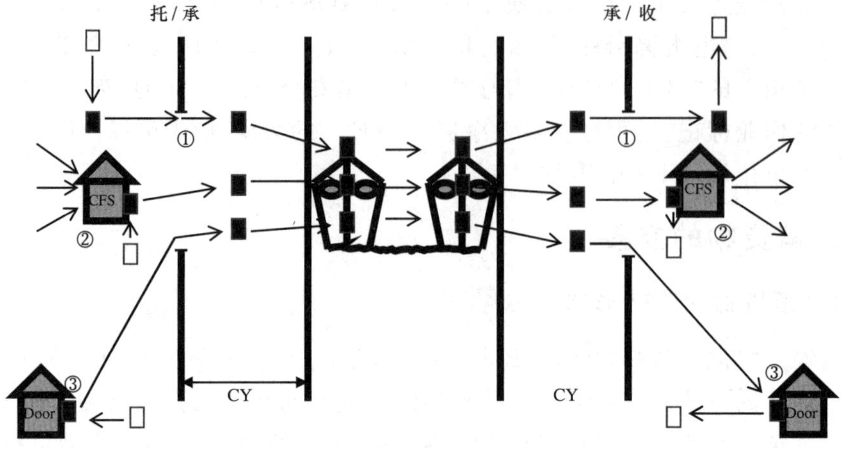

图 2-1 集装箱货物的交接地点

集装箱堆场(Container Yard,CY),是交接和保管空箱(Empty Container)和重箱(Full Container)的场所,也是集装箱换装运输工具的场所。

集装箱货运站(Container Freight Station,CFS),是拼箱货交接和保管的场所,也是拼箱货装箱和拆箱的场所。

(三) 集装箱货物常见的交接方式

根据集装箱货物的交接地点不同,理论上可以通过排列组合的方法得到集装箱货物常见的交接方式为 9 种(图 2-2),分别称为:门到门(Door to Door)、门到场(Door to CY)、门到站(Door to CFS)、场到门(CY to Door)、场到场(CY to CY)、场到站(CY to CFS)、站到门(CFS to Door)、站到场(CFS to CY)、站到站(CFS to CFS)。

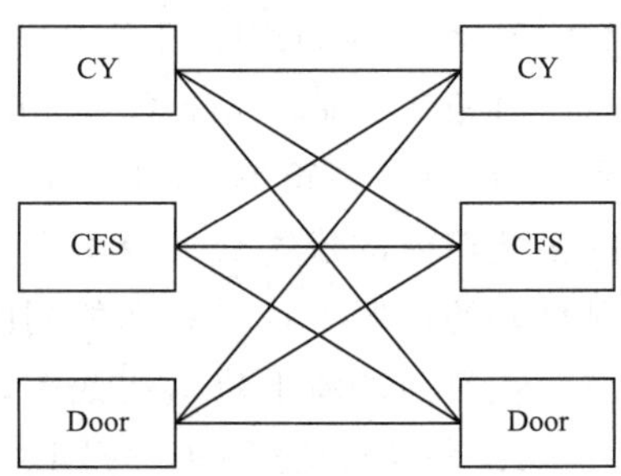

图 2-2 集装箱货物的常见交接方式

在不同的交接方式中,集装箱运输经营人与货方承担的责任、义务不同,集装箱运输经营人的运输组织的内容、范围也不同。

以上 9 种交接方式是集装箱运输中集装箱货物理论上所存在的交接方式。实践中,海运集装箱货物交接的主要方式为:CY to CY 是班轮公司通常采用的交接方式;CFS to CFS 是集拼经营人通常采用的交接方式。

(四) 其他特殊交接地点和方式

1. FI 方式接货

如图 2-3 所示,由托运人自行提取空箱、装箱、理货、加封,并负责将重箱装船,承担将货物装船至舱内之前所产生的一切费用和风险,承运人在舱内接受重箱并安排运输。

2. LI / TACKLE / HOOK 方式接货

如图 2-4 所示,由托运人自行提取空箱、装箱、理货、加封,并负责将重箱运至码头/锚地船边吊钩下并承担货物起吊前的一切费用和风险,承运人负责装船并安排运输。

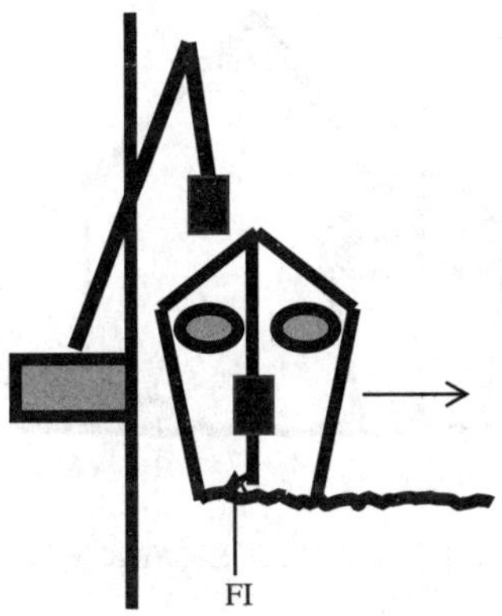

图 2-3　FI 方式接货

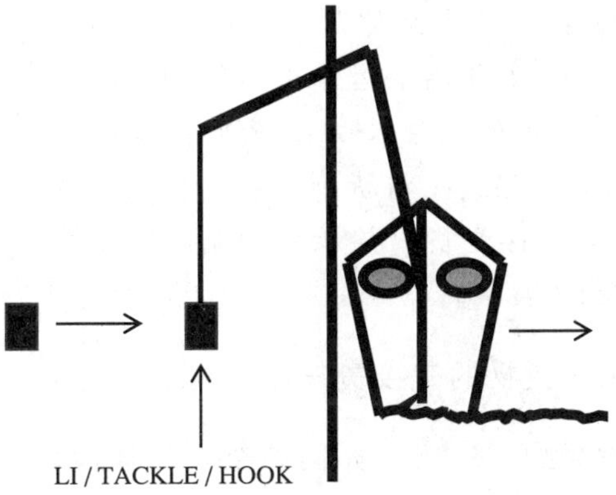

图 2-4　LI/TACKLE/HOOK 方式接货

3. FO 方式交货

如图 2-5 所示，承运人将重箱运至卸港，在舱内将重箱交付收货人。收货人在舱内接受重箱并承担卸船以及卸船以后所产生的一切费用和风险。

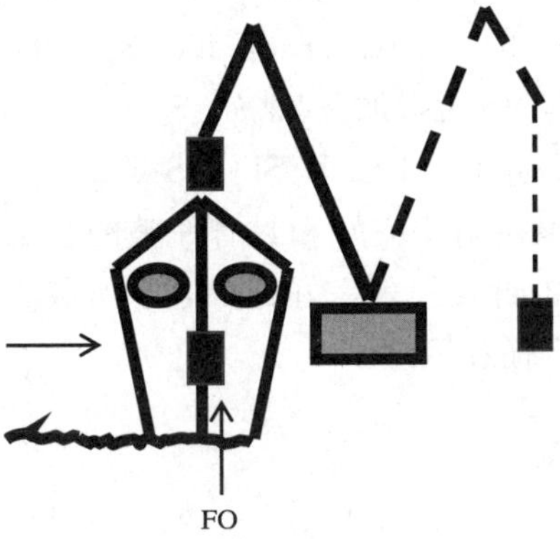

图 2-5　FO 方式交货

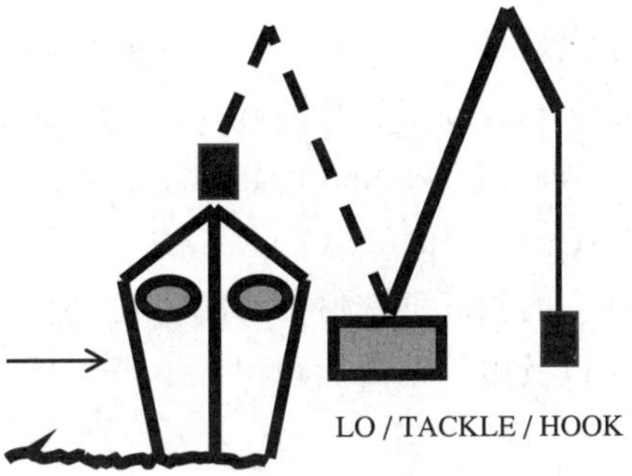

图 2-6　LO/TACKLE/HOOK 方式交货

4. LO / TACKLE / HOOK 方式交货

如图 2-6 所示，承运人将重箱运至卸港的码头/锚地并负责卸船，在船边吊钩下将重箱交付收货人。收货人在船边吊钩下接受重箱并承担卸船以后所产生的一切费用和风险。

5. FOR 方式交货

如图 2-7 所示，承运人将重箱运至收货人指定地点的火车站，在火车车板上将重箱交付收货人，收货人在火车车板上接受重箱并承担卸车以及卸车以后所产生的一切费用及风险。

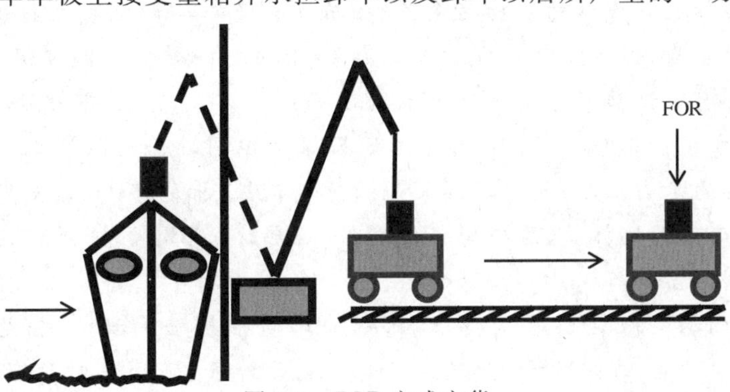

图 2-7　FOR 方式交货

6. TO WATER 方式交货

如图 2-8 所示,主要用于运输小型船舶。承运人将货物运至卸港的码头/锚地并负责将所运货物卸在水面上,在船边吊钩下将货物交付收货人。收货人在船边吊钩下接受货物并承担卸船以后所产生的一切费用和风险。

图 2-8 TO WATER 方式交货

(五) 集装箱货物的交接责任

对于拼箱货的交接责任,如同件杂货那样,承运人对货物的标志、件数或数量以及表面状况承担责任。而对于整箱货的交接责任,有关海上货物运输的国际公约以及各国海商法均未作出特别规定。

对于整箱货的交接责任,通常承运人根据提单正面和背面的印刷条款(如:Received in external apparent good order and condition except as otherwise noted. The total number of the packages or units stuffed in the container, the description of the goods and the weights shown in this Bill of Lading are furnished by the merchants, and which the carrier has no reasonable means of checking and is not a part of this Bills of Lading contract.)以及提单正面的附加条款(如:Said to Contain, STC;Shipper's Load And Count, SLAC;Shipper's Load, Count and Seal, SLCAS;Said By Shipper, SBS;One Container Only, OCO 等"不知条款"),仅承担在箱体完好和封志完整的状况下接受并在相同的状况下交付货物的责任,货主承担在集装箱铅封及外表完好的状态下所载货物灭失或损坏以及由于箱内货物积载不当、理货不清而产生的责任和风险。

典型案例

整箱货运输"隐藏损害"问题

上海某公司从国外进口 6 个集装箱的废铜,进口提单上注明 CY—CY、SLAC 字样,该公司从码头堆场将箱子拉到拆箱地点,打开箱门发现箱内装载的是废钢铁。在收到这批货 6 个月后,该公司才迟迟向国外发货人提出索赔,理由是提单加注"SLAC",发货人明知装卸的是废钢铁,而提单货物内容加注的是废铜。国外发货人事后 2 个月向该公司出具了 2 份证明书,一份是该国的海关出具的"海关监装证书",另一份是公证行出具的"装箱证明书"。这 2 份证书分别证明货主实际装载出口的货物确系废铜,而且数量与单证记载相符。作为收货人有理由怀疑发货从中做手脚,但不能怀疑发货人与海关、公证行一起出具假证明。

在发货人出具有效证明书并明确表示不承担责任情况下,该公司向国外保险人提出保险赔偿(因该批货物成交价是 CIF 价,由国外卖方投保),但国外保险人拒赔,理由:一是投保人向保险人投保的标的是废铜,而箱内实际装载的是废钢铁,标的不一;二是投保人有可能向保险公司做欺诈投保,如是这样,保险公司不但不赔,必要时保留追诉权利。显然,该公司也无法从保险人那里得到赔偿。

于是,该公司向承运人提出赔偿要求,但船公司同样拒赔。理由:一是进口提单上记载 CY—CY 条款,收货人在码头堆场提货时,只要对箱子外表状况、关封没有提出任何异议,承运人责任即告终止;二是收货人在将箱子拉出堆场时,设备交接单上没有任何批注,这表明承运人已履行完交货责任。

该案由于收货人无法举证确定责任方，最终只能自行承担损失。

本章小结

本章对国际海上货物运输所涉及的船、港、货、线等基础知识作了介绍，最后重点阐述了目前国际货运代理实务的主要操作对象——集装箱及集装箱货物的流转形态、交接地点、交接方式、交接责任等问题。通过本章的学习，读者应该对上述基础知识有大致的了解，并且能够深入分析集装箱运输下的货物交接相关问题。

思考与练习

一、单项选择题（从下列每题给出的四个选项中，选择一个符合题目要求的选项）

1. 集装箱运输中采用的最广泛的交接方式是(　　)。

A. 门到门　　B. 门到场

C. 场到场　　D. 站到站

2. 集装箱长、宽、高的外部尺寸分别是：40ft、8ft、9.5ft，这种集装箱是(　　)。

A. 1A　　B. 1AAA

C. 1C　　D. 1B

3. CY—CY 集装箱运输条款是指(　　)。

A. 一个发货人、一个收货人　　B. 多个发货人、多个收货人

C. 一个发货人、多个收货人　　D. 多个发货人、一个收货人

4. 根据《国际海运危险货物规则》的规定，油漆、清漆属于(　　)类的危险品。

A. 爆炸品　　B. 气体

C. 易燃液体　　D. 有毒物质

5. 国际海运集装箱按用途不同可以分成不同类型的集装箱，其中“RF”代表(　　)。

A. 干货箱　　B. 超高箱

C. 冷藏箱　　D. 框架箱

二、多项选择题（从下列每题给出的五个选项中，选择一个或多个符合题目要求的选项）

1. 在国际海上集装箱运输中，运输危险货物时应使用的单据是(　　)。

A. 危险货物安全适运申报单

B. 海运危险货物包装容器性能检验结果单

C. 限重危险货物证明

D. 集装箱装运危险货物装箱证明书（装箱证明）

E. 危险货物边检申报单

2. ISO 第一系列集装箱主要分为 10、20、30、40ft 四种箱型，其中 20ft 的箱型包括(　　)。

A. 1A　　B. 1AA　　C. 1C

D. 1CC　　E. 1BB

3. 准确计量货物对货物运输有着非常重要的意义，下列说法中错误的有(　　)。

A. 货物的量尺体积取货物外形平均长、宽、高的乘积

B. 货物的准确计量直接决定集装箱货物的运价和运费计算

C. 货物的重量一般以净重计算

D. 货物的体积和重量可以通过测量货物的积载因数的方法计算出

E. 货物的重量一般以毛重计算

4. 货主或委托货代到码头堆场提空箱时,通常与堆场业务人员一起对集装箱进行检查。检查的主要内容包括(　　)。

A. 集装箱外部是否有损伤、变形、破口等异样

B. 集装箱箱门能否做270°开启

C. 箱内是否清洁

D. 附件是否齐全

E. 箱子是否有漏光、漏水情况

5. FCL—FCL交接,其运输条款有(　　)。

A. CY—CY　　B. CY—D　　C. D—CY

D. CFS—CY　　E. CFS—D

三、判断题(判断下列各题的表述是否正确,正确的打"√",错误的打"×")

1. 目前,最大的集装箱船载箱量在20000TEU以上。(　　)

2. 货物的量尺体积是指货物外形的平均长、宽、高的乘积。(　　)

3. 货物积载因数的大小说明货物的轻重程度。(　　)

4. 集装箱既是一种运输设备又是一种运输包装。(　　)

5. 根据集装箱代码、识别和标记国家标准,GP表示通用集装箱。(　　)

四、简答题(结合所学知识,回答下列问题)

1. 海运特种货物有哪些?

2. 海运常见的集装箱有哪些种类?

3. 海运危险货物运输中一般要求的包装应符合什么条件?

4. 集装箱货物常见的交接方式有哪些?特殊交接方式有哪些?

5. 海上运输船舶的种类有哪些?

五、案例分析题(结合所学知识,分析案例材料,回答问题)

A公司(以下称发货人)将装载布料的6个集装箱委托一家国际货运代理公司(以下称货代)拖运到香港装船去西雅图港,集装箱在西雅图港卸船后再通过铁路运抵交货地(底特律)。

该批出口布料由货代出具全程提单,提单记载装船港香港、卸船港西雅图、交货地底特律,运输交款CY—CY,提单同时记载"由货主装载、计数"的批注。集装箱在香港装船后,船公司又签发了以货代为托运人的海运提单,提单记载装船港香港、卸船港西雅图,运输条款CY—CY。集装箱在西雅图港卸船时,6个集装箱中有3个外表状况有较严重破损,货代在西雅图港的代理与船方代理对此破损做了记录,并由双方在破损记录上共同签署。3个集装箱在运抵底特律后,收货人开箱时发现外表有破损的集装箱内布料已严重受损,其他集装箱尽管箱子外表状况良好,但箱内布料也有不同程度受损,此后,收货人因货损与发货人、货代船公司发生了争执。

请对本案中集装箱货损责任,根据有关国际货运条约、惯例以及货代船公司签发的提单所记载的运输条款,对发货人、货代以及船公司的责任进行认定。

第三章
国际海运班轮货运代理实务

学习目标

知识要求

- 了解海运船舶的营运方式、班轮运输的特点和种类。
- 了解杂货班轮货运程序。
- 了解杂货班轮货运业务单证。
- 掌握集装箱班轮整箱货货运程序与主要单证。
- 掌握集装箱班轮拼箱货货运程序与主要单证。
- 掌握班轮货运特殊业务处理方式。

技能要求

- 具有对班轮货运程序进行模拟的能力。
- 具有缮制班轮运输主要货运单证的能力。

开章案例

国际货运代理公司无单放货需承担法律责任吗?

2009年12月,原告长江公司出口一批水果罐头(共计4150箱,CIF价48675美元)到美国,委托被告义丰货代公司办理出口运输事宜。义丰货代公司签发了编号为YMLH850003的正本提单一式三份,该提单记载:货物为290Z果汁黄桃罐头、150Z糖水黄桃罐头、290Z什锦水果罐头,共计4150箱,装在4个20ft集装箱内,箱号分别为GLDU343572/494547、GLDU342215/494559、GLDU343994/494541、YMLU2348880/494544,托运人为长江公司,收货人为VILLA MARIA PRODUCTS,到货通知人为LEGEND PACIFIC CORP.,承运船、航次为“HANJIN BANGKOK”轮850E航次,装港青岛,卸港纽约,提单签发地为青岛,签发时间为2009年12月17日。该提单抬头印制的公司名称为“LEGEND PACIFIC CORP.”,但其签单章载明“由Helen Ma(即义丰货代公司法定代表人马红)代表青岛义丰货运代理有限公司”签发。其背面条款第一条规定:本提单中的“承运人(Carrier)”指LEGEND PACIFIC CORP.;第二条规定:本提单有关承运人的权利义务将适用1936年美国海上货物运输法。

被告义丰货代公司称,其又将原告交于其的同一货物委托第三人台骅公司运输,其与台骅公司形成海上货物运输合同关系,并提供相应证据。

上述4个集装箱的货于2009年12月19日在青岛港装上“HANJIN BANGKOK”轮,于2010年1月31日到达纽约港,2010年2月9日、19日被“MARINE TRANSPORTATION”分2次提走。长江公司则仍持有义丰货代公司签发的编号为YMLH850003的正本提单3份,其未从国际货物买卖合同的买方处收回货款,也未指示任何一方可以不收回正本提单放货。

青岛海事法院经审理认为,原告长江公司与被告义丰货代公司之间形成国际海上货物运输合同关系,编号为YMLH850003的提单即为该海上货物运输合同的证明。虽然该提单抬头为被告“LEGEND PACIFIC CORP.”,但该提单系被告义丰货代公司借用被告LEGEND PACIFIC CORP.的格式提单而签发的,本案中海上货物运输合同作为承运人的一方是被告义丰货代公司,被告LEGEND PACIFIC CORP.在该海上货物运输中的地位只是被告义丰货代公司的在美国的放货代理。

由于编号为YMLH850003的提单的背面条款第一条即将该种格式提单的承运人定为“LEGEND PACIFIC CORP.”,而该提单所证明的海上货物运输合同的承运人是被告义丰货代公司,所以其背面条款中第二条法律适用条款在本案中当然无效,本案不应适用该法律适用条款所指明的外国法律,而应当适用与本案有“最密切联系的”中华人民共和国法律。

本案中被告义丰货代公司作为海上货物运输合同的承运人,其基于海上货物运输合同而占有原告的出口货物,其向原告签发了3份正本提单,当货物运输到目的港后,不管是由于其本身的原因,还是由于其代理的原因,抑或由于其他人的原因,当原告持有全部正本提单向其请求返还货物时,其已无法履行交付货物的义务,则其对于原告来说,已构成无正本提单错误交货,其应对原告承担违约责任。

被告LEGEND PACIFIC CORP.与原告没有海上货物运输合同关系,其对原告的损失不承担任何赔偿责任。

被告义丰货代公司主张其与第三人台骅公司就同一货物运输构成海上货物运输合同关系,是台骅公司未按照其指示交付货物,才直接造成其不能向原告交付货物,所以台骅公司应承担因违约给义丰货代公司造成的赔偿原告货物损失的赔偿责任。但法院认为，被告义丰货代公司在本案审理过程中未能充分举证证明其与第三人台骅公司就同一货物运输构成海上货物运输合同关系，所以被告义丰货代公司的该主张也不予支持。

（来源：http://china.findlaw.cn，有删改）

讨论：

1. 本案中义丰货代公司的法律身份是如何认定的？
2. 在什么样的情况下本案会适用美国法？若适用美国法，应如何判决？
3. 货运代理公司如何防范无单放货的风险？

第一节　班轮运输概述

一、海运船舶营运方式

目前国际海运船舶的营运方式可分为两大类，即定期船运输（班轮运输）和不定期船运输（租船运输），具体种类和相互关系如图3-1所示。

- 海运船舶营运方式
  - 定期船运输（班轮运输）
    - 杂货班轮运输
    - 集装箱班轮运输
  - 不定期船运输（租船运输）
    - 航次租船
    - 定期租船
    - 光船租船
    - 包运租船
    - 航次期租

图3-1　海运船舶营运方式

1. 班轮运输

班轮运输（Liner Shipping），也称定期船运输，是指班轮公司将船舶按事先制定的船期表（Liner Schedule），在特定航线的各挂靠港口之间，经常地为非特定的众多货主提供规则的、反复的货物运输服务（Transport Service），并按运价本（Tariff）或协议运价的规定计收运费的一种营运方式。

2. 租船运输

租船运输（Charter Shipping），又称不定期船运输（Tramp Shipping），这是相对于定期船运输，即班轮运输而言的另一种船舶营运方式。由于这种营运方式需在市场上寻求机会，没有固定的航线和挂靠港口，也没有预先制定的船期表和费率本，船舶经营人与需要船舶运力的租船人是通过洽谈运输条件、签订租船合同（Charter Party）来安排运输的，故称之为“租船运输”。

租船运输主要是根据租船人的要求来安排营运的。通常由租船人租用整船进行运输，而且根据租船人的不同要求，又分为不同的租船方式。严格来讲，并非所有的“租船合同”都是“运输合同”。

二、班轮运输的特点

班轮运输与租船运输相比，具有以下一些特点：

（1）承运人与货主之间在货物装船之前通常不书面签订具有详细条款的运输合同。在杂货班轮运输中，通常是在货物装船后，由承运人或其代理人签发提单；在集装箱班轮运输中，除通常由承运人或其代理人签发提单外，还可以根据需要签发海运单。这些单证上记有详细的有关承运人、托运人或收货人的责任以及权利和义务的条款。

（2）在杂货班轮运输中，除非订有协议允许托运人在船边交货和收货人在船边提货外，通常承运人是在装货港指定的码头仓库接收货物，并在卸货港的码头仓库向收货人交付货物；在集装箱班轮运输中,通常承运人是在装货港集装箱堆场接受货物,并在卸货港集装箱堆场交付货物。拼箱货则由集拼经营人在装货港集装箱货运站接受货物,并在卸货港集装箱货运站交付货物。

(3) 班轮公司一般负责包括装货、卸货和理舱在内的作业和费用,在杂货班轮运输中,班轮公司通常不负担仓库至船边或船边至仓库搬运作业的费用;在集装箱班轮运输中,由于运输条款通常为CY/CY,所以班轮公司理应负担堆场至船边或船边至堆场搬运作业的费用。

(4) 承运人与货主之间不规定装卸时间,也不计算滞期费和速遣费。在堆场或货运站交接货物的情况下,会约定交接时间,而不规定装卸船时间;在船边交货或提取货物时,也仅约定托运人或收货人需按照船舶的装卸速度交货或提取货物,否则,货方应赔偿船方因降低装卸速度或中断装卸作业所造成的损失。

三、班轮运输的种类

根据班轮运输的发展和承载对象的不同,又分为杂货班轮运输和集装箱班轮运输两种。

1. 杂货班轮运输

最早的班轮运输是杂货班轮运输。杂货班轮运输的货物以件杂货为主,还可以运输一些散货、重大件等特殊货物。

2. 集装箱班轮运输

20世纪60年代后期,随着集装箱运输的发展,班轮运输中出现了以集装箱为运输单元的集装箱班轮运输方式。由于集装箱运输具有运送速度快、装卸方便、机械化程度高、作业效率高、便于开展联运等优点,到20世纪90年代后期,以技术可行和经济可行为前提,集装箱班轮运输已逐渐取代了传统的杂货班轮运输。

对货主而言,集装箱班轮运输除了具有与杂货班轮相似的优点外,在运输速度、货运质量等方面更具有优势。但是,目前大多数班轮公司不接小批量的拼箱货,因此需要集拼经营人来安排小批量的拼箱货运输。

第二节　杂货班轮货运程序

一、揽货和订舱

班轮的货运程序是从揽货或订舱开始的。

揽货又称揽载(Canvassation),是指班轮公司为使自己所经营的班轮能在载重和舱容上得到充分利用,尽量做到满舱满载,以取得最大经济效益,而从货主那里争取货源的行为。

小知识

班轮运输的揽货方式

揽货的实际成绩如何,关系着班轮经营的成败。因此,任何一家经营班轮运输的船公司,都特别注意在其所经营的班轮航线上揽集货载。通常的做法是在所经营的班轮航线的各挂靠港口及货源腹地通过自己的营业机构或船舶代理人与货主、货代建立业务关系;通过报纸、杂志刊登船期表,如我国的《中国远洋航务公报》(*China Shipping Bulletin*)、《航运交易公报》(*Shipping Exchange Bulletin*)、《中国航务周刊》(*China Shipping Gazette*)等都定期刊登班轮船期表,以邀请货主、货代前来托运货物,办理订舱手续;通过与货主、无船承运人或货运代理人等签订货物运输服务合同或揽货协议来争取货源。

同样,货运代理企业也会通过电话、传真、电子邮件、市场营销等活动来揽取货源。

与班轮公司揽货相对应,托运人(Shipper)或其代理人向承运人——班轮公司或其代理机构、营业所等申请货物运输,承运人对这种申请给予承诺,就是订舱确认(Booking confirmation)或承运、承揽。

杂货班轮通常会在多个挂靠港进行装卸作业,因此船公司在承揽货载或接受订舱时应注意以下问题:

1. 船舶舱位的分配

船公司首先会参考过去的实际情况,预先就各装货港分别对在该航线上各就航船舶的舱位进行适当的分配,定出限额。各装货港的营业所、代理机构只能在所分配的船舶舱位范围内承揽货载。特殊情况下发生所分配的舱位不敷应用或者过剩,要根据各港代理的舱位报告进行调整,以多补少,以使船舶舱位得到充分利用。

2. 订舱货物的性质、包装和重量

承运人承揽货载时,必须考虑各票货物的性质、包装和每件货物的重量及尺码等因素,因为不同种类的货物对运输和保管有不同的要求。例如,重大件货物可能会受到船舶及装卸港口的起重机械能力影响和船舶舱口尺寸的限制;忌装货物的积载问题;各港口对载运危险货物船舶所作的限制等。

3. 装卸港及过境港的法规

国际贸易货物的装货港、卸货港或过境港往往分属于不同的国家,所适用的法律或港口当局的规章和管理办法等也常不相同。例如,可能根据装货港的法规允许装船的货物,根据卸货港的法规却禁止卸货,或者对于装运某种货物的船舶禁止或限制入港。因此,在承揽货载时,应对有关国家法律和港口规章或管理办法作充分了解。

二、收货和装船

杂货班轮运输中,除另有约定外,都规定托运人应将其托运的货物送至船边,如果船舶是在锚地或浮筒作业,托运人还应用驳船将货物驳运至船边,然后进行货物的交接和装船作业。对于特殊货物,如危险货物、鲜活货、贵重货、重大件货物等,通常采取由托运人将货物直接送至船边,交接装船的形式,即采取现装或直接装船的方式。

然而,由于在杂货班轮运输中,船舶承运的货物种类多、票数多、包装式样多、挂靠港口多等原因,如果要求每个托运人都将自己托运的货物直接送至码头船边,就可能会发生待装的货物不能按规定的装船先后次序送至船边的情况,从而使装货现场发生混乱,影响装货效率的现象。由此而产生的结果是延长了船舶在港的停泊时间,延误船期,也容易造成货损、货差现象。因此,为了提高装船效率,加速船舶周转,减少货损、货差现象,在杂货班轮运输中,对于普通货物的交接装船,通常采用由班轮公司在各装货港指定装船代理人,由装船代理人在各装货港的指定地点(通常为港口码头仓库)接受托运人送来的货物,办理交接手续后,将货物集中整理,并按次序进行装船的形式,即所谓的“仓库收货,集中装船”的形式。

三、卸货和交付

在杂货班轮运输中,理论上卸船就意味着交货,是指将船舶所承运的货物在提单上载明的卸货港从船上卸下，在船边交给收货人并办理货物的交接手续。

但是，如果由于战争、冰冻、港口罢工等特殊原因，船舶已不可能前往原定的卸货港，或会使船舶处于不安全状态，则船公司有权决定船舶驶往能够安全到达的附近港口卸货。

在杂货班轮运输中，对于危险货物，重大件等特殊货物，通常采取由收货人办妥进口手续后来船边接受货物，并办理交接手续的现提形式。但是，如果各个收货人在船抵后都同时来到码头船边接收货物，同样会使卸货现场十分混乱，影响卸货效率，延长船舶在港停泊时间。因此，为使船舶在有限的停泊时间内迅速将货卸完，实践中通常由船公司指定装卸公司作为卸货代理人，由卸货代理人总揽卸货和接收货物并向收货人实际交付货物的工作。因此，在杂货班轮运输中，对于普通货物，通常采取先将货物卸至码头仓库，进行分类整理后，再向收货人交付的所谓“集中卸船，仓库交付”的形式。

在杂货班轮运输中，由于实务中多采用“集中卸船，仓库交付”的形式，并且收货人必须在办妥进口手续后，方能提取货物。因此，在班轮运输中，通常是收货人先取得提货单，办理进口手续后，再凭提货单到堆场、仓库等存放货物的现场提取货物。而收货人只有在符合法律规定及航运惯例的前提条件下，方能取得提货单。

在使用提单的情况下收货人必须把提单交回承运人，并且该提单必须经适当、正确的背书(Duly Endorsed)，否则，船公司没有交付货物的义务。另外，收货人还须付清所有应该支付的费用，如到付的运费、共同海损分担费等，否则，船公司有权根据提单上的留置权条款的规定，暂时不交付货物，直至收货人付清各项应付的费用；如果收货人拒绝支付应付的各项费用而使货物无法交付时，船公司还可以经卸货港所在地法院批准，对卸下的货物进行拍卖，以拍卖所得价款充抵应收取的费用。因此，货运代理人应及时与收货人联系，取得经正确背书的提单，并付清应该支付的费用，以便换取提货单，并在办理了进口手续后提取货物。

第三节　杂货班轮货运业务单证

在杂货班轮运输中，从办理货物托运手续开始，到货物装船、卸船，直至货物交付的整个过程，都需要编制各种单证。这些单证是在货方(包括托运人和收货人)与船方之间办理货物交接的证明，也是货方、港方、船方等有关单位之间从事业务工作的凭证，又是划分货方、港方、船方各自责任的必要依据。

在这些单证中，有的是受国际公约和各国国内法规的约束的，有的则是按照港口当局的规定和航运习惯而编制使用的。尽管这些单证种类繁多，各国港口的规定会有所不同，各班轮公司的单证格式不尽相同，但主要单证是基本一致的，并能在国际航运中通用。

一、在起运港缮制或签发的单证

杂货班轮出口货运的主要业务单证有托运单、装货单、收货单等。为了减少重复劳动，提高工作效率，我国港口常将托运单、装货单、收货单，以及缴纳出口货物港杂费申请书、收取运费通知等内容相关的单证制成联单，一次打印，以简化制单工作。

(一) 托运单(Booking Note，B/N)

在杂货班轮运输的情况下，托运人如果以口头形式预订舱位，而船公司对这种预约表示承诺，则运输合同关系即告建立，这种以口头形式订立的合同也符合法律的规定。但是在实际业务中，则是托运人根据买卖合同和信用证的有关内容，就其需要装运货物所需要的船舶舱位，向船公司或其代理人提交一份记载货物的详细情况、目的港、装运数量、装船期限等内容的托运单（也称"订舱单"），以书面形式办理货物的订舱托运手续。承运人根据托运单的内容，结合船舶航线、挂靠港、船期和舱位等条件考虑认为合适后，即接受这一托运，经承运人指定船名后，将托运单留下，签发装货单表明同意承运货物。

托运单的主要内容包括：货名、件数、包装式样、标记及号码、重量、尺码、目的港、装船期限、能否分批装运或转船、信用证有效期等。托运单的格式见表 3-1。

表 3-1　　托运单格式

海 运 出 口 托 运 单

托运人
Shipper ______________________

编号　　　　　　　　　　船名
No. ______________　　S/S ______________

目的港：
For ______________

<table>
<tr><td rowspan="2">标记及号码
Marks & Nos.</td><td rowspan="2">件数
Quantity</td><td rowspan="2">货名
Description of Goods</td><td colspan="2">重量千克
Weight Kilos</td></tr>
<tr><td>净
Net</td><td>毛
Gross</td></tr>
<tr><td rowspan="3"></td><td rowspan="3"></td><td rowspan="3"></td><td></td><td></td></tr>
<tr><td colspan="2">运费付款方式</td></tr>
<tr><td colspan="2"></td></tr>
</table>

共计件数（大写）
Total Number of Packages in Writing

<table>
<tr><td>运费计算</td><td colspan="4"></td><td colspan="2">尺码
Measurement</td><td colspan="2"></td></tr>
<tr><td>备注</td><td colspan="8"></td></tr>
<tr><td>抬头</td><td>ORDER OF</td><td>可　否
转　船</td><td colspan="2"></td><td colspan="2">可　否
分　批</td><td colspan="2"></td></tr>
<tr><td rowspan="2">通知</td><td rowspan="2"></td><td>装　期</td><td></td><td>效　期</td><td></td><td>提　单
张　数</td><td colspan="2"></td></tr>
<tr><td>金　额</td><td colspan="6"></td></tr>
<tr><td>收货人</td><td></td><td>银　行
编　号</td><td colspan="2"></td><td>信　用
证　号</td><td colspan="3"></td></tr>
</table>

制单　　　　年　　　　月　　　　日

(二)装货单(Shipping Order,S/O)

装货单,亦称下货纸,是托运人(实践中通常是货运代理人)填制交船公司(实践中通常是船舶代理人)审核并签章后,据以要求船长将货物装船承运的凭证。

装货单上除应记载托运人名称、编号、船名、目的港及货物详细情况(应与托运单相同)等内容外,还有待货物装上船后由理货人员填上的货物装船日期、装舱位置、实际装上船的货物数量以及理货员的签名等项内容。装货单的格式见表 3-2。

表 3-2　　装货单格式

托运人
Shipper ________________

装 货 单
SHIPPING ORDER

编号　　　　　　船名
No. ________　S/S ________

目的港:
For ________

兹将下列完好状况之货物装船后希签署收货单
Receive on board the undermentioned goods apparent in good order and condition and sign the accompanying receipt for the same.

标记及号码 Marks & Nos.	件数 Quantity	货　名 Description of Goods	重量千克 Weight Kilos 净 Net	 毛 Gross

共计件数(大写)
Total Number of Packages in Writing

日期　　　　　　时间
Date ________　Time ________

装入何舱
Stowed ________________

实收
Received ________________

理货员　　　　　　经办员
Tallied By ________　Approved By ________

装货单是国际航运业通用的单据,多数由一式三联组成。第一联是托运单及其留底(Counterfoil),第二联是装货单正本(Original),第三联是收货单,习惯上又称大副收据(Mate's Receipt)。

除上述三联外,根据业务需要,还可增加若干副本(Copy),供缮制出口舱单和计算运费等用途。对于高价值货物或其他特种货物,为了使在装船时能够给予特别注意,常以不同颜色(比如红色)的装货单来与一般装货单相区别。

装货单的流转程序是:承运人或其代理人接受托运后,将确定装载的船舶名称、目的港及顺次编号填入托运单,然后将装货单发给托运人填写,填妥后交回代理公司签章。代理公司审校无误签章留底后,将装货单(连同收货单)交给托运人,托运人即可持经代理公司签章的装货单连同其他单证到海关办理出口货物的报关手续，经海关审核准予出口，在装货单上加盖海关放行图章便可持以要求船长将货物装船。因此，此时的装货单又称“关单”。

经承运人或其代理人和海关签章后的装货单，即是货物办妥托运手续的证明，又是船公司通知船长接受承运货物装船的凭证。装船时托运人（或其货运代理人）必须向船长或大副提交这一单证。同时，船方还要详细校对实际装船货物的情况是否与装货单上记载的内容相一致。

装货单一经承运人签认，船货双方都应受其约束，如果发生货物退关造成损失时，应由责任方负责。如果需要修改装货单记载的内容，应及时编制更正单分送有关单位更正。如果整票货物退关，除发出更正单外，还要将原装货单退回注销。

（三）收货单（Mate's Receipt, M/R）

收货单是指某一票货物装上船后，由船上大副签署给托运人的，作为证明船方已收到该票货物的凭证。因此，收货单又称“大副收据”。托运人取得了大副签署的收货单后，即可凭以向承运人或其代理人换发提单。

收货单是前述一式三联装货单中的一联，它的记载内容和格式与装货单完全一致，只是最后还有大副签署一栏。收货单的格式见表 3-3。

表 3-3　　收货单格式

收　货　单

MATE'S RECEIPT

托运人

Shipper ______________________

编号　　　　　船名

No. ____________　S/S ____________

目的港：

For ______________

下列完好状况之货物业已收妥无损

Received on board the following goods apparent in good order and condition.

标记及号码 Marks & Nos.	件数 Quantity	货　名 Description of Goods	重量千克 Weight Kilos	
			净 Net	毛 Gross

共计件数（大写）

Total Number of Packages in Writing

日期　　　　　时间

Date ____________　Time ____________

装入何舱

Stowed ______________________________

实收

Received ______________________________

理货员　　　　　大副

Tallied By ____________　Chief Officer ____________

当每票货物装船后，现场理货人员即核对理货计数单的数字，并在装货单上签注实装数量、装舱位置和装船日期，再由理货长在装货单的规定位置上签名，证明该票货物如数装船无误，然后连同收货单一起交给大副，大副审核属实后在收货单上签字，留下装货单，将收货单退给理货长转交托运人或其货运代理人。托运人取得了经大副签署的收货单后，即可凭以向船公司或其代理人换取已装船提单。

承运人对货物承担的责任是在货物装船时开始的。因此，在货物装船时，大副必须认真核对货物的实际情况是否与装货单上记载的情况相符合，货物的外表状况是否良好，有无标志不清、水渍污渍等情况；数量(件数)是否短缺；货物损坏的情况与程度，以及应急修理的事实等。如有这些情况，应明确、具体地记载在收货单上。这种在收货单上记载有关货物外表状况不良或有缺陷的情况称为“批注”(Remark)，习惯上称为“大副批注”。有大副批注的收货单称为“不清洁收货单”(Foul Receipt)；无大副批注的收货单则为“清洁收货单”(Clean Receipt)。

货物装船时发现外表状况不良或存在缺陷，托运人(发货人)又不愿调换，大副就应在收货单上如实地加以适当的批注，以使船方在一定程度上可以减轻或免除赔偿责任。也就是说，有了批注可以证明交付货物时的损坏状况是符合或归咎于这类批注所记载的缺陷与状况的。

托运人取得收货单后，即可凭以要求船公司签发提单。然而，收货单上有了批注，最终将要转到提单上去，有可能使提单成为不清洁提单，从而有可能影响托运人以提单向银行结汇。因此，在批注时，应防止两种倾向：①不管货物是否良好、件数是否正确，一概不加批注，这样势必使承运人负担本来不应承担的责任；②不论是否有损坏或短缺，为减轻承运人的责任，尽量多做一些批注，这样将给货主增加许多不必要的麻烦，也影响船方的声誉。总之，在确定需要批注时，应做到既不夸大，也不缩小；内容要具体、明确，切忌含糊不清；有关数量应用确实的数字；书写时字迹要清晰、容易辨认。

(四) 其他业务单证

1. 提单(Bill of Lading,B/L)

提单是承运人签发给托运人，证明货物已经装船，或为了装船而收到货物，并保证在目的港凭以交付货物的单证。提单在货物运输中是一种非常重要的单证。它既具有规定承运人的权利、义务、赔偿责任和免责的运输合同证明的作用，也是表明承运人收到货物的货物收据，同时还是提单持有人转让货物占有权或凭以提取货物的物权凭证。件杂货运输提单的样式，如图 3-2 所示。

2. 装货清单(Loading List,L/L)

装货清单是船公司或其代理人根据装货单留底，将全船待运货物按目的港和货物性质归类，依航次靠港顺序排列编制的装货单的汇总单。装货清单的内容包括船名、装货单编号、件数、包装、货名、毛重、估计立方米及特种货物对运输的要求或注意事项的说明等。装货清单的格式，见表 3-4。

Code Name: GOSCO9901

Shipper (Insert name,address and phone)

廣州遠洋運輸公司
Guangzhou Ocean Shipping Company

Consignee (Insert name,adderss and phone)

Notify Party (Insert name,address and phone)

BILL OF LADING

ORIGINAL

Vessel:	Port of Loading:	
Port of Discharge:		Number of Original Bs/L

Particulars Furnished by Merchants

Description of Goods	Gross weight/Measurement

(of which on deck at Marchant's risk;the Carrier not being responsible for loss or damage howsoever arising)

Freight and Charges

SHIPPED at the port of loading in apparent good order and condition on board the vessel for carriage to the port of discharge or so near thereto as she may safely get to discharge the goods specified above.
WEIGHT, measure,quality,quantity,condition,contents and value unknown
IN WITNESS where of the Master or Agent of the said vessel has signed the number of Bill of Lading indicated below all of this tenor and date,any one of which being accomplished the others shall be void.

Place and date of issue:

Signed for and on behalf of the carrier:

For conditions of carriage see overleaf

Serial No.
(For Carrier's use only)

图 3-2　件杂货运输提单样式

表 3-4　　装货清单格式

页数
Page No. ....

装 货 清 单　　船 名
Loading List of S. S. / M. V. "　　　　　"

关单号码 S/O No.	件数及包装 No. of Pkgs	货名 Description	重量吨 Weight in Metric Tons	估计立方米 Estimated Space in cu. M.	备注 Remarks

装货清单既是大副编制积载计划的主要依据,又是供现场理货人员进行理货、港口安排驳运、进出库场以及掌握托运人备货及货物集中情况等的业务单据。当有增加或取消货载的情况发生时,船方(通常是船舶代理人)会及时编制"加载清单"(Additional Cargo List)或"取消货载清单"(Cancelled Cargo List),并及时分送各有关方。

3. 载货清单(Manifest,M/F)

传统的载货清单是在货物装船完毕后,由船公司的代理人根据大副收据或提单编制的一份按卸货港顺序逐票列明全船实际载运货物的汇总清单。其内容包括船名及航次号、开航日期、装货港及卸货港,同时逐票列明所载货物的详细情况。载货清单的格式,见表 3-5。

表 3-5　　载货清单格式

载货清单

EXPORT MANIFEST

船名 M. V. ______　航次 Voy. ______　船长 Captain ______　从 From ______　到 To ______　开航日期 Sailed ______　页数 Sheet No. ______

提单号码 B/L No.	标志和号数 Marks & Numbers	件数及包装 No. of Packages	货 名 Description of Goods	发货人 Shippers	收货人 Consignees	重 量 Weight 千 克 Kilos	尺 码 Measurement	备 注 Remarks

载货清单又称"舱单""国际航行船舶出口载货清单"。它是船舶办理出口(进口)报关手续时的必备单证,也是海关对海运货物进出国境进行监管的单证之一,海关凭以进行验收放行及监督装卸工作。

船舶办理出口(进口)报关手续时,向海关提交的载货清单可分为在港口装货时使用的"出口载货清单"(Export M/F)、卸货时使用的"进口载货清单"(Import M/F)和"过境货物载货清单”(Through Cargo M/F)。当船舶在港装货完毕开航之前,船长应在此单上签名,并将其中一份交给海关办理船舶出口报关手续。如果船舶没有装货出口,办理出口手续时,也要向海关提交一份在载货栏内注明“无货出口”(Export Cargo Nil)字样的载货清单。反之,船舶没有载货进口,向海关提交的载货清单应注明“无货进口”(Import Cargo Nil)。

载货清单也作为船舶运载所列货物的证明。船舶装货完毕离港前,船长必须主动向船公司的代理人索取若干份随船同行,以备中途挂港或到达卸货港时办理进口报关手续使用。若船舶到达卸货港时,卸货港的船舶代理人尚未收到有关货运资料时,还可将随船所带的载货清单或经过复制的载货清单分送港口有关部门作为解决安排卸货急需之用。

此外,有的港口根据港章规定,对在特别指定地点装卸的危险货物,必须另外编制载货清单。

4. 运费清单(Freight Manifest,F/M)

运费清单又称“运费舱单”,是由装货地船公司或其代理人根据提单副本编制的与货物运费有关事项的一览表,是承运人向托运人收取运费的汇总单。它可以直接寄交或由本船带交给卸货港船公司的代理人,供收取到付运费或处理有关业务使用。

运费清单是分卸货港并按提单编号顺序编制的,其内容除载货清单记载的事项外,增加了计费吨、运费率、预付或到付的运费额等内容。运费清单的格式略。

5. 货物积载图(Stowage Plan)

货物积载图是以图示的形式来表明货物在船舱内的装载情况,使每票货物都能形象具体地显示出其在舱内的位置。货物积载图的样式略。

6. 危险货物清单(Dangerous Cargo List)

危险货物清单是专门列出船舶所载运全部危险货物的明细表。其记载的内容除装货清单、载货清单的基本内容外,特别增加了危险货物的性能和装船位置两项。危险货物清单的格式,见表 3-6。

表 3-6 危险货物清单格式

危险货物清单

DANGEROUS CARGO LIST

船名 M. V. ______ 航次 Voy. ______ 从 From ______ 到 To ______ 开航日期 Sailed ______ 页数 Sheet No. ______

提单号码 B/L No.	标志和包装 Marks & Kind of Packages	货 名 Description of Goods	重 量 Weight 千 克 Kilos	货物性能 Nature of Goods	装船位置 Where stowed	备 注 Remarks

为了确保船舶、货物、港口及装卸、运输的安全,包括我国港口在内的世界上很多国家的港口都专门作出规定,凡船舶载运危险货物都必须另行单独编制危险货物清单。

按照一般港口的规定,凡船舶装运危险货物时,船方应向有关部门(我国海事局)申请派员监督装卸。在装货港装船完毕后由监装部门签发给船方一份“危险货物安全装载书”(Dangerous Cargo Safe Stowage Certificate)。这也是船舶载运危险货物时必备的单证之一。

另外,有些港口对装、卸危险货物的地点、泊位,甚至每一航次载运的数量以及对危险货物的包装、标志等都有所规定。因此,船公司和货主对各国有关装卸危险货物的规定都应事先有所了解,以免日后发生不必要的麻烦。

除上述主要单证外,为了提高运输效率和效益,还会使用其他一些单证,如重大件清单(Heavy and Lengthy Cargo List)、剩余舱位报告(Space Report)、积载检验报告(Stowage Survey Report)等。

二、在卸货港缮制或签发的单证

与装船时由船方签发收货单以作为船方收到货物的凭证一样,在卸货港卸货时,收货人或装卸公司之间也需要相互签认一种可以作为证明船方和收货人或装卸公司交接货物实际情况的单证。

在不同的国家和港口,用以证明货物卸货时所交接货物的实际情况的单证名称可能有所不同,但它们所包括的内容和所起的作用基本相同。

(一) 过驳清单(Boat Note)和卸货报告(Outturn Report)

过驳清单是卸货港货物过驳卸船时,作为证明货物交接和表明所交货物实际情况的单证。过驳清单是根据卸货时的理货单证编制的,其内容包括:船名,货名、标志、号码、包装、件数,卸货港,卸货日期,舱口号等,并由收货人、装卸公司、驳船经营人等收取货物的一方与船方共同签字确认。此外,过驳清单还会记载所卸货物差损的种类和程度,称为过驳清单批注(Boat Note Remark)。过驳清单的格式,见表 3-7。

表 3-7　　过驳清单格式

No. ________

货物过驳清单

船　名________　　　　航　　次________

卸货港________　　　　到港日期________

舱口号________

驳船号________　　　　卸货日期________

标　志	件数及包装	包装形式	货　名	批　注

大副签字________　　　　理货组长签字________

收货人签字________

过驳清单按卸货的实际情况填好后,由收货人、装卸公司等收取货物的一方和船方责任人大副为另一方共同签字确认。

关于记载于过驳清单的批注,方法与前述收货单的批注类似,它不但要记载货损的种类,而且还要明确记载损坏程度，是否进行了临时修补，内装货物的状态等。

因为船方的责任期间是从货物装船时起到卸离船舶时为止，所以收货单和过驳清单是证明船方责任起止的重要证据。如果收货单和过驳清单的批注一致，则可以证明船方在运输过程中没有给货物造成损害。假如在此以后交付货物时发现了货物损坏，而这种损坏并未在过驳清单上批注，除非特殊原因，否则，所有这些属于卸货后发现的损坏都不属于船公司的责任。

过驳清单多使用于日本及欧洲的一些港口。在一些不使用过驳清单的港口，则使用卸货报告(Outturn Report)。

卸货报告的作用与过驳清单大体相同。它是按照起运港编制的出口载货清单和卸货港全部卸下的货物重新按票汇总的一份详细的进口载货清单。它较之起运港的出口载货清单增加了卸货方式(Kind of Delivery，是指将货物卸岸入库，还是装车或过驳)、实交数量(Total Delivery)、溢卸数量(Over Landed)、残损数量(Damage)和备注栏(Remark)等项目。

对货物的外表状况、内容、残损、溢短等情况均可在卸货报告的备注栏内批注。

(二) 货物残损单(Broken & Damaged Cargo List)和货物溢短单(Overlanded & Shortlanded Cargo List)

货物残损单和货物溢短单是我国港口在卸货时使用的，作为卸货交接证明的单据。

货物残损单是指卸货完毕后，理货员根据卸货过程中发现的货物破损、水湿、水渍、渗漏、霉烂、生锈、弯曲变形等情况记录编制的，证明货物残损情况的单据。货物残损单的格式，见表3-8。

表3-8　　货物残损单格式

编号：____________
No.

货物残损单

BROKEN & DAMAGED CARGO LIST

船名：____________　国籍：____________　停泊地点：____________
S. S. / M. S.　Nationality　Berthed at

开工日期：______年___月___日　制单日期：______年___月___日
Tally Commenced on　Date of List

提单号或舱单号 B/L or M/F No.	标志 Marks	货名 Description	件数 P'kgs.	包装 Packing	残损情况 Broken and/or Damage Condition
件数小计 P'kgs. Totalled					

收货人/代理人：____________　理货组长：____________　船长/大副：____________
Receiver/Agent　Chief Tallyman　Master/Chief Officer

货物溢短单是在卸货时,某票货物所卸下的数字与提单(或载货清单)上所记载的数字不符(发生溢卸或短卸)的情况,待船舶卸货完毕并清理数字后,由理货长汇总编制的表明货物溢出或短缺情况的证明。货物溢短单的格式,见表 3-9。

货物残损单和货物溢短单都是船公司日后处理收货人索赔的原始资料和依据,必须经船长或大副的签认才有效。因此,船方在签字前必须认真核对,情况属实才能给予签认。残损单内所记载的残损情况与事实不符时,也可在残损单上做出适当的批注。

表 3-9　　货物溢短单格式

编号:__________
No.

货物溢短单

Overlanded & Shortlanded Cargo List

开工日期:______年_____月_____日
Tally Commenced on

船名:______ S. S. / M. S.　国籍:______ Nationality　停泊地点:______ Berthed at　制单日期:____年___月___日 Date of List

溢卸货物 Overlanded Cargo					短卸货物 Shortlanded Cargo				
提单或舱单号 B/L or M/F No.	标志 Marks	货名 Description	件数 P'kgs.	包装 Packing	提单或舱单号 B/L or M/F No.	标志 Marks	货名 Description	件数 P'kgs.	包装 Packing
件数小计 P'kgs. Totalled					件数小计 P'kgs. Totalled				

收货人/代理人:________ Receiver / Agent　理货组长:________ Chief Tallyman　船长/大副:________ Master / Chief Officer

(三) 货物查询单(Cargo Tracer)

货物查询单是在卸货港发现货运事故(常见于溢短卸)时,为追查原因以明确责任所在,而向装货港、各挂靠港、船公司和载运该货物的船舶发出的调查函。

货物查询单分查询联(甲联)和被查询单位的答复联(乙联)。船公司在卸货港的代理人将需要调查的内容分别记入查询联和答复联内,一并寄交被查询的单位。被查询的单位接到后,应立即进行详细的调查,并将调查结果填入答复联,寄还发出查询单的单位。查询单的格式略。

（四）提货单（Delivery Order，D/O）

虽然交付货物是以提单为交换条件的，但在实际业务中所采用的办法却是在收货人交出提单后，由船公司或其代理人签发一份提货单给收货人到仓库（仓库交货）或本船（船边提货）提取货物。

船公司或其代理人在签发提货单时，首先要认真核对提单和其他装船单据的内容是否相符，然后详细地将本船船名、货物名称、件数、重量、标志、提单号、收货人名称等记载在提货单上，并由船公司或其代理人签字。

在同意以船边提货方式交付货物时，应在提货单上注明。

提货单亦称小提单，是收货人凭以向现场（码头仓库或船边）提取货物的凭证。其内容包括船名、货名、件数、数量、包装式样、标志，提单号、收货人名称等。提货单的格式，见表3-10。

提货单的性质与提单完全不同，它只不过是船公司指令码头仓库或装卸公司向收货人交付货物的凭证，不具备流通及其他作用。因此，提货单上一般记有"禁止流通"（Non-Negotiable）字样。

表 3-10　　提货单格式

No. ______________

提货单

致______________　　港口______________　　日期______________

航次______________　　装货港______________

请将下列自______________　　轮卸下的货物交付给______________

提单号	标志	包装和件数	货名	数量	备注

本提货单根据批注、提单条款和收货单签发。

禁止流通

签字______________

第四节　集装箱班轮货运程序与单证

集装箱班轮运输是在杂货班轮运输的基础上发展起来的，其货运程序和业务单证与杂货班轮大同小异，但由于集装箱运输的特殊性、货源组织方式和港口运作模式的不同，集装箱班轮运输又有着其自身的特点。

近年来，既有出于跨境贸易便利化、优化口岸营商环境、提升通关物流效率等方面的要求，也有出于企业降本增效的目的,港口和航运企业在线订舱、集装箱货运业务以及相关单证的使用逐渐趋于电子化。以上海港为例,传统的三大纸质单证,即设备交接单、装箱单和提货单,已于 2019 年 11 月全面实现了电子化,上海口岸进入了集装箱进出口全程无纸化的时代。

本节保留了一般的集装箱班轮货运程序与单证流转原理,同时也将向读者呈现更加贴近于实务的内容。关于国内外各口岸的操作要求和最新动态,可查阅相关企业官网。

一、集装箱班轮整箱货货运程序与主要业务单证

如图 3-3、图 3-4 所示,以 CIF 买卖、信用证交易、集装箱 FCL、CY-CY 交接条款为例,阐述集装箱班轮整箱货货运程序与主要业务单证,各步骤说明如下。

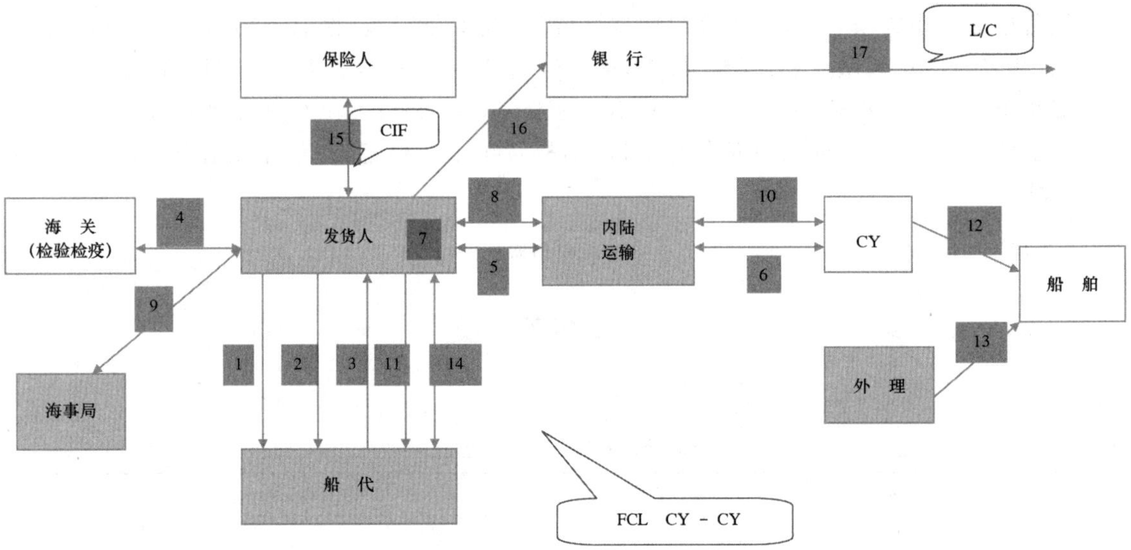

图 3-3 集装箱班轮整箱货货运程序(1)

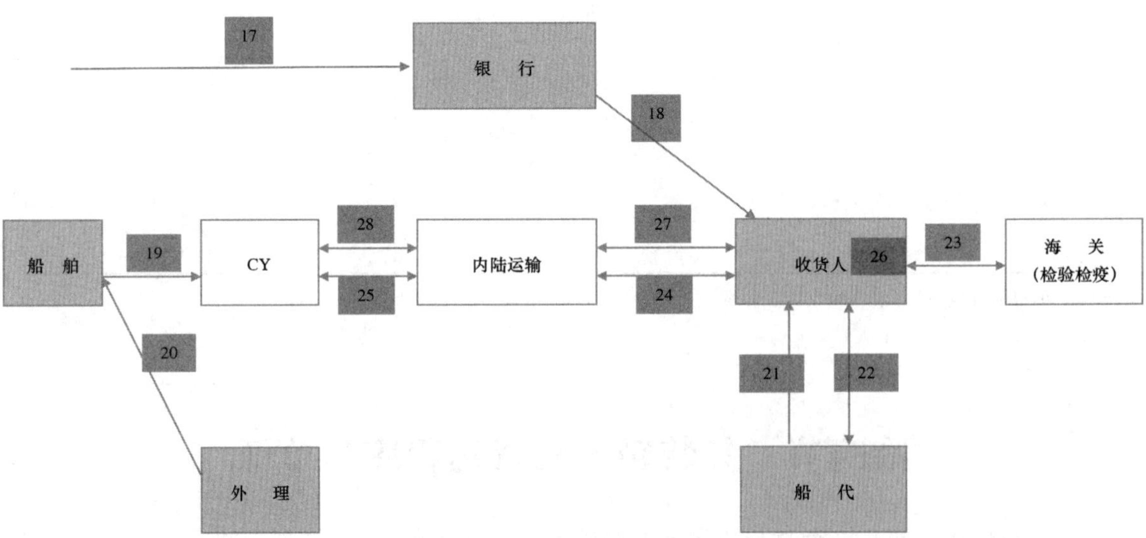

图 3-4 集装箱班轮整箱货货运程序(2)

(一) 订舱托运

根据贸易合同和信用证有关条款的规定,作为发货人的出口商(在FOB价格条件下,也可能是作为收货人的进口商)应在正式办理托运手续之前,选定班期适当的船舶,填制订舱单或托运单,委托货运代理人向船公司或其代理人,或其他运输方式经营人申请订舱或托运,以满足按时将集装箱货物运至目的地的要求。

货运代理人向船公司或其代理人订舱时,通常采用电子邮件的方式,因此,纸质的订舱单或托运单基本已被电子单证取代。另外,部分船公司或其代理人的官网上也会提供"网上订舱"业务。由于手续简便、运价透明,"网上订舱"业务受到众多中小企业的欢迎,未来势必变得越来越普及。

船公司或其代理人或其他运输方式的经营人,根据货主的订舱申请,考虑航线、船舶、港口条件、运输时间以及运输条件能否满足货方的要求后,确定是否能接受订舱和托运的要求。

若船公司接受托运,即同意承运,应对订舱或托运要求做出书面确认,称为"承运"。船公司或船公司的代理人审核托运单;对于经过订舱的货物,还须与订舱单核对,确认无误后就在装货单(Shipping Order)上盖章,以表明承运货物。此外,部分船公司或其代理人确认承运后,会将"船名""航次"等相关信息整合在"订舱确认书(Booking Confirmation)"中,发送给货运代理人。而船公司或船公司的代理人则在承运货物后,根据订舱单或托运单缮制订舱清单分送集装箱装卸作业区或集装箱堆场,据以准备空箱的发放和安排重箱的交接、保管以及装船工作。

(二) 用箱申请

除使用货主箱外,在托运人或其货运代理人提出订舱托运的同时,应根据货物的性质、重量、尺码、积载因数等决定所需集装箱的种类、规格和数量,向船公司或其代理人提出空箱使用申请,同时提供用箱人、运箱人、用箱区域和时间等信息。船公司同意,即会签发一份集装箱发放通知单(目前,多数船公司将该单证与集装箱设备交接单合二为一),凭以提取空箱。

(三) 发放空箱

在使用COC的情况下,集装箱通常是由船公司收取运费无偿借用给货主或集装箱货运站使用一个约定的期限的。

在整箱货的情况下,船公司或其代理人在接受订舱、承运货物后,即签发集装箱发放/设备交接单交给托运人或货运代理人,据以到集装箱堆场或内陆站提取空箱。而在拼箱货的情况下,则由集装箱货运站提取空箱。

集装箱发放/设备交接单的格式,见表3-11。在这个环节上,它是船公司指示集装箱堆场将空集装箱及其他设备发放给本单持有人的书面凭证。

(四) 出口报关(报检)

2018年3月13日,经第十三届全国人民代表大会第一次会议审议,国家质量监督检验检疫总局的出入境检验检疫管理职责和队伍并入海关总署,即"关检合一"开始施行。实务中的电子报检、电子报关与电子通关系统基本情况如下。

表 3-11　　集装箱发放/设备交接单格式

集装箱发放/设备交接单

EQUIPMENT INTERCHANGE RECEIPT　　OUT 出场

NO.

用箱人/运箱人(CONTAINER USER/HAULIER)	提箱地点(PLACE OF DELIVERY)

发往地点(DELIVERED TO)	返回/收箱地点(PLACE OF RETURN)

船名/航次 (VESSEL/VOYAGE NO.)	集装箱号 (CONTAINER NO.)	尺寸/类型 (SIZE/TYPE)	营运人 (CNTR. OPTR.)

提单号 (B/L NO.)	铅封号 (SEAL NO.)	免费期限 (FREE TIME PERIOD)	运载工具牌号 (TRUCK, WAGON, BARGE NO.)

出场目的/状态 (PPS OF GATR-OUT /STATUS)	进场目的/状态 (PPS OF GATE-IN/STATUS)	出场日期 (TIME-OUT)
		月　日　时

出场检查记录(INSPECTION AT THE TIME OF INTERCHANGE)			
普通集装箱 (GP CONTAINER)	冷藏集装箱 (RF CONTAINER)	特种集装箱 (SPECIAL CONTAINER)	发电机(GEN SET)
□正常(SOUND) □异常(DEFECTIVE)	□正常(SOUND) □异常(DEFECTIVE)	□正常(SOUND) □异常(DEFECTIVE)	□正常(SOUND) □异常(DEFECTIVE)

(1) 外代留底

损坏记录及代号 (DAMAGE & CODE)

BR	D	M	DR	DL
破损 (BROKEN)	凹损 (DENT)	丢失 (MISSING)	污箱 (DIRTY)	危标 (DG LABEL)

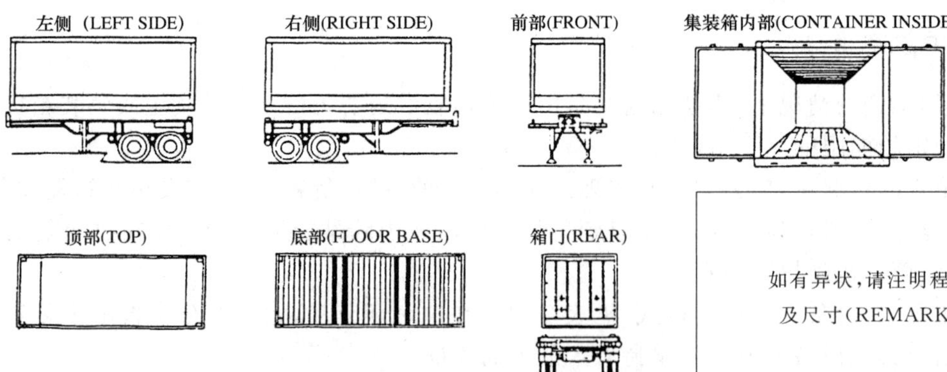

如有异状，请注明程度及尺寸(REMARK)

除列明者外，集装箱及集装箱设备交接时完好无损，铅封完整无误。

THE CONTAINER/ASSOCIATED EQUIPMENT INTERCHANGED IN SOUND CONDITION AND SEAL INTACT UNLESS OTHERWISE STATED

用箱人/运箱人签署 (CONTAINER USER/HAULER'S SIGNATURE)　　码头/堆场值班员签署 (TERMINAL/DEPOT CLERK'S SIGNATURE)

电子报检是指报检人使用电子报检软件，通过检验检疫业务服务平台，将报检数据以电子报文方式传输给检验检疫机构，经检验检疫机构业务管理系统和检务人员处理后，将受理的报检信息反馈给报检人，实现远程办理出入境检验检疫报检的行为。

电子报关是指进出口货物的收发货人或其代理人通过计算机系统，按照《中华人民共和国海关进出口货物报关单填制规范》的有关要求，向海关传送报关单电子数据，并备齐随附单证的申报方式。

国家质量监督检验检疫总局和海关总署联合开发了电子通关联网核查系统，并于2003年1月1日在全国主要口岸的检验检疫机构和海关推广使用。该系统将检验检疫机构签发的出入境通关单电子数据传输到海关计算机作业系统，海关将报检报关数据比对后确认相符合的，予以放行。

在目前阶段，检验检疫机构和海关联合采取的通关单联网核查系统还需要同时校验纸质的通关单据，这是将来实现无纸化通关的一个过渡阶段。这种通关方式相比原来传统的通关方式已经有了一个飞跃发展。它具有数据共享、简化操作程序、降低外贸成本、提高通关速度的功能，还有效控制了报检数据与报关数据不符合的问题和不法分子伪造、变造通关单证的行为。

(五) 委托空箱拖运

此项工作一般是由买卖合同中负责运输的一方来完成。货主可指定某家内陆运输承运人完成空箱拖运事宜，同时还要看货主向船公司托运时与船代的协议上对内陆拖箱有无指定内陆承运人，如有规定，就必须按协议上的规定，由指定的内陆承运人负责拖箱。

(六) 空箱出CY交接

不论是由货主或集装箱货运站提取空箱，都须事先缮制设备交接单(出场)。提取空箱时，在集装箱装卸作业区的门卫处，由装卸作业区的门卫会同提取空箱的卡车司机代表集装箱堆场及集装箱使用人对集装箱及其附属设备的外表状况进行检查，然后分别在设备交接单上签字，各持一份。

集装箱设备交接单(Equipment Interchange Receipt，EIR)，简称设备交接单(Equipment Receipt，E/R)，是集装箱所有人(船公司、租箱公司等)或集装箱经营人委托集装箱码头、堆场与货方或集装箱货运站(即用箱人)交接集装箱或冷藏集装箱，或特种集装箱及电动机等设备的凭证。设备交接单的格式，见表3-11所示。

设备交接单分进场设备交接单(IN)和出场设备交接单(OUT)，各有三联，分别为箱管单位(或船公司)联，码头、堆场联和用箱人、运箱人联。

设备交接单的各栏分别由作为箱管单位的船公司或其代理人，用箱人、运箱人和码头、堆场的经办人员填写。

船公司或其代理人填写的栏目有：用箱人(User)/运箱人(Haulier)、提箱地点(Place of Delivery)、船名(Vessel)/航次(Voyage No.)、集装箱的类型(Type)及尺寸(Size)、集装箱状态(Status)、免费使用期限(Free Time Period)和进(出)场目的(PPS of Gate-in/Gage-out)等。

由用箱人、运箱人填写的有：运输工具牌号(Truck/Wagon/Barge No.)；如果是进场设备交接单，还须填记来自地点、集装箱号、提单号、铅封号等栏目。

由码头、堆场填写的有：集装箱进出场日期(Time-out)、检查记录(Inspection at the Time of

Interchange);如果是出场设备交接单,还须填记提箱地点(Place of Delivery)和集装箱号等栏目。

设备交接单的流转过程如下:

(1) 由箱管单位填制设备交接单交用箱人、运箱人。

(2) 由用箱人、运箱人到码头、堆场提箱送收箱地(或到发箱地提箱送码头、堆场),经经办人员对照设备交接单,检查集装箱的外表状况后,双方签字,码头、堆场留下箱管单位联和码头、堆场联,将用箱人、运箱人联退还给用箱人、运箱人。

(3) 码头、堆场将留下的箱管人联退还给箱管单位。

设备交接单既是分清集装箱设备交接责任的单证,也是对集装箱进行追踪管理的必要单证。由于集装箱货物是按箱交接的,在集装箱外表无异状、铅封完好的情况下,它实际也是证明箱内货物交接无误的单证之一。

(七) FCL 装箱

在整箱货的情况下,由货主自行办理货物出口报关手续,在海关派员监装下自行装箱,并缮制装箱单和场站收据。无论是整箱货还是拼箱货,装箱人都要做一份集装箱装箱单,作为商务处理的主要索赔单证。集装箱装箱单(Container Load Plan,CLP),是按装箱顺序(自里至外)记载装箱货物的具体名称、数量、尺码、重量、标志和其他货运资料的单证。对于特种货物还应加注特定要求,比如对冷藏货物,要注明对箱内温度的要求等。

集装箱装箱单的用途主要是:

(1) 集装箱船舶进出口报关时向海关提交的载货清单的补充资料。

(2) 向承运人提供箱内所装货物的明细清单。

(3) 装、卸港的集装箱装卸作业区编制装、卸船计划的依据。

(4) 集装箱船舶计算船舶吃水和稳性的数据来源。

(5) 当发生货损时,还是处理索赔事故的原始依据之一。

(6) 在卸货地作为办理集装箱保税运输的单据之一。

整箱货的装箱单由发货人缮制,而拼箱货的装箱单则由作为装箱人的集装箱货运站缮制。集装箱装箱单的格式,见表 3-12。

有的国家,如澳大利亚,对动植物检疫的要求非常严格。在这种情况下,在装箱单上就须附有申请卫生检疫机关检验的申请联。

申请联的申请检验事项中,与货运有关的内容包括包装用料及货物本身是否使用了木材,如已使用了,是否已经过防虫处理的说明。如果已经过处理,则就货物而言,应将发票、海运单证和熏蒸证书一并寄交收货人;就集装箱而言,应连同集装箱适航证书一并寄交卸货港的船公司的代理人。

总之,装箱单内容记载的准确与否,与集装箱货物运输的安全有着非常密切的关系。

(八) 委托重箱拖运

此项工作一般是由买卖合同中负责运输的一方来完成。货主可指定某家内陆运输承运人完成重箱拖运事宜,同时还要看货主向船公司托运时与船代的协议上对内陆拖箱有无指定内陆承运人,如有规定,就必须按协议上的规定,由指定的内陆承运人负责拖箱。

值得注意的是,如果货物已在内地办理了出口清关手续,属转关运输的话,应注意海关的相应监管要求。

表 3-12 **集装箱装箱单格式**

Reefer Temperature Required. 冷藏温度 ℃ ℉	CONTAINER LOAD PLAN 装箱单					
Class 等级 | IMDG Page 危规页码 | UN No. 联合国编号 | Flashpoint 闪点						
Ship's Name/Voy No. 船名/航次	Port of Loading 装港	Port of Discharge 卸港		Place of Delivery 交货地	SHIPPER'S/PACKER'S DECLARATIONS: We hereby declare that the container has been thoroughly cleaned without any evidence of cargoes of previous shipment prior to vanning and cargoes has been properly stuffed and secured.	
Container No. 箱号	Bill of Lading No. 提单号	Packages & Packing 件数与包装	Gross Weight 毛 重	Measurements 尺 码	Description of Goods 货 名	Marks & Numbers 标 志
Seal No. 封号	Front 前 … Door 门					
Cont. Size 箱型 20′ 40′ 45′ | Cont. TYPE. 箱类 GP=普通箱 TK=油罐箱 RF=冷藏箱 PE=平板箱 OT=开顶箱 HC=高箱 FR=框架箱 HT=挂衣箱						
ISO Code For Container Size/Type. 箱型/箱类 ISO 标准代码						
Packer's Name/Address. 装箱人名称/地址 TEL No. 电话号码						
Packing Date. 装箱日期	Received By Drayman 驾驶员签收及车号	Total Packages 总件数	Total Cargo Wt 总货重	Total Meas. 总尺码	Remarks: 备注	
Packed By: 装箱人签名	Received Terminals/Date Of Receipt 码头收箱签收和收签日期		Cont. Tare Wt 集装箱皮重	Cgo/Cont Total Wt 货/箱总重量		

(九) 危险货物申报

因危险货物在运输途中具有较大的潜在危害，相关规章制度和货运流程都比普通货物复杂许多。

发货人或其代理人向船代订舱时，应当提前 10 个工作日向其提交订舱单、出入境危险货物运输包装使用鉴定结果单以及物质安全数据单(Material Safety Data Sheet，MSDS)。在订舱单上，除了填写所托运货物的中英文名称、船期、货物包装等基本信息外，还应当注明联合国编号(UN NO.)、危险品等级(CLASS NO.)以及其他特殊注意事项。

随后，货运代理应当提前 4 个工作日向海事局进行危险品货申报，并提供危险品包装使用鉴定结果单、包装危险货物技术说明书以及危险货物安全适运申报单。危险货物安全适运申报单的格式，见表 3-13。

货运代理在收到海事局审批回执后，对危险品货报信息添加箱号及提单号信息，并发送给船代。船代根据货运代理发送的危险品货报信息，将制作船报信息，并向海事局进行危险品船申报，同时接收海事局的受理、审批回执。

需要注意的是，如果货主或其代理人在订舱时以非危险货物进行申报，而离港后发现所运货物实属危险品，轻则产生危险品误申报费以及由于瞒报漏报而产生的其他罚款或费用，重则当事人可能将担负相应的刑事责任。

(十) 重箱进 CY 交接

发货人和集装箱货运站将由其或其代理人负责装载的集装箱货物运至码头堆场时，设在码头堆场大门的门卫对进场的集装箱货物核对订舱单、场站收据、装箱单、出口许可证等单据。同时，还应检查集装箱的数量、号码、铅封号码是否与场站收据记载相一致。箱子的外表状况以及铅封有无异常情况，如发现有异常情况，门卫应在场站收据栏内注明。如异常情况严重，

表 3-13　　危险货物安全适运申报单

Declaration on Safety and Fitness of Dangerous Goods

(包装/固体散装危险货物)

(Packaged/Solid in Bulk)

<table>
<tr><td>发货人：
Shipper:</td><td></td><td>收货人：
Consignee:</td><td></td><td>承运人：
Carrier:</td><td></td></tr>
<tr><td>船名和航次：
Ship’s Name and Voyage:</td><td></td><td>装货港：
Port of Loading:</td><td></td><td>卸货港：
Port of Discharging:</td><td></td></tr>
<tr><td colspan="5">货物标记和编号，如适用，组件的识别符号或登记号
Marks & Nos，of the goods，if applicable，identification or registration number(s) of the unit

正确运输名称*、危险类别、危规编号、包装类**、包件的种类和数量、闪点℃(闭杯)**、控制及应急温度**、货物为海洋污染物**、应急措施编号和医疗应急指南表号**
Proper Shipping Name*、IMO hazard class/division、UN No.、Packaging group**、Number and kind of packages、Flash Point(℃c.c)、Control and emeragency temperature**、Identification of the goods as MARINE POLLUTANT**、Ems NO. and MFAG Tanle NO. ***

总重（kg）净重/净量
Total weight（kg）Net weight（kg）

*仅使用专利商标/商品名称是不够的，如适合：(1)应在品名钱加“废弃物”；(2)“空的未经清洁的”或“含有残余物一上一次盛装物”；(3)“限量”**如需要，见《国际危规》第1卷第5.4.1.1款 ***需要时
*Proprietary/trade names alone are not sufficient.If applicable：(1)the word “WASTE”should proceed the name;(2) “EMPTY/UNCLEANED”or“RESIDUE-LAST CONTAINED”;(3) “LIMITED QUANTITY”should be added.**When required in item 5.4.1.1,volume 1 of the IMDG Code;***When required.</td><td>交付装运货物的形式：
Goods delivered as:
□ 杂货 Break bulk carg
□ 成组件 Unitized cargo
□ 散货包装 Bulk Packages
□ 散装固体 Solid in bulk
组件类型：
Type of unit:
□ 集装箱 Container
□ 车辆 Vehicle
□ 罐柜 Portable tank
□ 开敞式 Open
□ 封闭式 Close
如适合，在方格内划“×”</td></tr>
<tr><td colspan="5">兹声明：
上述拟交付船舶装运的危险货物已按规定全部并准确地填写了正确运输名称、危规编号、分类、危险性和应急措施，需附单证齐全。包装危险货物，包装正确、质量完好；标记、标志/标牌正确、耐久。以上申报准确无误。
Declaration:
I hereby declare that the contents of declaration are fully and accurately described above by the proper shipping name, UN No., Class and EmS No. The goods are properly packaged, marked, labeled/placarded and are in all respects in good condition for transport by sea.
申报员（签字）：__________　　　　申报单位签章
证书编号:__________　　　　年　　月　　日</td><td>主管机关签注栏：
Remarks by the Administration:</td></tr>
<tr><td colspan="2">紧急联系人姓名：
Emergency Contart Person’s Name:</td><td colspan="2"></td><td>电话：
Tel:</td><td></td></tr>
<tr><td colspan="2">传真：
Fax:</td><td colspan="2"></td><td>电子邮箱：
E-mail:</td><td></td></tr>
</table>

会影响运输的安全，则应与有关方联系后，决定是否接受这部分货物。对进场的集装箱，堆场应向发货人、运箱人出具设备收据。

现代海上班轮运输以集装箱运输为主，为简化手续，通常以场站收据作为集装箱货物的托运单。“场站收据”联单现在通常是由货代企业缮制送交船公司或其代理人订舱，因此场站收据也就相当于订舱单。

场站收据(Dock Receipt，D/R)，又称港站收据，或称码头收据，是指船公司委托集装箱堆场、集装箱货运站或内陆站在收到整箱货或拼箱货后，签发给托运人证明已收到货物，托运人可凭以换取提单或其他多式联运单证的收据。场站收据的格式，见表 3-14。

表 3-14　　场站收据格式

∇ Shipper(发货人) Consignee(收货人) Notify Party(通知人) Pre carriage by(前程运输) Place of Receipt(收货地点) Ocean Vessel(船名) Voy. No(航次) Port of Loading(装货港)	D/R No. (编号) 场站收据 DOCK RECEIPT Received by the carrier the total number of containers or other packages or units stated below to be transported subject to the terms and conditions of the Carrier's regular form of Bill of Lading (for Combined Transport or Port to port shipment) which shall be deemed to be incorporated herein. Date(日期)： 场站章
Port of Discharge(卸货港) Place of Delivery(交货地点)	Final Destination For the Merchant's Reference(目的地)

Particulars Furnish Lead by Merchants (托运人提供详细情况)

Container No.(集装箱号)	Seal No.(封志号) Marks & Nos(标记与号码)	No. of Containers or P'kgs(箱数或件数)	Kind of Packages; Description of Goods(包装种类与货名)	Gross Weight 毛重(千克)	Measurement 尺码(立方米)
TOTAL NUMBER OF CONTAINERS OR PACKAGES(IN WORDS) 集装箱数或件数合计(大写)					

Container No.(箱号)	Seal No.(封志号)	Pkgs.(件数)	Container No.(箱号)	Seal No.(封志号)	Pkgs.(件数)
			Received(实收) By Terminal clerk.(场站员签字)		

FERIGHT & CHARGES	Prepaid at(预付地点)	Payable at(到付地点)	Place of Issue(签发地点)
	Total Prepaid(预付总额)	No. of Original B(s)/L(正本提单份数)	BOOKING(订舱确认) APPROVED BY

Service Type on Receiving	Service Type on Delivery	Reefer Temperature Required(冷藏温度)	℉	℃
□-CY，□-CFS，□-DOOR	□-CY，□-CFS，□-DOOR			

Type of Goods(种类)	Goods	危险品	
	□Ordinary(普通) □Reefer(冷藏) □Dangerous(危险品) □Auto(裸装车辆)		Class Property
	□Liquid(液体) □Live Animal(活动物) □Bulk(散货) □______		IMDG Code Page UN No.

我国在1990年开始进行集装箱多式联运工业性试验,简称“集装箱工试”。该项工业性试验虽已结束,但其中的三大单证的原理一直使用至今。三大单证是:出口时使用的“场站收据”联单、进口时使用的“交货记录”联单和进出口时都要使用的“设备交接单”联单。

以在上海口岸进行的“集装箱工试”的“场站收据”联单为例:第一联为货主留底;第二联为船代留底;第三联为运费通知(1);第四联为运费通知(2);第五联为装货单(Shipping Order);第五联(附页)为缴纳出口货物港务申请书(由港区核算应收之港务费用);第六联(浅红色)为场站收据副本大副联;第七联(黄色)为场站收据(Dock Receipt)正本;第八联为货代留底;第九联为配舱回单(1);第十联为配舱回单(2);第十一、十二联为白纸联(后取消)。

场站收据是十联式集装箱货物托运单中的三联[其中正本场站收据一联,场站收据副本(1)——装货单一联,场站收据副本(2)——大副收据一联]。

D/R十联单的各联流转如下:

(1) 托运人填制集装箱货物托运单一式十联,委托货运代理人代办托运手续。

(2) 货运代理人审核托运单接受委托后,将货主留底联退还给托运人备查。

(3) 货运代理人持剩余的九联托运单至船公司或船公司的代理人处办理货物托运。

(4) 船公司或船公司的代理人审核托运单,对照订舱清单,确认无误后,在场站收据副本(1)——装货单上盖章,确认订舱,承运货物,留下船代留底、运费通知(1)和运费通知(2)等三联后,将包括经船公司或船公司代理人签章的装货单在内的其余六联退还给货运代理人。

(5) 货运代理人留存货代留底联,据以缮制货物流向单。

(6) 货运代理人根据船公司或船公司代理人退回的配舱回单(1)联缮制提单和其他货运单证。

(7) 货运代理人持经船公司或船公司的代理人签发的装货单和船公司或船公司的代理人退回的正本场站收据及场站收据副本(2)——大副联,随同出口货物报关单和其他有关货物出口的单证一起至海关办理货物出口报关手续。

(8) 海关审核有关报关单证,同意出口,在装货单上加盖放行章,然后将经海关加盖放行章的装货单和大副联及正本场站收据退还给货运代理人。

(9) 货运代理人将集装箱或货物连同装货单、大副联和正本场站收据及配舱回单(2)等四联送交集装箱堆场或集装箱货运站。

(10) 集装箱堆场或集装箱货运站验收集装箱或货物,如无异状,则在正本场站收据及配舱回单(2)上签章后,退还给托运人或货运代理人;如集装箱或货物的实际状况与场站收据或配舱回单(2)的记载不符,则须在正本场站收据和配舱回单(2)上做出批注,退还托运人或货运代理人,而托运人或货运代理人则须根据配舱回单(2)的批注,修改已缮制的提单。

(11) 集装箱堆场留下装货单,集装箱装船后将大副联交船方大副。

(12) 托运人或货运代理人持正本场站收据和事先缮制的提单至船公司或船公司的代理人处,办理换取提单手续,船公司或船公司的代理人收回场站收据,签发提单。

对承运人来说,签收D/R表明:其已经收到货物;对货物开始负有责任;发货人可凭D/R换取B/L;一旦发生责任纠纷,D/R是解决纠纷的初步证据;对FCL,无法知悉箱内货物实际装载情况,另有SLAC、STC等记载;对LCL,D/R签收与实收货物外表状况相符,不良批注会影响B/L的清洁。

对发货人来说,D/R的签收应注意:D/R内容因发货人填制有误造成货损,由发货人承担责任;发货人委托他人(货代)填制有误造成货损,由发货人承担责任;D/R填制后若需修改,应向主管部门送交更正通知单；特殊货、危险货，还应注明货物性质、包装、种类、运输要求、注意事项等；D/R 的填制，发货人应保证单货一致、单单一致；发货人填制 D/R 应注意买卖合同和信用证条款，以保证顺利结汇。

随着业务流程的简化以及单证的电子化，“场站收据联单”在实际业务中已不再使用，取而代之的是电子化的装货单等核心单据。其流转程序及原理与上述联单仍然基本相同。学习“场站收据联单”，有利于读者了解货运代理业务中单证的流转原理以及相关方的工作内容，故本书保留。

另外，需注意的是，根据港区的不同，实务中“出口报关报检”与“重箱进 CY 交接”这两步的顺序也并不相同。以上海港为例，洋山港区施行“先报关、后进港”的顺序，而外高桥港区施行“先进港、后报关”的顺序。无论其顺序如何，重箱在办理完有关的出口通关手续后，方能装船出运。

(十一) VGM 申报

自 2016 年 7 月 1 日起，《海上人命安全公约》(Safety of Life at Sea，SOLAS)修订案规定了关于集装箱称重的要求：托运人必须在装货单截止日期前向承运商和/或港口码头代表提供集装箱核实总重量(Verified Gross Mass，VGM)，否则装箱完毕的集装箱一律不予装船。核实总重量，即货物的总重量，包括垫板和支撑，以及装载货物的集装箱皮重。SOLAS 规定，货物装船之前，托运人须以装船须知或单独沟通的方式，在“货运单据”中提供集装箱的 VGM。

(十二) 出口装船

集装箱进入集装箱装卸作业区的集装箱堆场后，装卸作业区根据待装货箱的流向和装船顺序编制集装箱装船计划或积载计划，在船舶到港前将待装船的集装箱移至集装箱前方堆场，按顺序堆码于指定的箱位，船舶到港后，即可顺次装船。

集装箱装船后，缮制出口载货清单，向海关办理船舶出口报关手续；船舶开航后，缮制载货运费清单，连同其他有关货运单证寄交目的港的船公司的代理人，据以事先做好船舶到港后的卸货与交付的准备，以及向目的港船公司的代理人发送货载邮件等程序，此处不再赘述。

(十三) 装船理箱

由外轮理货公司做一张装船理箱单，到国外卸货后还要做一张卸船理箱单，这两张单证是用以确定海上箱子灭失或损害的索赔依据之一。

装船时，外轮理货公司还要做一张 OUT EIR，因为箱子进场时做一张 IN EIR，若这两张单证的内容不符，就说明是 CY 责任，这两张单证是堆场对箱体的责任划分的重要单证。

(十四) 以 D/R 换 B/L

发货人收到经集装箱堆场或集装箱货运站签署的场站收据后，即可凭场站收据向船公司或其他运输方式的经营人付清运费(预付运费的情况下)，换取提单或其他多式联运单证，然后前往银行结汇货款。

值得注意的是，无论是整箱货还是拼箱货，理论上，集装箱承运人应接受货物即签署场站收据，此时货物尚未装船，所以换取的提单应为收货待运提单。但在实践中，收货待运提单不足以保障收货人的利益，一般信用证也都要求已装船提单结汇。所以，实际上是等货物装上船后才签发 D/R,那么换取的都是已装船 B/L。

(十五) CIF 投保

在常见的 CIF 买卖中,由卖方负责向保险人投保,因为结汇时需一张保单一同去结汇。而在 FOB、CFR 买卖中,卖方有义务及时向买方发出装船通知,以便买方及时安排货物运输保险事宜。

(十六) 出口结汇

在信用证交易下,卖方备妥信用证要求的相关单证即可前往议付行议付货款。主要的结汇单证通常有商业发票、提单、保单、汇票、装箱单、原产地证书、品质鉴定书等。银行按照单证严格相符的原则对各项单证的记载内容进行审核,完全符合后予以结汇。

(十七) B/L 流转国外

议付行给予信用证受益人议付货款后,将全套单证连同受益人开具的汇票流转进口国,由开证行偿付货款。

(十八) 付款赎单

接到开证行通知后,信用证开证申请人即前往银行办理付款赎单手续,取得全套单证。在船舶抵港后,凭提单办理进口提货手续,也可能通过转让提单的方式转卖提单项下的货物。

关于提单的转让,详见本书第四章。

(十九) 进口卸船

在卸货港的船公司代理人接到装货港的船公司或其代理人传来的有关货运单证后,即联系集装箱装卸作业区的集装箱堆场或货运站经营人,为船舶到港和卸箱做好准备。船舶到港后,组织卸船和安排集装箱在集装箱堆场的存放或者转运或者在集装箱货运站进行拆箱等工作。

(二十) 卸船理箱

由外轮理货公司做一张卸船理箱单,与装港的装船理箱单一起用以确定海上箱子灭失或损害的责任归属。

卸船时,外轮理货公司还要做一张 IN EIR,因为箱子出场时做一张 OUT EIR,若这两张单证的内容不符,就说明是 CY 责任,这两张单证是堆场对箱体的责任划分的重要单证。

(二十一) 通知提货

在船舶到港前,船公司在卸箱港的代理人还须向收货人发出进口货物提货通知书,要求收货人事先做好提货准备。

提货通知书(Delivery Notice)是船公司在卸箱港的代理人向收货人或通知人发出的船舶预计到港时间的通知。它是船公司在卸箱港的代理人在掌握船舶动态的基础上,根据装箱港的船公司的代理人传来的提单副本上所记载的有关货运资料编制的。

船公司在卸货港的代理人向收货人或通知人发出提货通知书的目的在于要求收货人事先做好提货准备，以便集装箱货物到港后能尽快疏运出港，避免货物在港口、堆场积压，使集装箱堆场能更充分地发挥中转、换装作用，集装箱能更快地周转，提高使用率。

提货通知书只不过是船公司为使货运程序能顺利完成而发出的单证，对于这个通知的发出与否和是否及时，以及收货人能否收到，作为承运人的船公司并不承担责任。也就是说，承运人并不承担因通知不着而引起的责任风险。

小知识

提货通知书填写注意事项

提货通知书的格式很简单，但提货通知书上的以下几点内容需要引起注意：

(1) 根据《中华人民共和国海关法》规定，海运进口货物之收货人必须在船舶申报进境之日 14 天内向海关申报，逾期由海关收滞报金，而且货物如在 3 个月内不申报提取，将作为无主货处理。凡船抵港后 10 天内不提取货物，由此产生的拆箱费、滞箱费、疏港费以及货损货差等风险责任均由收货人承担。

(2) 遵循国际惯例，收货人须凭正本提单办理提货手续，并在正本提单上加盖公司法人章。"TO ORDER"提单须有发货人的背书。电报放货，收货人应出具公司保函和提单副本，并加盖公司法人章。

(3) 进口危险品，冷冻货或重大件的收货人应主动提前与船代/港方联系，做好现提接货准备。

(4) 该通知提供的靠泊日期，不作为船舶申报进境推算之日。

在集装箱卸船进入集装箱堆场或货运站，做好交付准备后，船公司或其代理人会向收货人发出到货通知，收货人即可凭提单和到货通知，办理提货手续，换取提货单，凭以提取货物。

到货通知书(Arrival Notice，A/N)是在卸货港的船公司的代理人在集装箱卸入集装箱堆场，或移至集装箱货运站，并办好交接准备后，用书面向收货人发出的要求收货人及时提取货物的通知。到货通知书的格式，见表 3-15。

到货通知书共有五联。第一联：到货通知书；第二联：提货单；第三联：费用账单(1)；第四联：费用账单(2)；第五联：交货记录。

A/N 五联单的各联流转如下：

(1) 五联到货通知书都由船公司在卸箱港的代理人在船舶到港前填制。

(2) 船舶抵港前，船公司在卸货港的代理人根据装箱港的船公司或其代理人传来的载货运费清单或提单副本的有关货运资料填制到货通知书一式五联后，在集装箱卸船并做好交货准备后，将五联单中的第一联——到货通知书寄交收货人或通知人。

(3) 收货人持正本提单和到货通知书至船公司在卸货港的代理人处，换取其余四联，即提货单、费用账单(1)和(2)及交货记录等单证。

(4) 船公司在卸箱港的代理人审核提单和是否已付清运费后，收回正本提单和到货通知书，在提货单上加盖专用章，连同五联单中的其他三联，即费用账单(1)和(2)及交货记录换发给收货人。

表 3-15　　到货通知书

到 货 通 知 书
ARRIVAL NOTICE

收货人:____________________

您单位下列进口货物已抵港,请速凭正本提单并背书后来我公司办理提货手续。

船名	航次	起运港		目的地	
提单号	交付条款	到付海运费			
卸货地点	到达日期	进库场日期		第一程运输	
标记与集装箱号	货　名	集装箱数	件　数	重量(KGS)	体积(M^3)

特此通知

中国上海外轮代理公司
年　月　日

注意事项:

1. 请凭本通知书和正本提单(加盖公章)速来我公司进口部门办理提货手续;如提取私人行李另须携带本人护照或代办委托书及身份证,为方便各环节业务,请最好携带您公司业务章前来办理提货手续。
2. 如需委托我公司代办报关转运,请随带有关单证及钱款,派员前来我司委托,如有不清,请洽我司电话:63232762　63230970 ×308
3. 在必要情况下,我公司接受暂凭银行担保函替代正本提单办理提货手续。
4. 根据海关规定,货物到港(站)14 天内未能及时向海关申报,由此引起的海关滞报金,由收货人承担。根据上海市疏港法规定,货物到港(站)10 天内未能及时提取货物,由此引起的港口疏港所发生的费用等,由收货人承担。货物抵港 3 个月不提取,将作无主货处理。
5. 本通知书所列到达日期系预报日期,不作为申报进境计算滞报金、滞箱费起算之日凭据。
6. 本通知书依据提单与舱单上提供的"收货人"及地址投递,由于英文翻译中文所发生的人名地名不一致,我司不承担由此产生的损失,希请谅解。
7. 我公司地址:上海市中山东一路×号×楼　电话:63231363　63232081　63295632　63210051　邮编:200002
电报:PENAVICO　传真:63291519　电传:33052 PENAV CN
星期六上午学习,星期日、节假日休息。

(5) 收货人持费用账单(1)、(2)和交货记录以及加盖了船公司在卸货港的代理人的专用章的提货单共四联,随同进口报关单和其他进口报关所需单证,至海关办理货物进口报关手续,海关核准放行,即在提货单上加盖海关放行章,然后将提货单、费用账单(1)和(2)以及提货单共四联退还给收货人。

办理进口报关时,有时海关要求收货人出具进口许可证;合同;信用证;来料加工、进口加工、补偿贸易登记手册;支票;包装证明;产地证书;内地转关证明;装箱单;提单副本等。

(6) 收货人即可持这四联单证(主要是海关放行的提货单)至集装箱堆场或集装箱货运站办理提货手续。

(7) 堆场或货运站经营人核单后,留下用作放货依据的提货单联和据以结算费用的费用账单(1)和(2),在交货记录联上加盖港站印章,将交货记录退还给收货人。

(8) 收货人实际提取集装箱货物时,堆场或货运站的发货人员即凭收货人所持有的交货记录发放集装箱货物。提货完毕,在交货记录上签收,交货记录由集装箱堆场或货运站留存。

"到货通知书联单"在实际业务中也已不再使用,取而代之的是其电子化的核心单据,本书保留联单内容以便于读者学习与了解。

(二十二) 以 B/L 换 D/O

作为收货人或其货运代理人,付款赎单取得全套单据后,要查清该进口货物属于哪家船公司承运、哪家作为船舶代理、在哪儿可以换到供通关用的提货单。应提前与船公司或船舶代理部门联系,确定船到港时间、地点,如需转船,应确认二程船名;提前与船公司或船舶代理部门确认换单费、押箱费、换单的时间;提前联系好场站确认好提箱费、掏箱费、装车费、回空费等。

在收到船公司卸货港代理发出的到货通知书后,收货人即可凭正本提单和到货通知书办理提货手续,换取提货单(Delivery Order),办理进口清关手续后,凭以提取货物。提货单的格式见表 3-16。

提货单的操作是以正本提单相交换的方式进行的,因此,提货单是收货人提取货物的凭证,也是承运人同一交货的证明。在实际操作中,应注意以下事项:

(1) 收货人是否在提单记载的目的港地提货,如果没有在提单记载的目的港交货,不能签发提货单。

(2) 在到付运费情况下,收货人是否已支付清全部运费,提货单的签发表明同意放货,所以一定要将到付运费收取。

(3) 正本提单一共有多少份。

(4) 是凭 H-B/L 还是 M-B/L 签发提货单,当一票货物同时使用 H-B/L 和 M-B/L 时,对货主来说,由于他持有的提单由无船承运人签发,因而无船承运人是承运人。但对无船承运人来说,船公司才是真正的承运人,他只能凭船公司签发的 M-B/L 签发提货单。

(5) 正本提单上对货物、箱子有无批注,对箱号、关封号有无说明,一定要将提单上对货物、箱子的批注转到提货单上去。

(6) 承运货物的船舶是否属自己代理的船公司的船舶,未经船公司书面授权而擅自签发提货单是错误的。

(7) 如收货人没有交出正本提单,又要求签发提货单时,承运人是否已认可,或承运人对此有什么指示,没有正本提单,原则上不能签发提货单,否则必须得到承运人的认可。

(8)如收货人要求凭副本提单换提货单时,承运人是否在副本提单上盖章和提供经承运人认可的担保。

表 3-16 **提货单**

中国上海外轮代理公司

CHINA OCEAN SHIPPING AGENCY SHANGHAI

进口集装箱货物提货单

No.

港区场站　　　　　　　　　　　　　　　　船档号

<table>
<tr><td colspan="3">收货人名称</td><td colspan="2">收货人开户
银行与账号</td></tr>
<tr><td>船名</td><td>航次</td><td>起运港</td><td>目的港</td><td>到达日期</td></tr>
<tr><td>提单号</td><td>交付条款</td><td>卸货地点</td><td>进库场日期</td><td>第一程运输</td></tr>
<tr><td>标记与集装箱号</td><td>货　名</td><td>集装箱数或件数</td><td>重量(KGS)</td><td>体积(M³)</td></tr>
<tr><td></td><td></td><td></td><td></td><td></td></tr>
<tr><td colspan="3" rowspan="2">船代公司重要提示：
(1) 本提货单中有关船、货内容按照提单的相关显示填制；
(2) 请当场核查本提货单内容错误之处，否则本公司不承担由此产生的责任和损失(Error And Omission Excepted)；
(3) 本提货单仅为向承运人或承运人委托的雇佣人或替承运人保管货物订立合同的人提货的凭证，不得买卖转让(Non-negotiable)；
(4) 在本提货单下，承运人代理人及其雇佣人员的任何行为，均应被视为代表承运人的行为，均应享受承运人享有的免责、责任限制和其他任何抗辩理由(Himalaya Clause)；
(5) 货主不按时换单造成的损失，责任自负；
(6) 本提货单中的中文译文仅供参考。

中国上海外轮代理公司
(盖章有效)
年　　月　　日</td><td></td><td></td></tr>
<tr><td></td><td></td></tr>
<tr><td colspan="3">注意事项：
1. 本提货单需盖有船代放货章和海关放行章后方始有效。凡属法定检验、检疫的进口商品，必须向检验检疫机构申报。
2. 提货人到码头公司办理提货手续时，应出示单位证明或经办人身份证明。提货人若非本提货单记名收货人时，还应当出示提货单记名收货人开具的证明，以表明其为有权提货的人。
3. 货物超过港存期，码头公司可以按《上海港口货物输运管理条例》的有关规定处理。在规定期间无人提取的货物，按《海关法》和国家有关规定处理。</td><td></td><td></td></tr>
</table>

PSH/QF － 126　　　　ISSUE NO.：1　　　　ISSUE DATE：

(二十三) 进口报关(报检)

对于进口货物，一般情况下，收货人或其代理人先以电子报关单形式向海关申报，后续提交纸质报关单；特殊情况下，经海关同意，收货人或其代理人也可单独以纸质报关单或电子报关单形式向海关申报。

海关在接受申报、审核单证、实施查验、卫生检疫、征收税费等环节完成以后，会对进口货物做出结束海关监管的决定。确认放行后，海关将在提货单上签盖“电子放行章”，并在进口货物报关单上加盖与海关电子通关系统联网的条形码。收货人或其代理人凭盖有“电子放行章”的提货单，提取集装箱装载到运输工具上，随后在关区卡口处扫码离境即可。

对于一般进口货物，放行即为结关。对于保税、减免税和暂准进口货物，海关虽予放行，但并未办结海关手续，也就是放行未结关仍需接受海关的后续管理。

收货人或其代理人在提取进口货物之后，根据实际情况，如果需要海关签发有关的货物进出口证明联的，均可向海关提出申请。

(二十四) 委托重箱拖运

此项工作一般是由买卖合同中负责运输的一方来完成。货主可指定某家内陆运输承运人完成重箱拖运事宜，同时还要看货主向船公司托运时与船代的协议上对内陆拖箱有无指定内陆承运人，如有规定，就必须按协议上的规定，由指定的内陆承运人负责拖箱。

值得注意的是，如果货物须在进境地以外的其他地点办理进口清关手续，属转关运输的话，应符合海关的相应监管要求。

(二十五) 重箱出 CY 交接

所有提货手续办妥后，可通知事先联系好的堆场提货。应注意的事项有：

(1) 首先应与港池调度室取得联系安排计划。

(2) 根据提箱的多少与堆场联系足够的车辆尽可能按港方要求的时间内提清，以免产生转栈堆存费。

(3) 提箱过程中应与堆场有关人员共同检查箱体是否有重大残破，如有，要求港方在设备交接单上签残。

交货记录(Delivery Record)是一式五联到货通知书中的一联。它是集装箱堆场货运站在向收货人交付货物时，用以证明双方间已进行货物交接和载明货物交接状态的单证。

作为正常的业务手续，交货记录应在收货人全部提取货物后才能签收，然后由堆场或货运站将交货记录整理，按月、分船交船代留底。但在实际业务中，堆场或货运站的工作人员若凭与收货人的关系来签收交货记录，有时会出现货没有全部提走，但交货记录已签收；收货人出具拼箱货交货记录，却签收整箱货；A 收货人的货交由 B 提取，而 B 收货人的货却交由 A 提取的情况。

对堆场或货运站的工作人员来说，签收交货记录时应注意：

(1) CFS—CFS 或 CY—CFS 交接的货由货运站提取。

(2) DOOR—DOOR 或 CY—DOOR 交接的货由承运人安排提取。

(3) CY—CY 或 DOOR—CY 交接的货由收货人安排提取。

(4) CFS—CY 交接的货也由收货人安排提取。

(5) 同一张交货记录上的货分批提取时,只有等最后一批货提取完毕才能签收。

(6) 如 CY—CY 条款,但注明 CY—CY(LCL)字样,则在堆场拆箱交货。

(7) 如 CFS—CFS 条款,但注明 CFS—CFS(FCL)字样,则表明整箱提取。

(8) 如实际提货状况与单证记载不符,应做好货损报告,并会同有关方签字。

(9) 海关未在提货单上盖章的货,一定不可出堆场或货运站。

(10) 交货前应查核费用账单,收货人是否已全部支付货物在堆场或货运站发生的所有费用。

对收货人来说,签收交货记录时应注意:

(1) 如是凭 H-B/L 换取的提货单,则到无船承运人的代理人处办理提货手续,而不直接去船公司。

(2) 接受整箱货时,应检查箱子外表状况以及箱号、关封号是否与单证记载相符,如有异议,则会同有关方做好记录。

(3) 接受拼箱货时,应检查货物外包装、唛头、数量等是否与单证记载相符,如有异议,或已发现有货损,则做好货损报告,并交有关方签认。

(4) 未提取货物或货物未全部提取完毕,不能签收交货记录。

(5) 提货时发现箱损或货损,而又无法确认责任方或确定损害区段时,则不能将货提走,避免无法提出索赔。

"交货记录联单"在实际业务中也已不再使用,取而代之的是其电子化的核心单据,本书保留联单内容以便于读者学习与了解。

(二十六) FCL 拆箱

整箱货运输下,拆箱工作是由收货人或其货运代理人完成的,承运人与收货人的责任划分是以集装箱货物出堆场大门为界,双方在集装箱外表状况良好、铅封完整下交接,作为承运人已经按照提单记载交付货物的表面证据。若收货人拆箱发现货损,应及时会同有关部门做好拆箱记录,以利于保险合同、买卖合同或运输合同下的索赔。而在拼箱货运输下,拆箱工作是由货运站完成的,双方按照货物的实际数量和外表状况进行交接。

(二十七) 委托空箱回运

收货人或其货运代理人自堆场提取重箱后,应在集装箱免费使用期内及时掏箱,以免产生滞箱费。

货物提清后,应从场站取回设备交接单证明箱体无残损,去船公司或船舶代理部门取回押箱费。

(二十八) 空箱回运交接

集装箱运输中,因为货物是连同集装箱一起办理交接的,所以集装箱堆场经营人须事先缮制集装箱设备交接单(出场)。在整箱货的情况下,与收货人办理集装箱出借手续;而在拼箱货的情况下,则与集装箱货运站办理集装箱的交接。

由于集装箱的具体交接地点发生变化,用箱人与箱主对集装箱的交接责任并非一定以堆场大门为界,应视情况而定。

二、集装箱班轮拼箱货货运程序与主要业务单证

集装箱货运站是集装箱运输的产物，集装箱运输的主要特点之一就是船舶在港时间短，这就要求有足够的货源。集装箱货运站的主要业务就是集、散货物。

在货物不足一箱时，一般都运至集装箱货运站，由集装箱货运站根据所托运的货物种类、性质、目的港，将其与其他货物一起拼装在集装箱内，并负责将已装货的集装箱运至码头堆场。

集装箱货运站在根据订舱单接收前来托运的货物时，应查明这些货物是否已订舱，如货物已订舱，货运站则要求货物托运人提供码头收据、出口许可证，然后检查货物的件数是否与码头收据记载相符，货物的包装是否正常，能否适合集装箱运输。如无异常情况，货运站即在场站收据上签字；反之，则应在码头收据的备注栏内注明不正常的情况，然后再签字。如不正常的情况较严重，可能会影响以后的运输安全，则应同有关方联系决定是否接受这些货物。

集装箱货运站在进行货物装箱时，应按货物从里到外装箱的顺序，制作集装箱装箱单，制作时必须准确、清楚。

货物装箱完毕后，集装箱货运站在海关监督之下加海关封志，并签发场站收据。同时，应尽快与码头堆场取得联系，将已装货的集装箱运至码头堆场。

承办拼箱业务，即接受客户尺码或重量达不到整箱要求的小批量货物，把不同收货人、同一卸货港的货物集中起来，拼凑成一个 20ft 或 40ft 整箱。这种做法，称为集拼，国际上叫作 Consolidation，简称 Consol，承办者称为集拼箱经营人(Consolidator)。在国内，集拼箱经营人大多由货运代理人、无船人承运人或多式联运经营人充当。

承办集拼业务的企业必须具备如下条件：①具有集装箱货运站(CFS)装箱设施和装箱能力；②与国外卸货港有拆箱分运能力的航运或货运企业建有代理关系；③政府部门批准有权从事集拼业务并有权签发自己的 House B/L。

从事集拼业务的国际货运代理企业由于其签发了自己的提单(House B/L)，故通常被货方视为承运人(集装箱运输下承运人的概念是指：凡有权签发提单，并对运输负有责任的人)，如果只经营海运区段的拼箱业务，则是无船承运人。因此，其特征主要有：不是国际贸易合同的当事人；在法律上有权订立运输合同；本人不拥有、不经营海上运输工具；因与货主订立运输合同而对货物运输负有责任；有权签发提单，并受该提单条款约束；具有双重身份，对货主而言，他是承运人，但对真正运输货物的集装箱班轮公司而言，他又是货物托运人。

另一方面，货代公司须将船公司或其代理人签发给他的海运提单正本连同自签的各 House B/L 副本快邮寄其卸货港代理人，代理人在船到时向船方提供海运提单正本，提取该集装箱到自己的货运站(CFS)拆箱，通知 House B/L 中各个收货人持正本 House B/L 前来提货。

集拼业务票数越多，处理难度越大，有时其中一票货的数量发生变更往往牵涉整箱货的出运，所以在处理中要倍加审慎。

三、集装箱班轮货运其他业务单证

(一) 危险品清单(Dangerous Cargo List)

这是集装箱内装危险货物的汇总清单。危险货物的托运人在托运危险货物时，必须根据有关危险货物运输和保管的规章，如《国际危规》，事先向船公司或船公司的代理人提交危险品

清单。

危险品清单一般须记载以下一些主要内容:船名/航次,船籍,装货港,卸货港,提单号,货名,《国际危规》的类别、标贴、页号、联合国编号,件数及包装,货重,集装箱号,铅封号,运输方式和装船位置等。

为了安排危险货物载集装箱堆场的堆存位置和装船的需要,托运人在将危险货物移入集装箱堆场和货运站时,都须提交危险品清单,由堆场经营人汇总交船方。

此外,所有危险货物都必须粘贴规定的危险品标志,内装危险货物的集装箱也必须有规定的危险品标志。

(二) 冷藏集装箱清单(List of Reefer Container)

冷藏集装箱清单是装载冷冻货物或冷藏货物的冷藏集装箱的汇总清单。

冷藏集装箱清单由装箱人缮制。它应记载的主要内容主要包括:船名、开航日期、装货港、卸货港、集装箱号码、铅封号、规格、运输方式、提单号、件号、货物名称、货物重量、箱重、总重、要求温度和装船位置等。

托运人托运冷冻货物或冷藏货物时,都应要求承运人在运输和保管过程中,将冷藏集装箱的箱内温度控制在一定范围之内,并且要求承运人在运输和保管货物方面承担高于普通货物应注意的义务。托运人在托运这种货物时,向承运人和集装箱堆场提供冷藏集装箱清单,就是为了使承运人和集装箱堆场在货物的保管和温度的控制方面给予充分的注意。因此,托运人或集装箱货运站须逐箱地明细填列货物的名称和指定的温度范围等项内容。交集装箱堆场,由堆场经营人汇总交船方。

(三) 卸货报告(Outturn Report)

卸货报告是集装箱堆场或货运站在交付货物后,将交货记录中记载的批注,按不同载货的船名,分船编制的表明交货状态的批注汇总清单。

在集装箱堆场或货运站完成了整箱货或拼箱货的交付后,须及时汇集交货记录上所作的批注,缮制卸货报告交船公司。以后,如果收货人对货物的灭失或损坏提出索赔时,卸货报告就是船公司理赔的重要依据。

不过,有些船公司并不要求集装箱堆场或货运站提交这一单证,而以交货记录作为理赔的依据。

(四) 待提集装箱(货物)报告(Report of Undelivered Container〈Cargo〉)

待提集装箱(货物)报告是集装箱堆场或货运站编制并送交船公司的,表明经过一段时间尚未能疏运的,仍滞留在堆场或货运站的重箱或货物的书面报告。据此,船公司可向收货人发出催提货物的通知,以利疏港和加速集装箱的周转。

其实,集装箱堆场或货运站向船公司送交待提集装箱(货物)报告和船公司向收货人发出催提通知,只不过是为尽快地疏运集装箱及货物和加快集装箱的周转而采取的必要措施之一,他们对此并不承担责任。事实上,在船公司向收货人发出的到货通知书中,通常都有关于提取货物的期限和对不按时提取的货物将按规定进行处理的规定。比如,在我国,对于到达上海港的集装箱货物,在到货通知书上就明确规定:“根据海关规定,货物到港(站)14 天内未能及时向海关申报,由此引起的港口疏港所发生的费用等,由收货人承担。货物抵港 3 个月不提取,将作无主货处理。”

四、班轮货运特殊业务

（一）卸货地订舱

在国际贸易实践中，对于以 CIF 价格成交的货物，由出口商安排货物运输工作，即出口商承担出口货物的托运工作，将货物交船公司运往国外交进口商，所以订舱工作多数在装货港或货物输出地由出口商办理。但是，如果出口货物是以 FOB 价格条件成交，则货物运输由进口商安排，此时订舱工作就可能在货物的卸货地或输入地由进口商办理。这就是所称的卸货地订舱（Home Booking）。卸货地订舱的货物在实践中也称为“指定货”（Buyer's Nominated Cargo）。

典型案例

FOB 指定货操作风险

上海某进出口公司与加拿大某服装公司签订价值 100 万美元的出口合同。合同规定：价格条款为 FOB，L/C 方式议付货款。

加拿大某服装公司向加拿大某国际货运代理公司委托运输，加拿大国际货运代理公司指定上海某国际货运代理公司承运并出具提单。

货物装运后，上海某进出口公司凭全套正本提单及相关单据向银行议付货款。议付行以其客检证系伪造为由拒付货款。

事实上，货物抵达加拿大目的港后，由加拿大国际货运代理公司直接放货给了加拿大服装公司。上海某进出口公司致函承运人——上海某国际货代公司，告知正本提单在其公司保管，如果无单放货将要承担法律责任，同时要求该货代公司确认提单项下货物的现状。

然而，上海货代公司已联系不上加拿大货代公司。作为承运人，上海某货代公司向上海某进出口公司承担无单放货的赔偿责任。

（二）加载

承运人签发装货单后，船、货、港等方面都需要有一段时间来编制装货清单、积载计划、办理货物报关、查验放行、货物集中等装船的准备工作。因此，对每一航次在装货开始前一定时间应截止签发装货单。具体的截止时间，视各港口具体情况而定，一般为装船前 24h（根据我国《海关法》的规定，出口货物的发货人除海关特准的外应当在装货的 24h 以前，向海关申报）。若在截止签发装货单日（Closing Date）之后，再次签发装货单，则称之为“加载”。“加载”通常是因紧急任务、特殊情况或信用证到期等原因造成的。只要还没有最后编妥积载计划，或积载计划虽已编妥，但船舶的舱位尚有剩余，并且不影响原积载计划的执行时，船方一般都会设法安排“加载”。但是，“加载”引起的货物通关问题，由货方承担。

（三）误卸

船方和装卸公司应根据载货清单和其他有关单证认真地组织和实施货物的卸船作业，避免发生误卸（Mislanded）的情况，即避免发生原来应该在其他港口卸下的货物卸在本港的溢卸

(Overlanded)和原来应该在本港卸下的货物遗漏未卸的短卸(Shortlanded)的情况。船公司或其代理人一旦发现误卸时,应立即向各挂靠港口发出货物查询单(Cargo Tracer),查清后应及时将货物运至原定的卸货港。提单条款中一般都有关于因误卸而引起的货物延迟损失或货物损坏责任问题的规定:因误卸而发生的补送,退运的费用由船公司负担,但对因此而造成的延迟交付或货物的损坏,船公司不负赔偿责任(关于这一点,很可能被判无效)。如果误卸是因标志不清、不全或错误以及因货主的过失造成的,则所有补送、退运、卸货或保管的费用都由货主承担,船公司不承担任何责任。

(四) 凭保函交付货物

在已经签发了提单的情况下,收货人要取得提货的权利,必须以交出提单为前提条件。然而,有时由于提单邮寄延误,或者作为押汇的跟单票据的提单未到达进口地银行,或者虽然提单已到达进口地银行,而因为汇票的兑现期限的关系,在货物已运抵卸货港的情况下,收货人还无法取得提单,也就无法凭提单来换取提货单提货。此时,按照一般的航运习惯,收货人就会开具由一流银行签署的保证书,以保证书交换提货单后提货。船公司同意凭保证书交付货物是为了能尽快地交货,而且除有意欺诈外,船公司可以根据保证书将因凭保证书交付货物而发生的损失转嫁给收货人或保证银行。但是,由于违反运输合同的义务,船公司对正当的提单持有人仍负有赔偿一切损失责任的风险。因此,船公司会及时要求收货人履行解除担保的责任,即要求收货人在取得提单后及时交给船公司,以恢复正常的交付货物的条件。实践中,船公司要求收货人和银行出具的保证书的形式和措辞虽各不相同,但主要内容都包括因不凭提单提货,收货人和保证银行同意下列条件:

(1) 因不凭提单提取货物,收货人和银行保证赔偿并承担船公司及其雇员和代理人因此承担的一切责任和遭受的一切损失。

(2) 对船公司或其雇员或其代理人因此被起诉而提供足够的法律费用。

(3) 对船公司的船舶或财产因此被扣押或羁留或遭到这种威胁而提供所需的保释金或其他担保以解除或阻止上述扣押或羁留,并赔偿船公司由此所遭受的一切损失、损害或费用。

(4) 收到提单后换回保证书。

(5) 对于上述保证内容由收货人和银行一起负连带责任。

无单放货,即无正本提单交付货物。按照我国《海商法》的规定,承运人应保证向提单载明的记名交付货物,或者按照指示人的指示交付货物,或者向提单持有人交付货物。无单放货是承运人违反了这一保证的违约行为,应当承担相应的法律后果。

无单放货在航运实务中已屡见不鲜。究其原因,主要有:①单证迟延,由于现今集装箱运输的发展,货物在海上运输的时间比以往快了很多,而单证的流转速度并未因货物流转速度的加快而加快,所以往往是货物已经抵达目的港,而提单还在流转的过程中,近洋运输这种现象尤甚。②贸易原因,收货人需提取货物出卖后,才有可能支付货款。买方凭保函向承运人要求提取货物,在此之前,提单等单证始终在卖方手中。买方在将货物出售获得货款后,到银行付款赎单,然后再将其中的提单交还给承运人。这种做法依赖于买方的信用,一旦买方提货后不付款,则仍持有提单的卖方钱货两空,起诉国外的买方既不经济,也不方便,甚至可能找不到国外的买方,故而起诉承运人即成为其首选。在以往无单放货纠纷中,属于第二种原因的较多。

典型案例

凭保函放货收货人败诉案

2011 年 1 月 15 日，江苏丝绸进出口集团公司（以下简称丝绸公司）与张家港保税区商城贸易公司（以下简称商城公司）签订了一份代理进口协议书，由丝绸公司为商城公司代理进口化工原料甲醇。2011 年 1 月 18 日，丝绸公司与美国威玛国际有限公司（以下简称威玛公司）按 CFR 价格签订了一份订货合同，合同约定由威玛公司向丝绸公司提供化工原料甲醇。根据 CFR 贸易规则，该批甲醇由最初的卖方沙特阿拉伯王国的 SABIC 公司（以下简称 SABIC 公司）负责租用饭野公司所属的巴拿马籍“北极星皇后”轮承运。该轮船长于 2011 年 1 月 27 日签发了已装船正本提单。2011 年 2 月 8 日，饭野公司授权江苏江阴船务代理公司（以下简称江阴船代）为船东在中国的代理。丝绸公司于 2011 年 2 月 16 日致函威玛公司称，请求威玛公司发出在江阴卸货的保函，承诺接受所有不符点，并将按期为上述运输支付价款。威玛公司根据丝绸公司的请求向 SABIC 公司致函称，请求 SABIC 公司发出保函，以便于在宁波、南通和江阴顺利卸货。威玛公司将承诺接受所有不符点，并将按期为上述运输支付价款。2011 年 2 月 19 日，SABIC 公司根据威玛公司的请求致函“北极星皇后”号船东饭野公司称：“货物 7,202,485MT 甲醇，收货人：江苏省丝绸进出口公司。卸货地：江阴。上述货物已由 SABIC 公司安排上述船舶启运。但有关提单未能到达。我们在此请求你在收货人未能提交提单时，将上述货物交付给收货人。”2011 年 2 月 20 日饭野公司致函江阴船代称：“关于‘北极星皇后’号船舶第 58 号航程/江阴，我们已经收到承租人对无正本提单的保函。因此，请在无正本提单的情况下将货物放给中国南京的江苏丝绸进出口公司。”2011 年 2 月 23 日“北极星皇后”轮装载该批货物抵达中国江阴港。商城公司于 2011 年 3 月 27 日起至 5 月初陆续将该批甲醇提走。后丝绸公司更名为：江苏苏豪国际集团股份有限公司（以下简称苏豪公司）。由于没有收到全部货款，苏豪公司起诉船东饭野公司无单放货。

在本案中，无单交货的情形是在苏豪公司，也就是本案一审原告同意的情况下，才根据托运人的保函予以放货的。尽管苏豪公司没有直接对承运人作出这种承诺，但是根据案件的具体情况，可以知道苏豪公司曾经书面同意无单放货。本案一审、二审都是判苏豪公司胜诉，但是经过最高法院的提审，却产生了相反的结果，苏豪公司败诉。

关于案情本身，并没有多少争议。一审、二审都认为既然苏豪公司合法持有正本提单，那么承运人就应该向其交货，否则便要承担责任。而再审认为，由于苏豪公司曾经书面同意无单放货，因此苏豪公司无权再要求赔偿。

（五）选择卸货港交付货物

提单上的卸货港（Port of Discharge）一栏内有时会记载两个或两个以上可供货主选择的卸货港名称，这是因为货主在货物装船前尚未确定具体的卸货港，所以在办理货物托运时提出选择卸货港交付货物的申请，并在船舶开航后从提单上所载明的选卸港范围内选定对自己最为方便或最为有利的卸货港，最后在这个港口卸货和交付货物。这种由货主选择卸货港交付的货物称为“选港货”（Optional Cargo）。由于为“选港货”签发的提单中的卸货港一栏内已明示了卸货港的范围，如：“Option Kobe/Yokohama”，所以收货人在办理提货手续时，只要交出一份提单即可。但是货主必须在船舶自装货港开航后，抵达第一个选卸之前的一定时间以前（通常为 24h 或 48h），把决定了的卸货港通知船公司及被选定卸货港船公司的代理人，否则船长有权在任何一个选卸港将货物卸下,并认为船公司已履行了对货物运送的责任。

(六) 变更卸货港交付货物

如果收货人认为有必要将货物改在提单上载明的卸货港以外的其他港口卸货交付,则可以向船公司提出变更卸货港的申请。但是,所变更的卸货港必须是在船舶航次停靠港口范围之内,并且必须在船舶抵达原定卸货港之前或到达变更的卸货港(需提前卸货时)之前提出变更卸货港交付货物的申请。由于变更卸货港交付货物是在提单载明的卸货港以外的其他港口卸货和交付货物,所以收货人必须交出全套提单才能换取提货单提货。而且,在船公司根据积载情况,考虑变更卸货港卸货和交付货物对船舶营运不会产生严重影响,并接受货主变更卸货港的申请后,收货人还应负担因这种变更而发生货物的翻舱、倒载费、装卸费以及因变更卸货港的运费差额和有关手续费等费用。

(七) 电放

20 世纪 90 年代初期,在船公司普遍没有自己的海运单,而又不需要收货人在卸货港以提单换取提货单的情况下,"电放"的做法产生了。"电放"(Telex Release, Surrender)是指在装货港货物装船后,承运人签发提单,托运人再将全套提单交回承运人,并指定收货人,承运人以电讯方式授权其在卸货港的代理人,在收货人不出具提单的情况下,交付货物。由于与传统的做法不同,因此托运人和收货人都要出具保函,但收货人不需要履行解除担保的责任。同时,承运人不能交错货,托运人(卖方)应能收到货款,而收货人(买方)应能提到货物,这是"电放"中各方应注意的问题。

电放保函的内容如下所示:

"We *XXXXXX* confirm and hereby authorize a telex release of the above mentioned containers/cargo for which we surrender all sets of original B/L (duly endorsed) and you are to release the containers to:

YYYYYY

We accept full responsibility and all consequences for this release of the containers/cargo in this manner, with no liability to *ZZZZZZ*, their principals or agents. The remaining original Bills of Lading are to be considered now null and void and are now of no value."

电放通知的内容如下所示:

"Please be advised that we are holding full set of original Bill of Lading for the above mentioned shipment, therefore please release said cargo/container to:

YYYYYY

The shipper accepts full responsibility and all consequences of releasing the container in this manner. Furthermore please keep the record and collect all relevant charges at your end prior to release of shipment."

(八) 无人提货的处理

无人提取的货物是指货物到达卸货港后,收货人未在合理的时间内提取的货物或无人来提取的货物。产生无人提货的原因有很多,例如:贸易双方的纠纷导致收货人拒绝提货;收货人由于通关、检验检疫等手续出现问题而迟延提货或弃货;由于货物价值不高,收货人考虑市场不利而弃货；无法通知到提单上的收货人；承运人未及时发出到货通知等。

1. 要求货方出具弃货声明

货物到港后，承运人往往都会及时向收货人或通知方发出到货通知。如果收货人或通知方拒绝提取货物或超过合理时间后仍不提取货物，承运人会要求其出具明确的弃货通知以保护自己的利益。

2. 联系托运人

在托运人持有提单（往往是货款未收到）的情况下，应首先确认托运人对货物的权利，然后按照其要求将货物回运或转运，托运人应确认承担相关费用。

3. 留置和拍卖货物

在到付运费未付、共同海损分摊保证金未付、其他垫付款项未付等情况下，留置货物并进行拍卖是承运人保护自身利益的重要方式。

承运人或其卸货港代理首先应确认当地法律是否允许承运人自行拍卖货物。如允许，则应及时向当地拍卖行申请拍卖；如不允许，则应及时向当地海关或其他当局申请拍卖。

4. 费用

有关超期堆存费、滞箱费、拍卖费等费用可从拍卖所得款项中支取，剩余部分交给拥有货物所有权的一方。

若拍卖所得款项在支付拍卖费后不足以弥补承运人的损失，承运人仍有权向托运人/收货人追偿。

本章小结

本章首先介绍了班轮运输的基本概念，然后详细阐述了班轮运输的货运程序和主要单证。当前，国际货运代理实务的主要对象为杂货班轮运输基础上发展起来的集装箱班轮运输，了解杂货班轮货运程序与单证对掌握集装箱班轮货运程序与单证是非常有用的。而且，各班轮船公司、货运代理公司均采用计算机信息管理系统来制作、传输有关单证，同时也采用传真、电子邮件等手段来进行相关业务操作活动。因而，本书所阐述的，仍然是各货运程序和单证的基本原理。各公司的操作系统和业务模式存在很大的差异，但基本原理是相通的。通过本章的学习，读者应对这些基本原理有较好的掌握。

思考与练习

一、单项选择题（从下列每题给出的四个选项中，选择一个符合题目要求的选项）

1. 在国际海上集装箱班轮运输中，运价本中没有的内容是（　　）。

A. 条款和规定　　B. 船期　　C. 基本运价　　D. 附加运价

2. 集装箱货物装箱后，装箱人应制作一份（　　）。

A. D/R　　B. EIR　　C. D/O　　D. CLP

3. 在国际海上集装箱货物运输中，集装箱设备交接时，如集装箱发生损坏，应在集装箱设备交接单上做相关记录。集装箱设备交接单上的记录代码 BR、DR 分别代表（　　）。

A. 破损、污箱　　B. 破损、凹损　　C. 凹损、污箱　　D. 危标、污箱

4. “电放”情况下交付货物时,收货人出具了保函,收货人(　　)。

A. 应履行解除担保的责任

B. 不需要履行解除担保的责任

C. 在收到提单后换回保函

D. 在收到海运单后换回保函

5. 下列属于集装箱出口货运特有的单证是(　　)。

A. 交货记录　　B. 场站收据　　C. 设备交接单　　D. 装箱单

二、多项选择题(从下列每题给出的五个选项中,选择一个或多个符合题目要求的选项)

1. 船舶载货清单(M/F)是(　　)。

A. 根据大副收据或提单编制的全船实际载运货物汇总清单

B. 根据托运单留底联编制的全船待装货物汇总清单

C. 船舶报关单证

D. 办理进口货物手续时海关验放单证

E. 大副编制积载计划的主要依据

2. 下列哪些属于集装箱运输特有的单证(　　)。

A. CLP　　B. EIR　　C. D/R

D. B/L　　E. L/C

3. 关于集装箱装箱单(CLP)的表述,正确的是(　　)。

A. 货运站缮制　　B. 一个集装箱一套装箱单

C. 处理货损索赔事故原始单证之一　　D. 只有拼箱货(LCL)装箱时使用该单证

E. 计算船舶吃水差、稳性的数据来源

4. 场站收据是(　　)。

A. 承运人货物收据　　B. 海关放行单

C. 承运人交货凭证　　D. 收货人换提单凭证

E. 发货人结汇单证

5. 承运人签发 M/R,则表明该货物(　　)。

A. 已装船完毕　　B. 尚在装载过程中

C. 未进堆场　　D. 已进入仓库

E. 承运人责任已开始

三、判断题(判断下列各题的表述是否正确,正确的打“√”,错误的打“×”)

1. CIF LINER TERM 由船公司付卸船费。(　　)

2. 在国际海上集装箱运输中,从中国出口途经美国西海岸港口后转运到墨西哥的货物,不需要进行美国 AMS 申报。(　　)

3. 班轮船期表的主要内容包括:航线、船名、航次编号、始发港、中途港、终点港的港名,到达和驶离各港的时间、相应的运费率及其他有关的注意事项。(　　)

4. 杂货班轮运输下,承托双方往往事先都会订有协议,托运人在船边交货,收货人在船边提货。(　　)

5. “电放”操作时,只需由收货人出具保函就可以避免承运人相关的风险。(　　)

四、简答题(结合所学知识,回答下列问题)

1. 何谓班轮运输?班轮运输的特点是什么?

2. 集装箱运输下承运人责任有哪些?

3. 在海运集装箱运输实务中,不论由发货人自己装箱,还是由货运站装箱,负责装箱人都要制作装箱单。请问海运集装箱装箱单的主要作用有哪些?

4. D/R 签发应注意哪些事项?

5. 依流程图所标序号写出由集拼经营人(货代企业)办理集装箱拼箱货的具体操作程序。

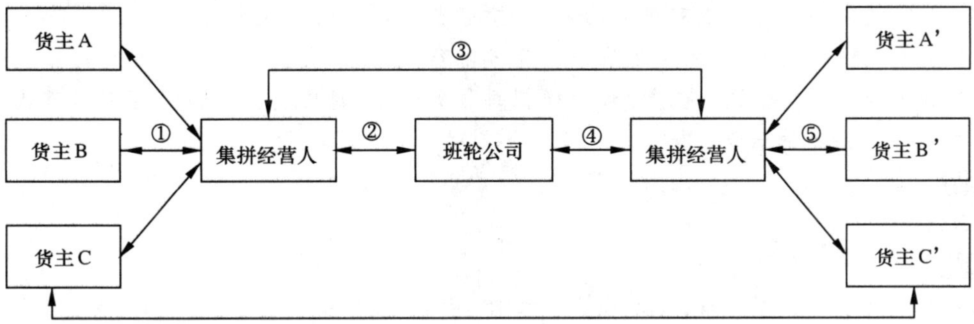

五、案例分析题(结合所学知识,分析案例材料,回答问题)

20××年,发货人中国A进出口公司委托B对外贸易运输公司将750箱海产品从上海港出口运往印度,B对外贸易运输公司又委托其下属S分公司代理出口。S分公司接受委托后,向P远洋运输公司申请舱位,P远洋运输公司指派了箱号为HTM-5005等3个满载集装箱后签发了清洁提单,同时发货人在中国人民保险公司处投保海上货物运输的战争险和一切险。货物运抵印度港口,收货人拆箱后发现部分海产品因箱内不清洁而腐烂变质,即向中国人民保险公司在印度的代理人申请查验。检验表明,250箱海产品被污染。检验货物时,船方的代表也在场。为此中国人民保险公司在印度的代理人赔付了收货人的损失之后,中国人民保险公司向人民法院提起诉讼。

在集装箱运输中,P远洋运输公司应负有什么义务?它是否应对损失负责?

在集装箱运输中,S分公司应负有什么义务?它是否应对损失负责?

实 训 集装箱货物海运出口货代实务模拟

实训目的

(1) 熟悉集装箱货物海运出口货代业务的程序和步骤。

(2) 培养学生搜集信息的能力。

(3) 培养学生的沟通能力和团队精神。

实训内容

根据所给材料,模拟集装箱货物海运出口货代实务:

2010年11月1日,南京艾美特进出口有限公司与美国洛杉矶IMPACT贸易公司签订了一份买卖合同:12,000YDS COTTON SHEETING AT USD16.00/YD CIF LOS ANGELES, 40YDS IN ONE BALE, ONE BALE PACKED IN ONE PLASTIC BAG, WITH GROSS WEIGHT 36KGS/BALE, NET WEIGHT 34KGS/BALE AND MEASUREMENT 82×24×26 CM/BALE。信用证交易,开证期为2011年2月;装运期为2011年4月(实训时,修改为下月月底,例如,实训活动当年6月2日进行,则装运期为当年7月);货物采用集装箱

运输;凭清洁已装船提单、保单(承保一切险,加保战争险)、商业发票结汇、装箱单、原产地证书、即期商业汇票议付。

实训要求

(1) 上述材料的未尽事宜,由学生自己发挥想象。

(2) 所查询的船期信息必须是真实的。

(3) 本实训暂不考查学生对单证的掌握,所有业务以口头形式进行。

(4) 在正式模拟之前,各组学生应做好充分准备,把可能发生的情况都考虑到。

(5) 对于台下观众来说,通过对台上模拟过程的观摩,对集装箱货物海运出口货代业务的整套过程有一个清楚的认识。

实训课时

4 课时。

实训步骤

(1) 将班级学生分成 5 组,A 组代表出口商、进口商;B 组代表货运代理公司;C 组代表船代公司;D 组代表集装箱码头;E 组代表海关、检验检疫、保险公司、银行、集卡公司等其他部门。

(2) 各组成员仔细阅读和分析所给的材料,同时查阅相关资料,深入了解自己在本票货物出口手续中要承担的角色和工作。

(3) 在教师的指导下,各组分别派 2 名代表上台,彼此沟通和交流,完成模拟过程。

(4) 模拟完毕,台下任何同学均可提问,了解其中细节。

(5) 教师点评和总结。

检查标准

(1) 各组材料准备的充分程度。

(2) 各组台上模拟的表演能力。

(3) 各组对台下提问的回答情况。

第四章
提单、海运单及其相关业务

学习目标

知识要求

- 掌握提单的定义、作用、种类。
- 了解海运单的作用和使用方式。
- 了解提单正面主要条款。
- 了解提单正面的主要栏目，掌握缮制方法。
- 掌握内陆签发提单的缮制方法。
- 掌握提单签发的注意事项。
- 了解提单的缴还和注销、更改和遗失的处理。
- 掌握提单转让的功能和方法。
- 了解《海牙规则》《维斯比规则》《汉堡规则》的主要内容。
- 了解中国《海商法》与《合同法》的关系。

技能要求

- 具有运用提单的基本性质分析有关案例的能力。

开章案例

国际货运代理人越权出具保函承担责任

湖北某电子设备有限公司有一批货物由武汉经上海运往香港,委托湖北某货运代理公司(简称货代)办理货运手续。2009年6月,货代在上海港某港务公司(以下简称港务公司)办理装货,因货物包装破损,港务公司拒装,货代驻上海办事处遂向港务公司出具保函,称如因货物包装破损在目的港交货困难造成损失,均由货代负责。港务公司收下保函,并加注"因包装破损所致一切后果由货代负责,与港方无关"的说明,并与货代一起将保函交给承运人上海某运输公司(以下简称运输公司)。承运人收下保函,签发了已装船货物清洁提单。6月24日,船抵目的港,经检验发现货损,货物保险人对此作出赔付,并于2010年2月向承运人索赔。承运人依运输合同向保险公司作出赔付,遂于10月向某海事法院提起诉讼,要求货代赔付有关损失,后又以拟另案解决纠纷为由撤诉,同时起诉港务公司要求其承担保函责任。双方当事人在诉讼中均申请追加货代为无独立请求权第三人(以下简称第三人)。

原告运输公司诉称:自己作为本案承运人,是根据被告港务公司提供的第三人担保而签发了提单。依照诚实信用原则,被告应就提供保函一事向原告负责。货代作为担保方,与本案主要争议和处理结果有法律上的利害关系,故原告申请法院将其列为第三人参加诉讼。

被告港务公司辩称:本案保函是货代与原告达成的一项保证赔偿的承诺或协议,货代在保函中意思表示真实,其作为货方代理未能举证证明货物所有权人对保函的同意和追认,因此货代应履行保函中的承诺义务。被告既非托运人,又非承运人,仅与货代一起将保函交给原告,且保函上无被告保证赔偿的内容,故被告不应对保函负责。

第三人货代则认为,承运人明知货物包装不牢,却未在提单上注明,这说明承运人对所接受的货物表面状况无异议,因此他必须对所承运的货物负责,而不论其是否接受了保函。货代还认为:自己并非货物托运人,而仅是托运人的代理人,不应对保函负责。继而,货代提出货抵香港后,收货人并未提供任何检验机构有关货物残损的证明,货物保险人就向收货人赔付了损失,保险公司这种自愿赔偿的行为后果应由其自己负责。此外,保险公司向收货人赔偿损失后,再向承运人追偿损失,期间已超过我国《海商法》第257条规定的向第三人追偿的90天时效。承运人自愿赔付保险人损失,责任也应由其自负。因此,货代认为承运人的诉讼请求不应受法律保护。

海事法院进一步查明:2009年6月24日,货抵目的港,经香港港方理货发现货物破损。香港港方与船方代理共同作出"货物破损证明",收货人亦委托保险人进行了货损检验。在此基础上,货物保险人向货主作了保险赔付。2010年2月保险人向承运人代位求偿;同年4月,承运人予以赔付。

(来源:《国际货运代理实务、法规与案例》　作者:杨志刚 孙明 吴文一 有删改)

讨论:

1. 如何理解本案下货运代理人的越权代理行为?
2. 本案下的保函法律效力如何?
3. 本案下的诉讼时效问题如何解决?

第一节　提单及海运单概述

一、提单的定义

提单(Bill of Lading,B/L)在国际班轮运输中既是一份非常重要的业务单据,又是一份非常重要的法律文件。提单是海上运输中最具有特色的运输单据,也是国际贸易中的重要单证。提单一经承运人签发,即表明承运人已将货物装上船舶,或已确认其掌管货物。承运人保证将安全迅速地将货物运至目的港,并享受提单规定的权利和免责,承担提单规定的义务和赔偿责任,承运人还要保证在目的港凭提单向合法的提单持有人交付货物。托运人接受提单后,可将提单交目的港的收货人,以便收货人能凭提单提取货物。如果是买卖合同下的运输,根据买卖双方的付款协议,在卖方交单结汇后,由银行将提单转交给买方。在提取货物前,如果提单被转让他人,受让人可以凭提单在目的港提取货物,但受让人要受提单条款的约束。

1992 年 11 月 7 日通过、1993 年 7 月 1 日起施行的《海商法》第 71 条给提单下的定义是:“提单,是指用以证明海上货物运输合同和货物已经由承运人接收或者装船,以及承运人保证据以交付货物的单证。提单中载明的向记名人交付货物,或者按照指示人的指示交付货物,或者向提单持有人交付货物的条款,构成承运人据以交付货物的保证。”

《海商法》第 72 条同时规定:“货物由承运人接收或者装船后,应托运人的要求,承运人应当签发提单。”因此,承运人不能因为其他原因而扣发提单。

提单一经承运人签发,即表明承运人已将货物装上船舶或已确认接管货物,并保证按照提单条款规定的权利、义务、赔偿责任和免责运输货物,并保证在目的港以本提单相交换,将货物交付给合法的提单持有人。货主接受提单后,除了受提单条款的约束外,不但可以用提单在目的港提取货物,而且可以用提单办理押汇,从银行那里取得货款或贷款,或将提单转让。

二、提单的作用

(一) 提单是海上货物运输合同的证明

1. 提单是运输合同成立的证明

提单的印刷条款规定了承运人与货物关系人之间的权利义务,提单也是法律承认的处理有关货物运输争议的依据,因此,有人会认为提单本身就是运输合同。但是,提单并不具有作为合同应具备的基本条件。首先,按照严格的法律概念,它不是双方意思一致的产物。约束承托双方的提单条款是承运人单方拟定的,构成运输合同的主要项目诸如船名、开航日期、航线、靠港及其他有关货运条件都是事先公布,而且是众所周知的,至于运价和运输条件也是承运人预先规定的,在提单上只有承运人单方的签字,按照班轮运输的特点,提单也无须托运人签字。其次,承运人和托运人双方履行运输合同在先,签发提单在后。提单只是在履行运输合同的过程中出现的一种证据,签发提单只是承运人履行运输合同的一个环节,而合同实际上是在托运人向承运人或其代理人订舱、办理托运手续时就已成立。确切地说,承运人或其代理人在托运人填制的托运单上盖章时,即承运人承诺运输,承托之间的运输合同成立。对托运人来说,在提单签发前,他也履行了诸如备货、准备相关文件等运输合同中规定的义务。因此,提单是海上货物运输合同已成立的证明。

如果在签发提单之前,承托双方另有约定,且该约定又不同于提单条款规定的内容,英国法院主张以该约定为准。如果在签发提单之前,承托双方并无约定,且托运人在接受提单时又未提出任何异议,这时才可将提单条款推定为合同条款的内容,从而约束承托双方,提单才能从运输合同成立的证明转化为运输合同本身。

2. 提单是运输合同内容的证明

提单不仅是证明承托双方存在运输合同,而且还是合同内容的证明。特别是提单正面记载内容主要证明了承运人与托运人在提单签发之前达成的运输合同的主要内容,如船名、开航日期、航线、靠港、货物的品名、重量、数量、件数及其他有关货运条件等,但它不是运输合同的本身。除非承运人与托运人事先另有相反约定,或者托运人能证明该内容不是其真实的意思表示之外,属于承运人与托运人之间达成的合同的内容。

至于提单转让至第三人手中,目前国内大多数学者持"提单成为承运人与第三人之间的合同"的观点,更有我国《海商法》第 78 条第 1 款的规定佐之。我国《海商法》第 78 条第 1 款规定:"承运人与收货人、提单持有人之间的权利、义务关系,依据提单规定确定。"即当提单转让给善意的第三人(提单的受让人、收货人等)以后,承运人与第三人之间的权利、义务等就须按提单条款的规定处理,此时提单可视为承运人与第三人之间的运输合同。

(二) 提单是证明货物已装船或由承运人接管的货物收据

1. 提单是承运人收到货物的收据

提单是证明货物已由承运人接管或已装船的货物收据(Receipt for the Goods)。按照航运惯例,货物的原始收据不是提单,而是大副收据或者场站收据。由于国际贸易中经常使用 FOB、CFR 和 CIF 三个传统的价格术语,在这三个传统的"装运合同"(Shipping Contract)价格术语下,是以将货物装船象征卖方将货物交付给买方,货物装船时间也就意味着卖方的交货时间,因此,提单上还记载有货物装船的时间。按照 UCP600,银行并不接受收货待运提单,因此,在货物装船后,托运人可凭收货待运提单要求承运人换发已装船提单。我国《海商法》第 74 条规定:"货物装船前,承运人已经应托运人的要求签发收货待运提单或者其他单证的,货物装船完毕,托运人可以将收货待运提单或者其他单证退还承运人,以换取已装船提单;承运人也可以在收货待运提单上加注承运船舶的船名和装船日期,加注后的收货待运提单视为已装船提单。"

2. 提单作为货物收据的证据效力

承运人签发提单,就表明他已按提单上所列内容收到货物,并有义务在目的港将货物如提单所记载的那样向收货人交付。如果承运人或其代理人签发提单时,未对提单所记载的货物品名、标志、包装或者件数、重量或者体积、货物的表面状况作出保留,即批注(Remarks),则该提单即是承运人已经收到完好货物或者货物已经装船且状况良好的初步证据(Prima Facie Evidence)。

但是,提单作为货物收据的法律效力在不同的当事人之间也是不同的。班轮运输中,提单作为货物收据的效力,视其在托运人或收货人手中而有所不同。对托运人来说,提单只是承运人依据托运人所列提单内容收到货物的初步证据。换言之,如果承运人有确实证据证明他在事实上未收到货物,或者实际收到的货物与提单记载有不符之处,承运人可以向托运人提出反证,证明提单记载的有关货物的情况与实际收到的不符;否则,承运人不能减轻或者免除自己的赔偿责任。

但是,对善意的收货人或提单持有人来说,提单是承运人已按托运人所列内容收到货物的最终证据(Conclusive Evidence)。承运人不能提出相反的证据否定提单内所记载的内容。我国《海商法》第 77 条对提单有关货物记载事项的证据效力的规定,承运人向善意受让提单的包括收货人在内的第三人提出与提单所载状况不同的证据,不予承认。所谓善意的(In Good Faith),是指不知情,即收货人拿到提单或提单持有人持有提单时不知道提单记载的货物状况与货物的实际情况不符。

(三) 提单是承运人据以交付货物的保证

承运人或其代理人在目的港交付货物时,必须是收货人或提单持有人呈递提单后才能交货。在这种情况下,即使是真正的收货人,如果不能递交正本提单,承运人也可以拒绝对其放行货物。也就是说,收货人是根据提单物权凭证(Document of Title)的特性,在目的港以提单相交换来提取货物。因为提单代表着货物,并且在英美的海商法著作和法院的判例中,都认为提单是物权凭证,并认为提单的这一作用是承运人凭提单交付货物或者收货人凭提单提取货物的基础。当然,法律和贸易习惯赋予提单这一作用,更多的是考虑了提单在传统的单证贸易中的流通性,以保障提单的结汇、质押等作用。此外,提单的转让是受时间上的制约的。在办理提货手续前,提单是可以转让的;一旦办理了手续后,该提单就不能再转让。

三、提单的种类

随着世界经济的发展,海上运输中所使用的海运提单(Ocean B/L or Marine B/L)种类也越来越多。通常使用的提单为全式提单(Long Form B/L)或称为繁式提单,即提单上详细列有承运人和提单关系人之间权利、义务等条款的提单。此外,还有简式提单(Short Form B/L),即提单上印有“Short Form”字样,而背面没有印刷有关承运人与提单关系人权利、义务条款,或者背面简单列有注明以承运人全式提单所列条款为准的提单。有时信用证会明确规定不接受简式提单。在此介绍实践中经常会遇到的一些提单基本种类和特殊情况。

(一) 基本种类

这类提单是指在正常情况下,符合法律要求所使用的提单。由于提单分类的标准不同,因此,就有以下多种情况。

1. 按货物是否已装船为标准

(1) 已装船提单(On Board B/L;Shipped B/L)

已装船提单指整票货物全部装船后,由承运人或其代理人向托运人签发的货物已经装船的提单。该提单上除了载明其他通常事项外,还须注明装运船舶名称和货物实际装船完毕的日期。

(2) 收货待运提单(Received for Shipment B/L)

收货待运提单简称待装提单或待运提单,是指承运人虽已收到货物但尚未装船,应托运人要求而向其签发的提单。由于待运提单上没有明确的装船日期,而且又不注明装运船的船名,因此,在跟单信用证的支付方式下,银行一般都不接受这种提单。

当货物装船后,承运人在待运提单上加注装运船舶的船名和装船日期,就可以使待运提单成为已装船提单。

2. 按提单收货人一栏的记载为标准

(1) 记名提单(Straight B/L)

记名提单指在提单"收货人"一栏内具体填上特定的收货人名称的提单。记名提单只能由提单上所指定的收货人提取货物。记名提单不得转让。

记名提单可以避免因转让而带来的风险,但也失去了其代表货物可转让流通的便利。银行一般不愿意接受记名提单作为议付的单证。

(2) 不记名提单(Open B/L;Blank B/L;Bearer B/L)

不记名提单指在提单"收货人"一栏内记明应向提单持有人交付货物(to the bearer 或 to the holder)或在提单"收货人"一栏内不填写任何内容(空白)的提单。不记名提单,无需背书,即可转让。也就是说,不记名提单由出让人将提单交付给受让人即可转让,谁持有提单,谁就有权提货。

(3) 指示提单 (Order B/L)

指示提单指在提单"收货人"一栏内只填写"凭指示"(to order)或"凭某人指示"(to the order of ×××)字样的提单。指示提单,经过记名背书或空白背书转让。指示提单除由出让人将提单交付给受让人外,还应背书,这样提单才得到了转让。

如果提单的收货人一栏只填写"to order",则称为托运人指示提单。记载"to the order of the shipper"与记载"to order"是一样的托运人指示提单。在托运人未指定收货人或受让人以前,货物仍属于托运人。

如果提单的收货人一栏填写了"to the order of ×××",则称为记名指示提单。这种情况下,由记名的指示人指定收货人或受让人。记名的指示人("×××")可以是银行,也可以是贸易商等。

典型案例

记名提单下的"无单放货"问题

国内A贸易公司出口货物,并通过B货代公司向某国外班轮公司C公司订舱出运货物。货装船后,C公司向A公司签发一式三份记名提单,提单上注明适用美国法律。货到目的港口,记名提单上的收货人未取得正本提单的情况下,从C公司手中提走货物。A公司以承运人无单放货为由,在国内起诉C公司。

本案适用美国法,因为海上货物运输合同中,双方有权选择适用的法律。在美国,承运人向记名提单的记名收货人交付货物时,不负有要求记名收货人出示或提交记名提单的义务,因而承运人无须承担无单放货责任。

当然,若是本案适用中国法,则根据中国《海商法》,即使是记名提单,收货人也应缴还方可取得提货的权力,那么,承运人就要承担无单放货的责任。

3. 按对货物外表状况有无批注为标准

(1) 清洁提单(Clean B/L)

清洁提单指没有任何有关货物残损、包装不良或其他有碍于结汇的批注的提单。

事实上,提单正面已印有"外表状况明显良好"(in apparent good order and condition)的词句,若承运人或其代理人在签发提单时未加任何相反的批注,则表明承运人确认货物装船时外表状况良好的这一事实,承运人必须在目的港将接受装船时外表状况良好的同样货物交付给收货人。在正常情况下,向银行办理结汇时,都应提交清洁提单。

(2) 不清洁提单(Foul B/L or Unclean B/L)

不清洁提单指承运人在提单上加注有货物及包装状况不良或存在缺陷，如水湿、油渍、污损、锈蚀等批注并妨碍正常结汇的提单。承运人通过批注，声明货物是在外表状况不良的情况下装船的，在目的港交付货物时，若发现货物损坏可归因于这些批注的范围，从而减轻或免除自己的赔偿责任。在正常情况下，银行将拒绝以不清洁提单办理结汇。

实践中，当货物及包装状况不良或存在缺陷时，托运人会出具保函，并要求承运人签发清洁提单，以便能顺利结汇。由于这种做法掩盖了提单签发时的真实情况，因此，承运人将要会承担由此而产生的风险责任。

小知识

承运人签发清洁提单的风险

承运人凭保函签发清洁提单的风险有：

(1) 承运人不能以保函对抗善意的第三方，因此，承运人要赔偿收货人的损失；然后承运人根据保函向托运人追偿赔款。

(2) 如果保函具有欺骗性质，则保函在承运人与托运人之间也属无效，承运人将独自承担责任、不能向托运人追偿赔款。

(3) 承运人接受了具有欺骗性质的保函后，不但要承担赔偿责任，而且还会丧失责任限制的权利。

(4) 虽然承运人通常会向“保赔协会”(Protection and Indemnity Club，P&I Club)投保货物运输责任险，但如果货损早在承运人接受货物以前就已经发生，则“保赔协会”是不负责任的，责任只能由承运人自负。

(5) 如果承运人是在善意的情况下接受了保函，该保函也仅对托运人有效。但是，托运人经常会抗辩：货物的损坏并不是包装表面缺陷所致，而是承运人在运输过程中没有履行其应当适当、谨慎地保管和照料货物的义务所致。因此，承运人要向托运人追偿也是很困难的。

当然，实践中承运人接受保函的情况还是时有发生的，这主要是因为当事人根据商业信誉，会履行自己的保证所致。

4. 按不同的运输组织模式为标准

(1) 直达提单(Direct B/L)

直达提单指由承运人签发的，货物从装货港装船后，中途不经过转船而直接运抵卸货港的提单。

(2) 转船提单(Transshipment B/L or Through B/L)

转船提单指在装货港装货的船舶不直接驶达货物的目的港，而要在中途港换装其他船舶运抵目的港，由承运人为这种货物运输所签发的提单。

(3) 多式联运提单(Combined Transport B/L；Intermodal Transport B/L；Multimodal Transport B/L)

多式联运提单指货物由海路、内河、铁路、公路和航空等两种以上不同运输工具共同完成全程运输时所签发的提单，这种提单主要用于集装箱运输。多式联运提单一般由承担海运区段运输的船公司或者充当多式联运经营人身份的国际货运代理人签发。

(二) 特殊种类

这类提单是指在特殊情况下,可能是不符合法律规定或者对货运业务有一定影响时所使用的提单。这类提单也有多种情况。

1. 按签发提单时间为标准

(1) 预借提单(Advanced B/L)

预借提单指由于信用证规定的装运期或交单结汇期已到,而货物尚未装船或货物尚未装船完毕时,应托运人要求而由承运人或其代理人提前签发的已装船提单。即托运人为能及时结汇而从承运人处借用的已装船提单。

当托运人未能及时备妥货物,或者船期延误使船舶不能如期到港,托运人估计货物装船完毕的时间可能要超过信用证规定的装运期甚至结汇期时,就可能采取从承运人那里借出提单用以结汇的办法。但是,承运人签发预借提单要冒极大风险,因为这种做法掩盖了提单签发时的真实情况。许多国家法律的规定和判例表明,一旦货物引起损坏,承运人不但要负责赔偿,而且还要丧失享受责任限制和援用免责条款的权利。

(2) 倒签提单(Anti-date B/L)

倒签提单指在货物装船完毕后,应托运人的要求,由承运人或其代理人签发的提单,但是该提单上记载的签发日期早于货物实际装船完毕的日期。即托运人从承运人处得到的以早于货物实际装船完毕的日期作为提单签发日期的提单。由于倒填日期签发提单,所以称为“倒签提单”。

由于货物实际装船完毕日期的迟于信用证规定的装运日期,若仍按实际装船日期签发提单,肯定影响结汇,为了使签发提单日期与信用证规定的装运日期相吻合,以便结汇,托运人就可能要求承运人仍按信用证规定的装运日期“倒填日期”签发提单。承运人倒签提单的做法同样掩盖了真实的情况,因此也要承担由此而产生的风险责任。

(3) 顺签提单(Post-date B/L)

顺签提单指在货物装船完毕后,承运人或其代理人应托运人的要求而签发的提单,但是该提单上记载的签发日期晚于货物实际装船完毕的日期。即托运人从承运人处得到的以晚于该票货物实际装船完毕的日期作为提单签发日期的提单。由于顺填日期签发提单,所以称为“顺签提单”。

由于货物实际装船完毕的日期早于有关合同中装运期限的规定,如果按货物实际装船日期签发提单将影响合同的履行,所以托运人就可能要求承运人按有关合同装运期限的规定“顺填日期”签发提单。承运人顺签提单的做法也掩盖了真实的情况,因此也要承担由此而产生的风险责任。

2. 其他特殊提单

(1) 舱面货提单(On Deck B/L)

舱面货提单指将货物积载于船舶露天甲板,并在提单上记载“on deck”字样的提单。也称甲板货提单。积载在船舱内的货物比积载于舱面的货物所可能遇到的风险要小,所以承运人不得随意将货物积载于舱面运输。但是,按商业习惯允许装于舱面的货物、法律规定应装于舱面的货物、承运人与托运人协商同意装于舱面的货物可以装于舱面运输。另外,由于集装箱运输的特殊性,通常有三分之一以上的货物要装于甲板,所以不论集装箱是否装于舱面,提单上一般都不记载“on deck”或“under deck”,商业上的这种做法已为有关各方当事人所接受。

(2) 并提单(Omnibus B/L)

并提单指应托运人要求,承运人将同一船舶装运的相同港口、相同货主的两票或两票以上货物合并而签发的一套提单。托运人为节省运费,会要求承运人将属于最低运费提单的货物与其他提单的货物合在一起只签发一套提单。即将不同装货单号下的货物合起来签发相同提单号的一套提单。

(3) 分提单(Separate B/L)

分提单指应托运人要求,承运人将属于同一装货单号下的货物分开,并分别签发的提单(多套提单)。托运人为满足商业上的需要,会要求承运人为同一票多件货物分别签发提单,如有三件货物时,分别为每一件货物签发提单,这样就会签发三套提单。

(4) 转换提单(Switch B/L)

转换提单是指承运人应货方的要求为了满足贸易上的需要(经常是由于中间商出于隐藏真实买卖双方的目的)或其他原因将原提单收回后改变原提单上的收、发货人和通知方等栏目重新出单,或将原提单的整票货分为几票货,改变数量、原卸货港或收货人等栏目重新出单。

转换提单涉及提单正面主要关系人或主要内容的变更,转换后的提单构成对不知情的原提单持有人的伤害,对承运人也存在潜在的风险。如由于单证申报不实,造成有关当局的追究,严重时可能引起扣船及没收货物等纠纷。同样,由于提单转换后的内容与原来买卖双方的约定不符,可能会引起买卖双方对货款、数量、交付地等争议。此外,更为严重的是,有可能被欺诈方利用以达到非法牟利的目的。因此,在操作时要谨慎。

(5) 交接提单(Memo B/L)

交接提单指由于货物转船或联运或其他原因,在不同承运人之间签发的不可转让、不是"物权凭证"的单证。交接提单只是具有货物收据和备忘录的作用。有时由于一票货物运输会由不同的承运人来运输或承运,为了便于管理,更是为了明确不同承运人之间的责任,就需要制作交接提单。交接提单的基本格式除了右上角印有"MEMO"标志以及"NON-NEGOTIABLE MEMO BILL FOR COMBINED TRANSPORT OR PORT TO PORT"的说明外,其他内容与一般提单基本相同。

(6) 过期提单(Stale B/L)

过期提单指由于出口商在取得提单后未能及时到银行议付的提单。因不及时而过期,形成过期提单,也称滞期提单。在信用证支付方式下,根据 UCP600 的规定,如信用证没有规定交单的特定期限,则要求出口商在货物装船日起 21 天内到银行交单议付,也不得晚于信用证的有效期限。超过这一期限,银行将不予接受。过期提单是商业习惯的一种提单,但它在运输合同下并不是无效提单,提单持有人仍可凭其要求承运人交付货物。

四、提单的条款

(一) 提单的正面条款

1. 确认条款

该条款是承运人表示在货物或集装箱外表状况良好的条件下接受货物或集装箱,并同意承担按照提单所列条款,将货物或集装箱从装货港或起运地运往卸货港或交货地,把货物交付给收货人的责任的条款。

2. 不知条款

该条款是承运人表示没有适当的方法对所接受的货物或集装箱进行检查,所有货物的重量、尺码、标志、品质等都由托运人提供，并不承担责任的条款。但是，“不知条款”并不一定有效。在集装箱货物运输中，如果承运人以整箱接整箱交的方式运输，即“场到场”(CY TO CY)或“门到门”(DOOR TO DOOR)，承运人声明不知道箱内的件数、数量或重量，可视为有效，因为承运人无义务开箱检查或核对箱内货物的件数、数量或重量。但如果是“站到站”(CFS TO CFS)运输，承运人或其代理人负责集装箱的装箱施封，承运人再在提单上加注“不知条款”即为无效。

3. 承诺条款

该条款是承运人表示承认提单是运输合同成立的证明，承诺按照提单条款的规定承担义务和享受权利，而且也要求货主承诺接受提单条款制约的条款。由于提单条款是承运人单方拟定的，该条款为表明货主接受提单也就接受了提单条款并受其制约，所以该条款也称代拟条款。

4. 签署条款

该条款是承运人表明签发提单(正本)的份数，每份提单具有相同效力，其中一份完成提货后其余各份自行失效和提取货物必须交出经背书的一份提单以换取货物或提货单的条款。

(二) 提单的背面条款

全式提单的背面印有各种条款。提单背面条款可以分为两类：①强制性条款；② 任意性条款。

强制性条款的内容不能违反有关国际公约、国内法律或港口的规定，违反或不符合这些规定的条款无效。我国《海商法》第44条规定：“海上货物运输合同和作为合同凭证的提单或者其他运输单证中的条款，违反本章规定的，无效。”任意性条款是国际公约、国内法律或港口规定中没有明确规定，允许承运人自行拟定的条款。这些条款也是表明承运人与托运人、收货人或提单持有人之间承运货物的权利、义务、责任与免责的条款，是解决争议的依据。但是，这些条款并不一定都有效。此外，提单上还会有承运人以印刷、刻字印章或打字、手写的形式加列的适用于某些特定港口或特种货物运输的条款，或托运人要求加列的条款。提单背面条款的具体内容，本书不再赘述。

五、海运单

海运单(Sea Waybill，SWB)，是证明海上货物运输合同和货物已经由承运人接管或装船，以及承运人保证将货物交给指点收货人的一种不可转让的单证。

由于采用海运单提货比提单更及时、更安全、更简便，使用海运单的国家越来越多。目前，在欧洲采用海运单的国家较为普遍；北美洲的加拿大将海运单主要用于集装箱货物运输，而美国则采用记名提单，也相当于海运单(根据美国提单法的规定，采用记名提单交付货物时，不必要求收货人提供提单，只需收货人证明自己是提单上所载明的收货人即可)；我国的船公司也在20世纪90年代中期开始使用海运单。

海运运单与海运提单在作用上有很大的不同。一方面，海运单不具有提单“物权凭证”的作用；另一方面，作为运输合同证明、作为货物收据方面，也有很大的区别。

在使用海运单而不使用提单时，海运单仍是根据双方一致同意的条件(如运费预付或到付、待运或已装船等)来签发的。通常，只签发一份正本海运单。但是，如经请求，也可签发两份或两份以上的正本海运单。如托运人要求更改收货人，承运人应要求托运人交回原来已经签发的海运单，然后再按托运人的要求签发更改了收货人的海运单。

海运单流转程序也比较简便：

（1）承运人签发海运单给托运人。

（2）承运人在船舶抵达卸货港前向海运单上记名的收货人发出到货通知书。到货通知书表明这批货物的运输是根据海运单进行的。

（3）收货人在目的地出示有效身份证件证明他确系海运单上记载的收货人，并将其签署完的到货通知书交给承运人的办事机构或当地代理人，同时出示海运单副本。

（4）承运人或其代理人签发提货单给收货人。

（5）一旦这批货物的运费和其他费用结清，同时办好海关等所有按规定应办理的手续，收货人就可以提货。

第二节　提单业务

提单所记载的内容是否正确无误，不但关系承运人的经济利益，而且还影响承运人的信誉。为了使所签发的提单字迹清晰、整洁、内容完整、不错不漏，就要求提单的签发人在签发提单前，必须对提单所记载的，包括提单的各个关系人的名称、货物的名称、包装、标志、数量和外表状况等项内容的必要记载事项进行认真仔细的核对、审查，使不正确的内容能得到及时纠正。

由于货物的原始收据是杂货运输中的收货单或集装箱运输中的场站收据，所以提单的签发应以收货单或场站收据为依据。

一、提单的缮制

（一）提单正面栏目的缮制

国际公约和各国国内立法均对提单需要记载的内容作了规定，以保证提单的效力。以集装箱运输提单为例，提单正面各栏目的缮制要求如下：

1. 提单编号(B/L)

提单编号位于提单右上角，此编号的结构由承运人自定。

2. 托运人(Shipper)

此栏用于填写托运人的名称、地址、电话、传真等。

3. 收货人(Consignee)

此栏用于填写收货人的名称、地址、电话、传真等。

收货人可以是“TO ORDER”或“TO ORDER OF ×××”。如果是“TO ORDER”，通常作为“凭托运人指示”理解。

4. 通知方(Notify Party)

此栏用于填写通知方的名称、地址、电话、传真等。如提单上收货人已有详细地址和名称，通知方一栏可以是在任何一国的名称和地址。

在签发收货人为“TO ORDER”提单时，此栏必须填写通知方的全称和电话号码。如果托运人信用证有要求，此栏可再填写位于任何国家的第二通知方的名称、地址。

关于托运人对通知方一栏的申报应符合卸货港或交货地点的习惯要求，否则一切后果概由托运人负责。有些国家、地区要求通知方必须为当地,否则不允许货物进口,如巴基斯坦、沙特阿拉伯、印度等。

5. 前程运输方(Pre Carriage by)

此栏仅在货物被转运时填写,通常填写第一程船的船名。

6. 接货地(Place of Receipt)

此栏仅在货物被转运时填写,代表承运人开始对货物承担责任的地点,例如:×× CY, BANGKOK,代表曼谷某堆场。

7. 海运船(Ocean Vessel)

此栏用于填写海运船的船名和航次号,但在货物被转运时填写此栏需注意:当二程海运船的船名不能确定,仅凭推算时应填写"To be Named"或"×××(二程船名) or Substitute"。

8. 装港(Port of Loading)

此栏用于填写货物实际装船港口,当货物被转运时,应填写货物装上干线海运船的港口;同时此栏的港口名称应与 Ocean Vessel 一栏的船名相对应。

9. 卸港(Port of Discharge)

此栏用于填写货物卸船的港口名称。

10. 交货地(Place of Delivery)

此栏仅在货物被转运时填写,表示承运人最终交货的地点。

11. 货物栏

(1) 标志和序号、箱号和铅封号(Marks & Nos. Containers / Seal No.)

在通常情况下,托运人会提供货物的识别标志和序号以填入此栏,同时此栏需填写装载货物的集装箱号和铅封号;如果托运人未能提供铅封号,建议加注"SEAL NUMBER NOT NOTED BY SHIPPER";如果有海关铅封号,还需要在此栏加注。

(2) 集装箱数量和件数(NO. of Containers or Packages)

在整箱货运输中此栏通常填写集装箱数量和型号,如果信用证中有要求,可在 Description of Goods 项下加注托运人提供的件数;在拼箱货运输中此栏填写货物件数。

例如,一个内装 6 箱机械的 20 英尺干货箱可被表示为 1×20ft DC。如果托运人坚持要求表明件数,通常会在 Description of Goods 一栏中加注"STC 6 CASES MACHINERY"或"6 CASES MACHINERY, SLCAS",以保护承运人的利益。

(3) 货物情况(Description of Goods)

此栏用于填写货物的具体情况,如果内容过多,空间不够,可以添加附件,在这种情况下应注明"QUANTITY AND DESCRIPTION OF GOODS AS PER ATTACHED SCHEDULE"。

(4) 总重(Gross Weight kgs)

此栏用于填写装入集装箱内货物的毛重(kg)。

(5) 体积(Measurement)

此栏用于填写装入集装箱内货物的总体积(m^3)。

(6) 集装箱总数或件数总数(Total No. of Packages)

在拼箱货的情况下,此栏会填写收到货物的总数,例如"Six Packages Only"。在整箱货运输的情况下,此栏通常填写收到集装箱的箱数总数,例如"Twenty-five Containers Only"。

12. 运费(Freight)

(1) 运费和其他费用(Freight & Charges)

此栏注明各种费收的类别，例如海运费、内陆拖箱费、燃油附加费等。其中申报货价附加费(Declared Value Charges)专指托运人要求在提单此栏中表明货物价值后应支付的附加运费。

(2) 计费吨(Revenue Tons)

此栏标明运费计收的计算依据，通常有重量单位 MT 重量吨、体积单位 CBM 立方米、件数单位 PC 件和整箱单位 TEU/FEU 20FT/40FT 标箱，其中 TEU/FEU 也可以用 20FT/40FT 表示，例如 25×20FT DC 代表应收取 25 个 20 英尺干货箱的运费。

(3) 费率(Rate)

此栏标明各种费用的费率，包括 Ocean Freight 海运费、BAF 燃油费、CAF 货币附加费、THC 码头操作费、Inland Haulage 内陆拖运费等。

(4) 每(PER)

此栏标明各种费用的计算单位，例如“箱 UNIT、重量吨 MT、立方米 CBM”。

(5) 预付和到付(Prepaid / Collect)

此栏标明运费支付的支付方式，分别用“PREPAID”表示预付、“COLLECT”表示到付。

(6) 预付地点(Prepaid At)

此栏填入提单缮制和运费支付地点(仅在运费预付情况下填写)。

(7) 付费地点(Payable At)

此栏填入到付运费付费地点。

(8) 总计预付(Total Prepaid)

此栏填入以美元为单位的所有预付运费和所有按当地货币支付的其他预付费用。

13. 签发地点和日期(Place and Date of Issue)

此栏填入提单缮制和签发的地点和日期。

14. 正本提单的份数(No. of Original B/L)

此栏填入根据托运人要求签发的正本提单的数量，通常为 3 份。

15. 代表承运人签发(Signed for the Carrier)

此栏按船公司的要求加盖签单章。

货代只有在经过申请、同意之后，才能获得船公司的签单权、订舱权，并且签单章、订舱章均由船公司或船代统一制作(编号)，然后配备给有关货代。

16. 装船日期

此栏通常填写承运船舶离开提单项下装港的日期并在日期上签章，在特殊情况下也可填写货物实际装船日期。

典型案例

整箱交货提单与拼箱交货提单内涵不清案

某年 5 月 3 日，国内 W 公司与加蓬 Z 公司签署了一份 FOB USD66 000 的塑料雨衣出口合同。6 月 10 日，W 公司收到了 Z 公司通过银行开来的 L/C。此 L/C 规定：“装运从上海港到利伯维尔港不迟于××年 9 月 30 日；有效期和地点：××年 10 月 15 日在中国；交单期：提单签发后 15 天；分装：只允许整箱分装；转船：允许，通过 B 公司运输。”W 公司经审核并认可了L/C。该合同项下的货物共需装运3×40英尺箱FCL，W公司准备分三批发运，7—9月3个月分别装运1×40英尺箱FCL,且该计划已得到客户的确认。7月18日,W公司将第一批1×40英尺箱FCL按时发运并于8月13日安全收汇。8月4日,Z公司又向W公司订购了0.6万打FOB USD 4 000的雨衣,付款方式:D/P。Z公司为节省运费,要求W公司将这0.6万打雨衣装入第二批1×40英尺箱中一同发运。W公司考虑到L/C规定只允许整箱分批装运,就向B公司询问如将这0.6万打雨衣装入1×40英尺箱FCL?可否按整箱运输?B公司答复如果是同一收货人则可以按整箱运输。于是,W公司于8月23日发运了这一批混装的1×40英尺箱FCL,24日拿到两套提单,27日整理好两套单据,交银行一套L/C议付、一套D/P托收。28日银行通知W公司L/C项下的单据有"不符点"。提单中有"LCL(拼箱)"字样,而L/C规定只允许整箱分装,显然与L/C不符。W公司拿来提单仔细审查发现提单中有一集装箱号码后标注了"LCL"字样。于是,W公司要求B公司将提单中的"LCL"删除,并强调事先B公司曾承诺可以按整箱运输。然而,B公司并没有同意,原因是:①集装箱号码后标注"LCL"表明此集装箱内货物为混装,共签出了两套提单,实际也是如此;②提货时每份提单只能提取此集装箱内的部分货物;③此1×40英尺箱FCL,实际发运的手续及向W和Z公司收取的费用都是按向W公司承诺的那样按整箱办理和收取的;④如果W公司坚持要求删除"LCL",B公司以在收回已签发的两套提单的前提下签发一套整箱提单。W公司觉得B公司的答复句句在理,只好提供保函交单议付。Z公司信誉良好并没有因此拒收单据,并及时支付了货款,但此证是通过美国一家银行转让的,该银行却因此多收了400美元的费用。

W公司对集装箱运输了解不够,尤其是对整箱运输和整箱提单的内涵认识不清:一般,船运公司集装箱和拼箱运输是由两个不同的部门来操作,其费用也不一样。由于拼箱要增加拼装和拆箱劳务费,其费用一般要高于整箱,尤其是国外的拆箱劳务费一般都很高。提单是货权的凭证,收货人凭此提取货物。整箱提单收货人可以凭提单提取整箱货物,甚至可以将集装箱拖到自己的仓库卸完货后再送回集装箱。整箱提单一般都注有发货人装箱点数字样,只要交货时集装箱铅封完好,即使箱内件数与提单的件数不一致,船运公司对此也不承担责任。拼箱提单则不同,运输公司收货时必须清点货物的件数并清楚地注明在拼箱提单上。交货时运输公司必须按拼箱提单注明的件数交付货物;如有减少,收货人可以向运输公司提出索赔。整箱运输既可以签发整箱提单也可以签发拼箱提单,如有的中间商订购了一个整柜的货物却卖给了两个分销商,中间商常常要求签发两套拼箱提单由分销商各自提取自己的货物。

本案中,W公司对集装箱整箱运输中整箱提单与拼箱提单混淆不清,B公司承诺可以按整箱运输并没有承诺出具整箱提单。试想,如果B公司出具了整箱提单和一拼箱提单,Z公司完全可以凭整箱提单提取1×40英尺箱FCL的货物,再凭拼箱提单向运输公司提货甚至索赔,而此时运输公司已无货可交,这岂不是运输公司自找麻烦吗?在本笔业务中,W公司完全可以要求客户改证增加金额和数量,这样,B公司就可以签发一套整箱提单交W公司交银行议付,避免本案中的麻烦。

(二)内陆签发提单的缮制

实践中,各船公司、无船承运人的集装箱运输提单既可以应用于传统的港到港运输,也可以作为多式联运提单应用于多式联运业务。

在提单签发地和换装海运船的口岸为非直通关的情况下,鉴于内陆网点制作的铅封、舱单都未经出口海关确认,货物不能作为离境处理,到口岸后无法直接装船,尚需经过口岸转关,由口岸统一制作舱单后才能装船,且装船前存在被抽检或退关的可能。如果承运人在内陆网点签发联运/多式联运提单存在较大风险。因此，这种情况一般按“异地签单”的情况来处理，待货物实际装船后签发直达提单，提单签发时间为货物实际装船时间。

在提单签发地和换装海运船口岸为直通关的情况下，联运/多式联运提单的缮制有以下两种情况：

1. 一程运输为内河驳船

(1) 提单正面 Pre-carriage by：填写驳船船名。

(2) 提单正面 Place of Receipt：填写接货地名，代表承运人开始对货物承担责任的地点。

(3) 提单正面 Ocean Vessel：填写海运船船名和航次，如海运船船名不能确定则填写“TO BE NAMED”或者“×××(预计二程船船名) OR SUBSTITUTE”。

(4) 提单正面 Port of Loading：填写同 Ocean Vessel 对应的装货港名称。

(5) 提单正面 Port of Discharge：填写同 Ocean Vessel 对应的卸货港名称。

(6) 提单正面 Place of Delivery：填写最后交货地名。

(7) 提单签发时间：填写货物装上一程驳船的时间。

(8) 提单其他栏目的缮制：同直达提单。

2. 一程运输为铁路或公路拖车

(1) 提单正面 Pre-carriage by：填写“TRAIN”或“TRUCK”或空白。

(2) 提单正面 Place of Receipt：填写接货地名，代表承运人开始对货物承担责任的地点。

(3) 提单正面 Ocean Vessel：填写海运船船名和航次，如海运船船名不能确定则填写“TO BE NAMED”或者“×××(预计二程船船名) OR SUBSTITUTE”。

(4) 提单正面 Port of Loading：填写同 Ocean Vessel 对应的装货港名称。

(5) 提单正面 Port of Discharge：填写同 Ocean Vessel 对应的卸货港名称。

(6) 提单正面 Place of Delivery：填写最后交货地名。

(7) 提单签发时间：填写货物装上一程火车或公路拖车的时间。

(8) 提单其他栏目的缮制：同直达提单。

在签发联运/多式联运提单的情况下，承运人在提单项下就全程运输对货方承担责任。承运人同内陆区段承运人之间的责任将根据网状责任制划分。通常情况下，如果是由内陆网点安排内陆区段运输且收取相应的内陆运费，则由内陆网点承担相应区段的责任。

二、提单的签发

所谓提单的签发，是指提单的签署手续。提单必须经过签署手续才能生效。它是根据承运船舶大副签署的收货单，或其他收货单位所签署的收据(如集装箱堆场、货运站签署的场站收据)签发的。提单的签发是一项义务，同时也是一项权利，只要提单签发为事实，托运人一定要接受。

(一) 提单由谁签发，代表谁签发

1. 提单的签发人

有权签发提单的人是承运人或船长，或经承运人授权的代理人。承运人有权签发提单是理所当然的。各国的海商法普遍承认，船长是承运人的当然代理人，船长签署提单的效力，直接及于承运人本人，不必经过承运人的特别委托。除非船东给予特别指示，否定船长签发提单的权力，但是这种指示应该让有关当事人知道。在当今的国际航运中，特别是班轮运输，提单

大都由承运人的代理人签发,但必须经承运人的委托授权。未经授权,代理人是无权签发提单的。

2. 货代提单

根据国际惯例,货代可以以无船承运人的身份签发提单,此时的身份不再是代理人,而是承运人。根据 UCP600,这种 NVOCC 签发的提单是可以结汇的。但是,由于货代的经济实力有限,一旦破产,受损的是货方、实际承运人等。各国都通过立法形式对 NVOCC 的资质进行规范,例如我国《海运条例》规定,经营无船承运业务必须缴纳 80 万元人民币的保证金[自 2019 年 2 月起,无船承运人保证金或保证金保险制度已取消(国发〔2019〕6 号文)]。货运代理人在签发提单时,往往尽可能避免自己作为承运人,所签发的提单往往是没有抬头的,对承运人的识别造成困难。因此,一些买卖合同和信用证都规定:不接受货代提单。

3. 提单的签署

提单必须经签署才产生效力,通常的方式有:

(1) 承运人(ABC)本人签发提单显示:ABC AS CARRIER。

(2) 代理人(XYZ)代签提单显示:XYZ AS AGENT FOR ABC AS CARRIER。

(3) 载货船船长(OPQ)签发提单显示:CAPTAIN OPQ AS MASTER。

提单签署的方法除了有传统的手签方法外,只要没有特殊的规定,如信用证不规定必须手签提单,则就可以采用印摹、打孔、盖章等符合或如不违反提单签发地所在国家的法律,用任何其他机械的或电子的方法。

(二) 提单签发给谁

《海商法》第 72 条规定:"货物由承运人接受或者装船后,应托运人的要求,承运人应当签发提单。"第 42 条规定:"托运人是指:①本人或委托他人以本人名义或者委托他人为本人与承运人订立海上货物运输合同的人;②本人或者委托他人以本人名义或者委托他人为本人将货物交给与海上货物运输合同有关的承运人的人。"

如果两种人,即订立运输合同的人和实际交付货物的人都是托运人,在 CIF 价格条款下,这两种人往往是同一个人。然而,在 FOB 买卖下,这两种人却不是同一个人。那么,承运人究竟应该把 B/L 签发给谁?如果把 B/L 签发给订舱托运的买方,则买方已可凭 B/L 提取货物,卖方取得货款的利益得不到保护。

(三) 提单的签发日期

提单的签发日期应该是提单上所列货物实际装船完毕的日期,并且必须与收货单的签发日期相一致。这是因为:

(1) 在国际贸易中,买卖双方对货物的装运期限事先都有约定,并且都把签发提单的日期看作货物装船的日期。如果提单签发日期与货物实际装船日期不符,将会导致买方提出索赔,甚至按贸易合同约定,撤销信用证或解除贸易合同。

(2) 只有将货物装入船舱后,才能判别所装货物外表状况是否良好,或件数是否与申报数字相一致。如果货物未装船完毕及签发提单,或签发提单日期提前于实际装船完毕时间,不仅可能扩大承运人的赔偿责任,而且也可能被看作对第三者的欺诈行为。

若货主要求凭 CY、CFS 签发的 D/R 换发"收货待运提单"或者是内陆地点签发联运/多式联运提单,提单的签发日期仅反映承运人接管货物的时间。

在集装箱运输实践中，通常以船舶开航日期而非货物实际装船日期为准签发已装船提单。

(四) 提单的份数

提单有正本提单和副本提单之分。副本提单只用于日常业务，不具有法律效力。

为了预防提单遗失、被窃或在转递过程中发生意外事故造成灭失，各国海商法和航运习惯都允许签发数份正本提单，并且所有正本提单都具有同等效力，但以其中一份提货后，其他各份自动失效。

签发正本提单的份数，都应分别记载于所签发的各份提单上。比如通常都在提单上列有“承运人或其代理人已签署本提单一式×份，其中一份经完成提货手续后，其余各份失效”的字句。

要在提单上注明签发正本提单份数的原因是，使提单的合法受让人了解全套正本提单的份数，防止遗留在外而引起纠纷，同时也因为信用证规定必须以全套正本提单向银行结汇，以及在变更卸货港提取货物时必须提交全套正本提单。在提单上注明正本提单的份数后，就可使银行在办理结汇时和承运人或其代理人在变更卸货港交付货物时，了解全套正本提单是否齐全。

(五) 提单的签发地点

提单一般是在装货港签发的。联运/多式联运提单一般是在内陆地点签发的。当然，法律也没有限制“异地签单”。

为了满足货主在贸易上的需要，异地签单已是实务中越来越普遍的一种操作。

有权签发提单的代理在接到货主订舱单后，如发现装货港不是本港但又需在本港签发提单时，可以在本港为货主签发提单，但应注意：

(1) 与装货港联系以确认货物能否在该港装船。

(2) 向装货港代理订舱同时告知提单在本港签发，以避免装货港重复签发提单。

(3) 与装货港代理落实运费及港杂费等的收取。

(4) 在得到货物已装船的确认后签发提单。

(5) 签单时间应以实际装船时间为准，不得预借或倒签提单。

装货港代理在接到货主订舱后，如货主要求在另一港签发提单，装货港代理应注意：

(1) 与另一港代理联系并委托其签单。

(2) 将货主订舱单传真给另一港，以便其缮制提单。

(3) 与另一港代理落实运费及港杂费等的收取。

(4) 货物装船后通知另一港代理签发提单。

(5) 另一港代理签发提单之前应将样单经装货港代理确认。

三、提单的缴还和注销

收货人提货时必须以提单为凭，而承运人交付货物时则必须收回提单并在提单上做作废的批注。这是公认的国际惯例，也是国际公约和各国法律的规定。

有些国家(如美国)对记名提单无须注销，签发不可流通的提单的承运人因将货物交给记名收货人而解脱责任。收货人不需出示提单，不需缴还提单，甚至不必占有提单，就可以提取货物。写有运输合同的内容的提单本身并无重要意义。但是，在我国即使是记名提单，收货人也应向承运人缴还提单，因为“提单中载明的向记名人交付货物的条款，构成承运人据以交付货物的保证”。

但是,签发了可流通的或者指示提单的承运人的地位则完全不同。承运人只有向提单持有人交付货物才能解脱责任。这时提单本身变为不可缺少的单证,货物被“锁”进到提单中。

提单的缴还和注销表明承运人已完成交货义务,运输合同已完成,提单下的债权债务也因而得以解除。但是,提单缴还和注销并不必然表明提单可能代表的物权的终止,因为缴还和注销的提单可能是全套提单中未经授权转让的一份。

提单没有缴还给承运人时,承运人就必须继续承担运输合同和提单下的义务。如果承运人无提单放货,他就必须为此而承担赔偿责任,即使是在实际提货的人原本是有权提货的人时也不例外。

四、提单的更改和遗失

(一)提单的更改

在实际业务中,提单可能是在托运人办妥托运手续后,货物装船前,在缮制有关货运单证的同时缮制的。在货物装船后,这种事先缮制的提单可能与实际装载情况不符而需要更正或者重新缮制。此外,货物装船后,因托运货物时申报材料有误,或者信用证要求的条件有所变化,或者其他原因,而由托运人提出更正提单内容的要求。在这种情况下,承运人通常都会同意托运人提出的更正提单内容的合理要求,重新缮制提单。

如果货物已经装船,而且已经签署了提单后托运人才提出更正的要求,承运人就要考虑各方面的关系后,才能决定是否同意更改。如果更改的内容不涉及主要问题时,在不妨碍其他提单利害关系人利益的前提下,承运人就会同意更改。但是,如果更改的内容会涉及其他提单利害关系人的利益,或者影响承运人的交货条件,则承运人会要征得有关方的同意,才能更改并收回原来所签发的提单。

托运人、订舱人提出的更改通常会涉及已签发的正本提单上的发货人、收货人和通知方,卸货港,唛头,货名,件数、重量和尺码,包装形式,运费支付形式,交货条款等内容。船公司一般都会要求提供正式的书面申请和船公司固定格式的保函和银行担保,并填写提单更改单,经船公司或其代理公司书面确认后,方可办理。

托运人、订舱人提出更改已签发的正本提单时,应尽量赶在船舶开航之前办理,以减少因更改提单产生的费用和手续,同时也可以避免与相应的舱单等单证文件的内容发生不符。在船舶开航后发生的变更,应将修改后的提单内容及时通知船公司和中转港代理、卸货港代理。

提单在缮制过程中出现的个别字母的差错,可以加盖代理更正章予以更正,但该字母的差错必须是不影响该词或该语句的含义的。

提单的更改必须在全套正本提单上进行,每一份提单的更改不得超过3处,否则必须重新签发提单。

因提单的更改而需要重新签发提单的,必须要求托运人、订舱人交还原来已签发的全套正本提单。

因更改提单内容而引起的损失和费用,都应由提出更改要求的托运人负担。

(二)提单的遗失

提单签发后,在流转过程中可能会由于种种原因发生遗失。对此,货方可能会要求不凭正本提单交付货物，或者可能因为提单丢失无法结汇而要求重新签发提单。因为提单是承运人保证据以交付货物的凭证，无单放货或重新签发提单对承运人的风险很大，而且承运人是没有义务无单放货或重新签发提单的，因此都比较慎重。

如果提单签发后遗失，托运人提出补发提单，承运人会根据不同情况进行处理。一般是要求提供担保或者保证金，而且还要依照一定的法定程序将提单声明作废。《中华人民共和国海事诉讼特别程序法》第100条规定："提单等提货凭证持有人，因提货凭证失控或者灭失，可以向货物所在地海事法院申请公示催告。"

五、提单的转让

提单是"物权凭证"，不论是记名提单、不记名提单，还是指示提单，在凭提单提货或者换取提货单时，收货人都应在提单上记载提货的意思表示。通常是由收货人在提单的背面盖章、签字。

关于提单转让的规定为：记名提单，不得转让；不记名提单，无需背书，即可转让；指示提单，经过记名背书或者空白背书转让。因此，背书与转让是不相同的。

通常所说的"背书"是指"指示提单"在转让时所需要进行的背书。背书是指转让人（背书人）在提单的背面写明或者不写明受让人，并签名的手续。实践中，按照背书的方式区分，背书有完全背书（记名背书）、指示背书、选择不记名背书和空白背书（不记名背书）四种。

完全背书是背书人（转让人）在提单背面写明被背书人（受让人）的姓名，并由背书人签名的背书形式；指示背书是背书人在提单背面并不写明特定受让人，而仅写上"指示"或"×××指示"字样，并由背书人签名的背书形式；选择不记名背书是指背书人在提单背面既特指某一受让人，同时又指明可以以提单持有人作为受让人，即以"×××或持有人"形式表示受让人，并由背书人签名的背书形式；空白背书则指在提单背面不记载任何受让人，只有背书人签名的背书形式。

凡是承运人签发的提单是指示提单，只要通过背书，都能转让，十分方便。如果所签发的提单是托运人指示提单，则应以托运人作为第一背书人；如果是记名指示提单或选择指示人提单，则第一背书人应是提单中指明的指示人，即"×××指示"或"×××或指示"中的"×××"应为第一背书人。

第三节　提单法

一、《海牙规则》的主要内容

小知识

《海牙规则》的历史背景

航运实务中，提单由各船公司自行印制，最初的提单只是表明货物在装货港已经装船的收据，并且是在目的港交付货物的凭证，并不涉及当事人的责任，也没有关于提单记载事项及其法律效力的规定。至于承运人的责任，如上所述，只是按照英美普通法中的一些默示规定的原则来处理，如绝对适航、不发生不合理绕航和保证船舶合理速遣。但是，到18世纪，因货损和赔偿日益增多，承运人为保护自己的利益，利用"合同自由"(Freedom of Contract)原则在提单上加入许多免责条款，到19世纪，提单上免责条款多达六七十项，在当时的货方来看，承运人除了收取运费以外,已经没有任何义务可言,货方利益得不到保证,这引起了货方的强烈不满。在国际贸易中,提单的流通性大大降低,银行不肯汇兑,保险人不愿承保。为此,要求统一提单承运人的权利和义务的呼声日益高涨。

《海牙规则》于1924年8月在比利时布鲁塞尔举行的外交会议上审议通过,正式定名为《统一提单的若干法律规定的国际公约》,简称《海牙规则》(*Hague Rules*),自1931年起生效。《海牙规则》全文共16条,其中第1条至第10条是实质性条款,主要内容如下:

1. 定义条款

《海牙规则》将承运人定义为包括与托运人订有运输合同的船舶所有人或租船人。《海牙规则》适用的海运提单,是在将提单作为一种物权凭证所进行的海上货物运输时适用,如果是根据租约签发的提单,则在提单成为制约承运人和提单持有人时,亦得适用。"货物"不包括活动物和舱面货。所谓舱面货,是指在运输合同中载明,并实际装于舱面上。关于责任期间,《海牙规则》并未规定,但在定义条款中将"货物运输"定义为"自货物装上船时起,至卸下船时止的一段期间"。

2. 关于承运人的责任

《海牙规则》规定,承运人必须承担在开航前和开航当时谨慎处理使船舶适航,妥善地配备船员、装备船舶和配备供应品,使货舱、冷藏舱、冷气舱和其他载货处所适宜于并能安全收受、载运和保管货物。在货物运输过程中,承运人对于货物的装载、搬运、配载、运送、保管、照料和卸载,要承担责任和义务,并享受权利和豁免。除承运人可以免责的原因外,承运人应当妥善和谨慎地(properly and carefully)处理好管货的上述七个环节。

《海牙规则》规定,承运人对每件或每单位货物的赔偿限额为100英镑,如果货方已申报了货物的价值,并在提单上注明,则不在此列。

3. 关于承运人的免责

《海牙规则》第4条规定,承运人和船舶对凡是因船舶不适航引起的灭失和损坏不负责任,但承运人须对开航前和开航当时谨慎处理使船舶适航负举证责任。此外,该条同时规定了承运人和船舶的17项免责:

(1) 船长、船员、引水员或承运人的雇佣人员,在驾驶或管理船舶中的行为、疏忽或不履行义务。

(2) 火灾,但由于承运人的实际过失或私谋所引起的除外。

(3) 海上或其他能航水域的灾难、危险和意外事故。

(4) 天灾。

(5) 战争行为。

(6) 公敌行为。

(7) 君主、当权者或人民的扣留或管制,或依法扣押。

(8) 检疫限制。

(9) 托运人或货主、其代理人或代表的行为或不行为。

(10) 不论由于任何原因所引起的局部或全面罢工、关厂停止或限制工作。

(11) 暴动和骚乱。

(12) 救助或企图救助海上人命或财产。

(13) 由于货物的固有瑕疵(Inherent Vice)、性质或缺陷引起的体积或重量亏损,或任何其他灭失或损坏。

(14) 包装不善。

(15) 唛头不清或不当。

(16) 虽恪尽职责亦不能发现的潜在缺陷(Latent Defect)。

(17) 非由于承运人的实际过失或私谋(Privity),或者承运人的代理人,或雇佣人员的过失或疏忽所引起的其他任何原因;但是要求引用这条免责利益的人应负责举证,证明有关的灭失或损坏既非由于承运人的实际过失或私谋,亦非承运人的代理人或雇佣人员的过失或疏忽所造成。

二、《维斯比规则》的主要内容

小知识

《维斯比规则》的修订过程

以探讨提高发展中国家的经济地位为目的,国际海事委员会于 1963 年 6 月草拟了修订《海牙规则》的议定书草案,并提交给 1967 年和 1968 年召开的海事法会议审议。经会议审议通过后,于 1968 年 2 月 23 日在比利时的布鲁塞尔召开的外交会议上通过,定名为《关于修订统一提单若干法律规定的国际公约的议定书》,并简称为《1968 年布鲁塞尔议定书》。在这次会议期间,与会代表前往参观过曾是 15 世纪有名的海法《维斯比海法》编纂地的维斯比城。所以这个议定书也就被称为《维斯比规则》。《维斯比规则》于 1977 年 6 月 23 日生效,截至 2006 年,参加该规则的国家共有 30 个,其中包括英国、法国、德国、荷兰、西班牙、挪威、瑞典、瑞士、意大利、日本等主要航运国家。

《维斯比规则》的主要内容有:

1. 关于提单的证据效力

《海牙规则》第 3 条第 3 款及第 4 款规定,承运人收到货物之后,应托运人的请求应签发提单给托运人,这种提单即作为承运人依照规定所载内容"收到该提单中所载货物的初步证据",至于提单转让至第三人的证据效力,未作进一步的规定。《维斯比规则》为此作出了补充:"但是,当该提单已被转让至善意行事的第三者时,与此相反的证据便不予接受"。因此,提单上有关货物的记载在承运人与托运人之间构成初步证据,而当提单转至善意的第三人手中,即在承运人与收货人或提单持有人之间构成最终证据。

2. 关于承运人的赔偿责任限制

《维斯比规则》大幅度地提高了单位责任限额,并采用双重计算办法。该规则将《海牙规则》规定承运人对货物灭失或损坏的赔偿限额,从按每件或每单位计算的单一办法,改为按每件或每单位或按毛重每千克的双重计算办法,该规则第 2 条规定,承运人的责任限额为每件或每单位 10 000 金法郎或毛重每千克 30 金法郎,以高者为准。《维斯比规则》的 1979 年议定书又将计算单位金法郎改为国际货币基金组织(IMF)的计算单位——特别提款权(Special Drawing Right, SDR),责任限额分别为 666.67 计算单位或毛重每千克 2 计算单位。

为了解决集装箱运输出现后的损害赔偿问题,《维斯比规则》第 2 条规定,如果货物是以集装箱、货盘或类似的运输工具集装,则提单中载明的装在此种运输工具中的件数或单位数,应视为本条所述件数或单位数。除上述情况之外,此种运输工具应视为一个包/件或单位。

关于承运人享受责任限制的条件,《维斯比规则》也就此作出了规定:如经证明,损害系承运人故意或明知可能造成损害而轻率地采取的作为或不作为所引起,则无论是承运人或船舶,都无权享有责任限制的利益。

3. 关于受雇人、代理人法律地位

1968 年《维斯比规则》将该条款内容法定化:该规则第 3 条第 2 款规定,不论基于违约还是侵权对承运人的受雇人或代理人(该受雇人或代理人并非独立合同人)提起的诉讼,该受雇人或代理人有权援引承运人的各项抗辩和责任限制。但要注意,《维斯比规则》的这条规定中的受雇人或代理人,不包括承运人的独立合同人。现在提单中的"喜马拉雅条款",不仅包括受雇人和代理人,还包括独立合同人。

小知识

喜马拉雅条款的来源

"喜马拉雅条款"源于 1953 年英国的一个案例(Alder v. Dickson)。英国东方及半岛公司(P&O)所属的"喜马拉雅号"客轮(Himalaya)在一次靠港时,由于舷梯未搭好,致使一名叫 Alder 的女乘客摔伤。因承运人依据客票上印有的免责条款要求免责,Alder 便以侵权行为为诉因控告该船水手长 Dickson。法院判决,水手长作为承运人的受雇人员,无权援引客票上印有的免责条款。该案在当时的承运人中反响很大,自此以后,纷纷在提单上加入"喜马拉雅条款",规定承运人的受雇人或代理人可以援引承运人的各种抗辩、免责和责任限制。

4. 关于侵权之诉

《海牙规则》中没有关于侵权行为的规定。《维斯比规则》规定,对承运人提起的任何有关货物灭失或损坏的诉讼,不论该诉讼是根据合同还是侵权行为,均适用本规则的有关规定。即无论是基于合同还是侵权,向承运人提起的诉讼,都不影响承运人依据规则所应享有的免责、抗辩和责任限制的权利。这样规定,使得合同之诉和侵权之诉处于相同的地位,都适用《维斯比规则》,维护了承运人的利益。我国《海商法》也接受了这一规定。

5. 关于诉讼时效

《维斯比规则》第 1 条第 3 款规定,即使向承运人索赔的 1 年时效期限届满之后,只要在受案法院所在地法律允许期间内,仍可以向第三方提起追偿诉讼。但是,允许的时间自提起此种诉讼之人已经解决向其索赔的案件,或在对其本人的诉讼中收到送达的传票之日起算,不得少于 3 个月。承运人追偿的对象可以是码头装卸公司、受损货物之外的其他货物的托运人或发货人或其他第三者。

三、《汉堡规则》的主要内容

小知识

《汉堡规则》的出台背景

时至 20 世纪 60 年代末,《海牙规则》已不能适应国际政治、经济发展的要求,广大发展中国家并不满足于《维斯比规则》对《海牙规则》的修改和补充,要求彻底修改《海牙规则》的呼声日益高涨。经过多年的艰苦工作,联合国国际贸易法委员会于 1976 年 5 月拟定了《联合国海上货物运输公约草案》。1978 年 3 月 6 日至 31 日,在汉堡举行的联合国海上货物运输外交会议上,代表们对该草案进行了详细审查。共有 78 个国家派代表参加了此次会议。经过逐条认真审议,代表们最终通过了该草案,并将其正式命名为《联合国海上货物运输公约》。由于会议在汉堡举行,因此这个公约也被称为《汉堡规则》。

《汉堡规则》于1992年11月1日生效，到2005年7月共有30个成员国，主要是一些发展中国家，特别是航运不发达的国家。我国没有加入《汉堡规则》，但我国《海商法》第4章采纳了《汉堡规则》中的一些规定，例如承运人的责任期间、迟延交付、实际承运人等。

《汉堡规则》全文共7章34条。与《海牙规则》和《维斯比规则》相比，《汉堡规则》作出了根本性修改，主要内容有：

1. 关于承运人的责任期间

《汉堡规则》第4条第1款规定，承运人对货物的责任期间包括在装货港，在运输途中以及在卸货港，货物在承运人掌管的全部期间。即从承运人在装货港接收货物时起至卸货港交付货物时止，与《海牙规则》规定的"钩到钩"相比，明显地延长了承运人的责任期间。

2. 关于承运人的责任基础

《汉堡规则》第5条第1款规定，除非承运人证明他本人、其雇佣人或代理人为避免该事故及其后果已采取了一切所能合理要求的措施，否则承运人应对因货物灭失或损坏或迟延交货所造成的损失负赔偿责任，如果引起该项灭失、损坏或迟延交付的事故，如同第4条所述，是在承运人掌管期间发生的。由此可见，《汉堡规则》是以"完全过失责任制"为基础来规定承运人的责任的。按照《汉堡规则》，承运人不再享有《海牙规则》规定的诸如驾船管船过失为主的17项免责权利。

关于火灾免责，《汉堡规则》有限制地保留下来。该公约规定，如果货方能够证明火灾引起货物的灭失、损害或延迟交付，是由于承运人、其受雇人或代理人的过失或疏忽引起的，承运人须承担赔偿责任。

3. 关于迟延交付

发展中国家认为，绕航的后果就是货物迟延交付。因此，《汉堡规则》没有关于承运人绕航的规定，但增加了承运人迟延交付货物的规定。该规则第5条第2款规定，如果货物未能在明确约定的时间内，或虽无此项约定，但未能在考虑到实际情况对一个勤勉的承运人所能合理要求的时间内，在海上运输合同所规定的卸货港交货，即为迟延交付。另外还规定了，如果货物在规定的交付日期没有交付满60天，对货物拥有请求权的索赔人可以认为货物已经灭失。关于迟延交付的赔偿责任，该规则规定，承运人对迟延交付的赔偿责任，以相当于迟延交付货物应支付运费的2.5倍的数额为限，但不得超过海上货物运输合同规定的应付运费总额。

4. 关于赔偿责任限额

与《维斯比规则》一样，《汉堡规则》也采用了双重计算赔偿责任限额的办法。该规则规定，承运人对货物灭失或损坏造成的损失所负的赔偿责任，为每件或每单位835计算单位或按货物的毛重每千克2.5计算单位，以二者中较高的为准。这个数额较《维斯比规则》的规定又提高了25％，这与货主国家的呼声相吻合，明显加重了承运人的赔偿责任。

5. 关于保函的效力

关于保函的规定也是《汉堡规则》新增加的。该规则第17条第2至第4款对保函及其效力作出了具体规定："(2)任何保函或协议，据此托运人保证赔偿承运人由于承运人或其代表未就托运人提供列入提单的项目或货物的外表状况批注保留而签发提单所引起的损失，对包括收货人在内的受让提单的任何第三方，均属无效。(3)这种保函或协议对托运人有效，除非承运人或其代表不批注本条第2款所指的保留是有意欺诈，相信提单上对货物的描述而行事的包括收货人在内的第三方，在后面这种情况下，如未批注的保留与由托运人提供列入提单的项目有关，承运人就无权按照本条第1款规定，要求托运人给予赔偿。(4)如属本条第3款所指的有意诈骗,承运人不得享受本公约所规定的责任限额的利益,并且对由于相信提单上所载货物的描述而行事的包括收货人在内的第三方所遭受的损失负赔偿责任。”

小知识

保函的效力

保函对包括收货人在内的第三人无效。在托运人和承运人之间,出具保函分两种情况:

第一种是善意的保函,即托运人与承运人之间就货物的件数、数量或重量或包装等问题上有分歧,承运人接受保函,未在提单上加以批注。例如承运人怀疑托运人提供的情况有问题,但又没有合适的方法予以核对,或者承运人认为货物不适合运输,而托运人此时已不可能另换包装,承运人会要求托运人出具保函,以保证承运人的利益,否则承运人就在提单上记入不利于托运人的批注。再如,不清洁提单对托运人(卖方)是很不利的。在国际货物买卖中,买方一般拒绝接受不清洁提单,银行对这种提单也拒绝付款。因此,卖方总是设法取得清洁提单。要取得清洁提单,托运人就务必使其货物的表面状况处于良好状态,这是最明智的做法。但是,如果货物外表状态的确有争议且大副已将货物的外表状况在收货单上作了批注的情况下,托运人为了不影响向银行结汇,通常向承运人提供保函,声明承运人因签发清洁提单引起的损失由托运人承担,以此换取承运人不要将大副在收货单上的批注转移到提单上,而由承运人签发不带任何批注的提单,从而使托运人能以清洁提单向银行顺利结汇。实践证明,为了不致因一些经常发生而数量或金额又比较小的有关货物短缺或损坏责任的争议影响货运程序的正常进行,由托运人出具保函,承担可能发生的责任,将争议留待日后解决的做法是有积极意义的。

第二种是恶意的保函,即托运人为了某种目的,要求承运人在提单上记入与实际货物情况不一致的内容(包括要求承运人签发倒签提单和预借提单),承运人为了保护自己的利益而要求托运人出具保函。《汉堡规则》虽然使保函合法化,但同时规定,如构成欺诈,承运人不能凭保函向托运人索赔,亦不能享受公约规定的责任限制。

不论善意还是恶意,接受保函换发清洁提单、倒签提单、预借提单,对承运人来说风险很大。这种做法违反了单证不得虚假的原则。承运人与收货人之间凭提单而不是凭保函交接货物。承运人不能凭保函对收货人拒赔,保函不能约束收货人。而且,如前所述,保函在承运人与托运人之间的效力也是不稳定的。

6. 关于承运人和实际承运人

《汉堡规则》第10条规定了承运人和实际承运人的赔偿责任。其主要精神:①在将货物运输的全部或部分委托给实际承运人时,承运人须对全程负责,承运人还必须对实际承运人及其受雇人和代理人在他们的受雇范围内的行为负责。②实际承运人与承运人一样享有免责、抗辩和责任限制;实际承运人书面同意承担公约规定以外的义务或放弃公约规定的权利的,对他发生效力,未同意的不发生效力,但承运人如果作出此种承诺,则承运人要受约束。③如果承运人和实际承运人对货物的灭失或损坏都负有责任,则他们应当承担连带责任,一方承担全部责任后,有权向另一方追偿不属于其承担的部分。

7. 关于活动物和舱面货

《汉堡规则》把活动物和舱面货也都包括在货物的范围内。这说明,活动物的收受、装载、运输、保管、照料和卸载均由货方承担风险,承运人对运输活动物造成的灭失和损害不负赔偿责任。但是,承运人要举证证明自己已经按照托运人关于运输活动物的特别要求行事,并证明活动物的灭失和损害是由于此种固有的特殊风险造成的即可。

关于舱面货，从《汉堡规则》的规定可以看出：①承运人只有按照同托运人的协议或符合特定的贸易惯例，或依据法规或规章的要求，才有权在舱面上载运货物，并且在要提单上载明货物装载于舱面上。这样要求，主要是提醒提单受让人，其将接受的货物是舱面货。如果没有在提单上载明，承运人须负举证责任，证明他与托运人曾经有过此类协议，但无论如何，此类协议不能对抗包括收货人在内的善意提单持有人。②如果承运人违反与托运人的协议，且既不符合航运习惯又未按法律法规的规定将货物装于舱面上，则承运人要对装于舱面上的货物承担灭失、损害或延迟交付的责任，并且根据情况，承运人还有可能丧失责任限制的权利。如果承运人违反与托运人约定的不将货物装于舱面，则承运人无权享受责任限制。

8. 其他

关于诉讼时效，《汉堡规则》第 20 条规定，有关货物运输的任何诉讼，如果在 2 年内没有提出司法或仲裁程序，即失去时效。这一规定加重了承运人的责任，也是《汉堡规则》不为多数海运国家所接受的原因之一。关于管辖权，与《海牙规则》适用于在缔约国签发的一切提单相比，《汉堡规则》允许货方可以在较多的地点选择起诉承运人，例如缔约国法院、承运人所在地、提单签发地、装货港、卸货港、运输合同订立地等。

四、《鹿特丹规则》简介

2008 年 12 月 11 日，在纽约举行的联合国大会上，联合国贸易法委员会(UNCITRAL)制订的《联合国全程或部分海上国际货物运输合同公约》(*United Nations Convention on Contracts for the International Carriage of Goods Wholly or Partly by Sea*)正式得到通过，并且于 2009 年 9 月 23 日在荷兰鹿特丹举行了签字仪式，通称《鹿特丹规则》。当日，有 15 个成员国签约，当中不乏美国和希腊等主要海运大国。该规则须得到签署国本国政府接受和核准，UNCITRAL 完成收集 20 个成员国提交核准书的一年后正式生效。

从内容上看，《鹿特丹规则》是当前国际海上货物运输规则之集大成者，不仅涉及包括海运在内的多式联运、在船货两方的权利义务之间寻求新的平衡点，而且还引入了如电子运输单据、批量合同、控制权等新的内容，此外还特别增设了管辖权和仲裁的内容。从规则条文数量上看，该规则共有 96 条，实质性条文为 88 条，是《海牙规则》的 9 倍，《汉堡规则》的 3.5 倍。因此，该公约被称为一部“教科书”式的国际公约。

《鹿特丹规则》与我国《海商法》及现在国际上普遍采用的《海牙规则》《海牙—维斯比规则》相比较，对承运人责任制度的规定有很大的变化，扩大了承运人责任期间，改变了承运人的责任基础，取消了传统的承运人免责事项，提高了承运人责任限额。如果该规则生效，将大大加重承运人的责任，可以预见其对航运业及保险业将会带来重大影响，尤其是对一些经营船龄较大、管理水平不高的中小航运企业带来的冲击。

虽然国际社会对《鹿特丹规则》前景，即是否能够生效，主要航运和贸易国家是否能够批准加入，是否能够在国际上发挥重要作用，存在不同看法，但毋庸置疑的是，《鹿特丹规则》必将引发国际海上货物运输立法的一场革命。该规则一旦生效，将会对船东、港口营运商、货主等各个国际海上货物运输相关方带来重大影响；也将会对船舶和货物保险、共同海损制度等带来影响。该规则即使未能生效，因其代表最新的国际立法趋势，其有关规定也将通过渗透进国内法等途径，对国际海上货物运输产生一定的影响。

五、《海商法》简介

我国关于海上货物运输合同的法律规范主要是《中华人民共和国海商法》(*Maritime Code of the People's Republic of China*)第4章“海上货物运输合同”、第6章“船舶租用合同”、第13章“时效”和第14章“涉外关系的法律适用”等中的规定。此外,《中华人民共和国民法典》(简称《民法典》)第三编“合同”中有关合同的原则性规定及其第19章“运输合同”有关规定也是海上货物运输合同的法律规范。在海事诉讼方面,有关的法律规范是《中华人民共和国海事诉讼特别程序法》。

《中华人民共和国海商法》(简称《海商法》)制定于1992年,1993年7月1日起施行。《海商法》共有15章278条,是我国目前调整海商法律关系的最重要的法律规范。第4章是关于海上货物运输合同的规定,共有8节,第1节“一般规定”,第2节“承运人的责任”,第3节“托运人的责任”,第4节“运输单证”,第5节“货物交付”,第6节“合同的解除”,第7节“航次租船合同的特别规定”和第8节“多式联运合同的特别规定”。另外,在第6章中规定有定期租船合同和光船租船合同的内容,其中第1节是“一般规定”,第2节是“定期租船合同”,第3节是“光船租赁合同”。我国《海商法》是参照了许多国际公约和国际惯例的规定,同时根据我国国情独立制定的。《海商法》中有关海上货物运输合同的规定,基本是以《海牙规则》和《海牙—维斯比规则》为基础,也适当吸收了《汉堡规则》的先进内容。

根据《海商法》第2条的规定,该法第4章关于海上货物运输合同的内容不适用于中华人民共和国港口之间的海上货物运输。而《民法典》的相关规定,既适用于国际海上货物运输合同,也适用于国内水路货物运输合同。作为特别法,《海商法》对海商合同的规定并不全面,特别是一些涉及合同共性的问题,要么没有规定,要么规定不够明确。这些空白或模糊之处需要依靠《民法典》来进行补充、解释和完善。依据《民法典》第11条:“其他法律对民事关系有特别规定的,依照其规定。”《海商法》对海上货物运输合同有专门的规定,而《民法典》则对各种运输合同的一般性问题进行了规定。因此,对于国际海上货物运输合同,如果《海商法》已有明确规定,应优先遵循《海商法》的规定;只有在《海商法》没有规定的情况下,才适用《民法典》的相关条款。

本章小结

本章首先介绍了提单的定义、作用、种类、主要条款和海运单的概念及使用,然后阐述了提单的缮制、签发、缴还和注销、更改和遗失、转让等业务,接着介绍了有关提单的国际公约以及我国《海商法》的立法情况及主要内容。通过本章的学习,读者应能够深入领会提单的性质和功能,掌握有关提单的业务操作,能够进行案例分析。

思考与练习

一、单项选择题(从下列每题给出的四个选项中,选择一个符合题目要求的选项)

1. House Bill of Lading 通常是指由(　　)签发的单证。

A. 班轮公司　　B. 无船承运人

C. 买方的代理人　　D. 卖方的代理人

2. 对海运单中记载“TO ORDER”问题，解答正确的是(　　)。

A. 不可记载　　B. 可记载

C. B/L 签发后有效　　D. 货装船后有效

3. 有权签发提单的人不包括(　　)。

A. 委托人　　B. 船长

C. 承运人　　D. 经承运人授权的代理人

4. 货物装船时外表状态良好，没有阻碍结汇的批注的提单是(　　)。

A. 顺签提单　　B. 收货待运提单

C. 简式提单　　D. 清洁提单

5. 若提单同时记载货物品名、件数、重量、体积、价值，则承运人的赔偿应根据(　　)。

A. 件数　　B. 重量

C. 体积　　D. 价值

二、多项选择题(从下列每题给出的五个选项中，选择一个或多个符合题目要求的选项)

1. B/L 是(　　)。

A. 运输合同证明　　B. 货物收据

C. 交货凭证　　D. 物权凭证

E. 运输合同

2. 承运人凭保函签发清洁提单所带来的风险有(　　)。

A. 承运人不能以保函对抗善意第三人　　B. 承运人可能丧失责任限制的权利

C. 船东保赔协会通常不负责给予赔偿　　D. 向托运人追偿也比较困难

E. 任何保函在法律上均是无效的

3. 银行议付时，接受(　　)。

A. Clean B/L　　B. Stale B/L

C. Order B/L　　D. Received for shipment B/L

E. Foul B/L

4. Common Law 下，承运人应默示保证(　　)。

A. 绝对适航　　B. 合理速遣

C. 不发生不合理绕航　　D. 恪尽职责使船舶适航

E. 准时到港交货

5. 提单遗失或晚到会导致货方要求(　　)。

A. 无单放货　　B. 重签提单

C. 倒签提单　　D. 预借提单

E. 顺签提单

三、判断题(判断下列各题的表述是否正确，正确的打“√”，错误的打“×”)

1. 缮制海运单时托运人可选择是否注明“不可转让”字样。(　　)

2. 提单作为货物收据的法律效力，在不同的当事人之间不尽相同。(　　)

3. 过期提单是收货人在船舶到港后才收到的提单。(　　)

4. 中国《海商法》规定，承运人对每一件货物赔偿责任限额为 666.67S.D.R.。(　　)

5. 海运单虽然是一种不可转让的单证，但也必须由发货人转让给收货人，以便收货人以此为凭证要求承运人交付货物。(　　)

四、简答题(结合所学知识,回答下列问题)

1. 试述集装箱运输下 H-B/L 与 M-B/L 的区别。

2. 海牙规则、维斯比规则、汉堡规则、多式联运公约对承运人赔偿责任及赔偿责任限制各有哪方面规定,他们的不同点集中体现在哪几个方面?

3. 简述装运期与顺签、倒签、预借 B/L 签发的关系。

4. 简述提单上的确认条款、不知条款、承诺条款和签署条款的含义。

5. 简述提单的三大功能。

五、案例分析题(结合所学知识,分析案例材料,回答问题)

我国货主 A 公司委托 B 货运代理公司办理一批服装货物海运出口,从青岛港到日本神户港。B 公司接受委托后,出具自己的 House B/L 给货主。A 公司凭此到银行结汇,提单转让给日本 D 贸易公司。B 公司又以自己的名义向 C 海运公司订舱。货物装船后,C 公司签发海运提单给 B 公司,B/L 上注明运费预付,收发货人均为 B 公司。实际上 C 公司并没有收到运费。货物在运输途中由于船员积载不当,造成服装沾污受损。C 公司向 B 公司索取运费,遭拒绝,理由是运费应当由 A 公司支付,B 公司仅是 A 公司的代理人,且 A 公司并没有支付运费给 B 公司。A 公司向 B 公司索赔货物损失,遭拒绝,理由是其没有诉权。D 公司向 B 公司索赔货物损失,同样遭到拒绝,理由是货物的损失是由 C 公司过失造成的,理应由 C 公司承担责任。根据题意,请回答:

1. 本案中 B 公司相对于 A 公司而言是何种身份?

2. B 公司是否应负支付 C 公司运费的义务?理由何在?

3. A 公司是否有权向 B 公司索赔货物损失?理由何在?

4. D 公司是否有权向 B 公司索赔货物损失?理由何在?

5. D 公司是否有权向 C 公司索赔货物损失?理由何在?

实　训　货运单证的审核和填制

实训目的

(1) 学会审阅信用证相关条款。

(2) 掌握海运提单和保险单的内容和填制方法。

(3) 培养学生的自学能力和应用能力。

实训内容

根据下列所提供的信用证条款的主要内容及有关制单资料,填制集装箱海运提单中(1)至(15)项内容,海洋运输货物保险单中(1)至(5)项内容。

Irrevocable documentary credit

Number: LC123-258866

Date: August 24,2011

Date and place of expiry: October 30, 2011, Qingdao, China

Advising bank: Bank of China

Beneficiary: China XYZ import and export corp.

Applicant: UVW corporation.

Total amount: USD9 000 (SAY US DOLLARS NINE THOUSAND ONLY)

Shipment from: Qingdao China
To: Osaka Japan
At the latest: October 15, 2011
Description of goods: 100% Cotton Towel as per S/C No. CH200
Total quantity: 8 000 pieces packing: 800 Cartons
Total gross weight: 20 000 KGS
Total measurement: 30CBM
Price term: CIF Osaka
Following documents required:

+Signed commercial invoice in three copies.

+Full set of clean on board ocean bill of lading made out to order and endorsed in blank and marked "freight prepaid" and notify applicant.

+Insurance policy for 110 PCT of the invoice value covering the Institute Cargo Clauses (A), the Institute War Clauses.

Ocean Vessel: "Golden Star" Voy. No.: 018E
Container No: GSTU3156712/20′
Marks & Nos: ITOCHU OSAKA NO. 1-800
Laden on board the vessel: October 14, 2011
B/L date: October 14, 2011
B/L signed by BBB shipping agency
Carrier: AAA Shipping Co.

实训要求

(1) 本实训会涉及保险单的内容,学生应自学其他教材或利用图书馆资料掌握相关内容。

(2) 集装箱海运提单和远洋运输货物保险单的样式附后。

(3) 每名学生均应参与本次实训。

实训课时

2 课时。

实训步骤

(1) 教师下达本次实训任务。

(2) 各学生仔细阅读和分析所给的材料。

(3) 搜集资料,查阅其他相关信息。

(4) 完成下页的集装箱海运提单和远洋运输货物保险单相关栏目。

(5) 教师抽查学生完成情况,或请学生回答填制理由。

检查标准

(1) 各学生完成的集装箱海运提单和远洋运输货物保险单相关栏目的填制情况。

(2) 各学生回答提问的情况。

Shipper (1)		B/L NO.
Consignee (2)		
Notify Party (3)		AAA Shipping Co. BILL OF LADING
Pre-carriage by	Place of Receipt	
Ocean Vessel Voy. No. (4)	Port of Loading (5)	
Port of Discharge (6)	Place of Delivery	

Container No. (7)	Seal No. Marks & Nos. (8)	No. of Containers or P'kgs (9)	Kinds of Packages; Description of Goods (10)	Gross Weight kgs (11)	Measurement

TOTAL NUMBER OF
CONTAINER OR PACKAGES (IN WORD)

Freight & Charge (12)	Revenue Tons	Rate	Per	Prepaid	Collect

Ex. Rate.	Prepaid at	Payable at	Place and date of Issue(13)
	Total Prepaid	No. of Original B(s)/L (14)	Signed for Carrier, (15)

LADEN ON BOARD THE VESSEL
DATE

(TERMS PLEASE FIND ON BACK OF ORIGINAL B/L)

中　保　财　产　保　险　有　限　公　司

The people's insurance (Property) Company of China, Ltd.

发票号码　　　　　　　　　　保险单号次

Invoice No.　　　　　　　　　Policy No.

海　洋　货　物　运　输　保　险　单

MARINE CARGO TRANSPORTATION INSURANCE POLICY

被保险人：(1)

Insured:

中保财产保险公司(以下简称本公司)根据被保险人的要求，及其所缴付约定的保险费，按照本保险单承担险别和背面所载条款与下列特别条款承保下列货物运输保险，特签发本保险单。

This policy of Insurance witness that The People's Insurance (Property) Company of China, Ltd. (hereinafter called "The Company"), at the request of the Insured and in consideration of the agreed premium paid by the Insured, undertakes to insure the undermentioned goods in transportation subject to the conditions of this Policy as per the Clauses printed overleaf and other special clauses attached hereon.

保险货物项目 Description of Goods	包装　单位　数量 Packing　Unit　Quantity	保险金额 Amount Insured
(2)	800 Cartons	(3)

承保险别　　　　　　　　　　货物标记

Conditions　　　　　　　　　Marks of Goods

(4)

总保险金额：

Total Amount Insured:

保费　as agreed　　　载运工具　　　　　开航日期

Premium　　　　　Per conveyance S. S　　　Slg. On or abt

起运港　　　　　　目的港

From　　　　　　　To

所保货物，如发生本保险单项下可能引起索赔的损失或损坏，应立即通知本公司下述代理人查勘。如有索赔，应向本公司提交保险单正本(本保险单共有 2 份正本)及有关文件。如一份已用于索赔，其余正本则自动失效。

In the event of loss or damage which may result in a claim under this Policy, immediate notice must be given to the Company's agent as mentioned hereunder. Claims, if any, one of the Original Policy which has been issued in Original (s) together with the relevant documents shall be surrendered to the Company, if one of the Original Policy has been accomplished, the others to be void.

赔偿地点　　　Osaka, Japan

Claim payable at

日期　(5)　　　在　Qingdao, China

Date　　　　　　at

地址

Address:

中保财产保险有限公司

THE PEOPLE's INSURANCE(PROPERTY) COMPANY OF CHINA, LTD.

第五章

国际航空货物运输基础知识

学习目标

知识要求

- 掌握国际航空飞机营运的方式和特点。
- 了解航空区划和时差的概念，掌握时差的计算方法。
- 了解民用航空运输飞机的种类。
- 了解航空集装器的种类、代号和使用限制。
- 掌握航空货物集装的基本原则。

技能要求

- 掌握时差问题，并能计算航空飞行时间。

开章案例

航空公司的营销服务

美国西南航空公司以优质服务著称。当年，这个不起眼的小航空公司就是靠这一法宝跻身于美国前四大航空公司之列。有一个广为流传的故事：西南航空公司的某个票务代理遇到了一名误了班机的旅客，该旅客要乘坐这次航班参加本年度最重要的商务会议。于是，该公司专门调拨了一架轻型飞机，将旅客送往目的地。这个故事在令人赞叹不已的同时，也令人心生疑窦：假定这类“伟大”的服务一再发生，该公司能不破产？那么，该公司这么做的动力和原因是什么呢？在这个故事里，那名票务代理已经为西南航空工作了7年，所以他从旅客的姓名认出了这名旅客，知道他每年乘坐飞机300多次，每年可以给航空公司带来18000美元的收入。这个故事的背后揭示了西南航空公司成功的原因所在。而我们所看到的“服务”只不过是表象而已。

从西南航空的故事可以引出了一个新名词——“服务利润链”，服务利润链正在改变市场营销的外观。以忠诚旅客的占有份额定义的市场份额质量，代替简单的最大市场份额，成为企业的主要目标。达到这一目标意味着放弃“旅客永远正确”的观点，而接受“有些旅客从来不正确”的观点；意味着应当更多地通过倾听、通过提供优质的旅客服务，以及依靠旅客向旅客的推荐来进行营销工作；意味着较少依赖成本昂贵的推销和广告进行说教；意味着听取旅客对产品和服务的要求，产品开发过程的管理也应当在跨职能的基础上进行。

而事实上，西南航空公司——优质服务的典范，也经常“解雇”旅客，尤其在他们喝醉了或无礼的时候。西南航空公司不仅仅是让这类旅客离开飞机，而且告诉他们希望永远不再见到他们。

在营销新纪元，失去一名忠诚旅客对航空公司实在是一场悲剧。这促使航空公司加强了向员工宣传旅客终身价值，开始像重视营销工作一样重视倾听旅客的意见，航空公司用优质的服务赢得良好的企业形象，良好的企业形象又为获得经济效益和更多的市场份额提供保证。

调查表明，航空旅客对航空公司有一定的忠诚度，有近三成的旅客出行时会选择航空公司。公司原因和服务因素加起来占了近五成。由此可见，旅客忠诚度是提高服务利润链业绩最重要的动力之一。衡量旅客忠诚度最生动的指标就是旅客终身价值。计算旅客终身价值最简单的方法是求出各种旅客的平均“寿命”（对航空公司忠诚的时间）以及旅客对产品和服务的年平均消费值。在此基础上，可以估计旅客对价格的敏感度以及因旅客的维系度提高带来的利润。

（来源：民航资源网　有删改）

讨论：

1. 如何理解美国西南航空公司的“服务利润链”？
2. 航空公司如何衡量旅客的忠诚度？

第一节　国际航空飞机营运方式和特点

一、国际航空飞机营运方式

为了适应不同贸易合同下的货物运输需要，也为了合理地利用飞机的运输能力并获得良好的营运经济效益,目前国际航空飞机的营运方式可分为两大类,即定期航班运输(班机运输)和不定期运输(租机运输)。

(一) 定期航班运输

1. 概念

从事乘客、邮件或货物的公共运输的任何定期航班飞机称之为班机。就货运而言,定期航班运输,又称班机运输(Scheduled Flights Transport),是指航空公司将飞机按事先制订的航班时刻表,在特定航线的各既定起落站之间,经常性地为非特定的众多货主提供规则的、反复的运输服务,并按运价本或协议运价的规定计收运费的一种营运方式。用于班机运输的飞机主要是客货混载,在搭载旅客的同时又运送小批量货物;但一些规模较大的航空公司在一些货源比较充足的航线上也有使用全货机开辟定期货运航班。

班机固定航线和停靠港,定期开航,定点到达,因此,国际货物流通采用班机方式可以使收发货人确切掌握货物起运和到达时间,保证货物安全、准时地成交。特别是对运送国际市场上的急需商品、行李、鲜活物、贵重物、电子器件等,效果十分明显。

由于班机大多使用客货混用机,且多以客为主,舱位有限,尤其在旅游旺季,航空公司往往首先满足旅客的要求,有限的舱位更显得不足,不能满足大批量货物及时出运,只能是分期分批运输,使得班机在货物运输方面存在着很大的局限性。

2. 分类

在定期航班运输方式下,除了普通的零散件班机运输和直接运输外,根据舱/板/箱销售方式和货源及组织形式的不同,还有以下具体业务种类:

(1) 包舱/包板/包箱运输(Hold/Pallet/Container Chartering)

包舱、包集装箱(板)是定期航空货物运输的一种销售方式,它指托运人根据所运输的货物在一定时间内需要单独占用飞机部分或全部货舱、集装箱、集装板,而承运人需要采取专门措施予以保证。包舱包板运输是航空包机运输中经常采用的方式,这无论对于航空公司还是代理人都是一个双赢的策略。

(2) 航空快递(Air Courier)

航空快递是指具有独立法人资格的企业将进出境货物或物品从发件人(Consignor)所在地通过自身或代理的网络运达收件人(Consignee)的一种快速运输方式。采用上述运输方式的进出境货物、物品称为快件。航空快递业因其所运送的货物主要以文件和小包裹为主而区别于普通航空货运业务。

(3) 集中托运(Consolidation)

由于航空运价随着货物计费重量的增加而逐级递减,货物重量越重,航空货运代理人或集运商(Consolidator)就可以从航空公司获取更加优惠的运价。因此,集中发运大批量货物的运营模式成为众多代理人追求的目标,因为这样就能从航空公司获取比其他竞争对手较低的运价。航空货运市场目前还是一个价格敏感度较强的市场,较低的价格意味着拥有较强的竞争优势,市场销售将会非常得力,会吸引更多的托运人发货,这样一来运送货物的总量会进一步增大,就能与航空公司谈到更加优惠的运价。这样良性循环,有利于航空货运代理人本身的生存和发展。

(二) 不定期航班运输

1. 概念

不定期运输(Non-scheduled Transport),主要是不定期的包机运输(Transport by Chartering),是相对于班机运输而言的另一种飞机营运方式,由于这种营运方式须在市场上寻求机会,没有固定的航线和挂靠港,也没有事先制订的航班时刻表和费率,当事人须在市场上通过洽谈运输条件,订立飞机租用合同来安排运输。包机运输是由租机人租用整架飞机或若干租机人联合包租一架飞机进行货运的物流方式。包机如往返使用,则价格较班机低,如单程使用则价格较班机为高。包机适合专运高价值货物。

2. 分类

根据包机人包用飞机舱位的多少,包机可分为整架包机和部分包机两种。

整架包机即包租整架飞机,是指航空公司或包机代理公司,按照与租机人事先约定的条件与费率,将整架飞机出租给包机人,从一个或几个航空站装运货物到指定目的地的运输方式。这种方式适合运输大批量货载,运费比较低。但整架包机的租机人要在货物装运前一个月与航空公司联系,以便航空公司安排飞机运载和向起落机场及有关政府部门申请,办理入境、过境及有关手续。

部分包机有两种方式,一种是由几家航空货运代理公司或发货人联合包租整架飞机,另一种是由包机公司把整架飞机的舱位分租给几家航空货运代理公司。部分包机适合于不足整机但货量也较大(一般为1t以上)的货物运送。

二、国际航空货物运输的特点

国际航空货物运输虽然起步较晚,但发展极为迅速,这是与它所具备的许多特点分不开的。这种运输方式与其他运输方式相比,具有其独特的优点。

(一) 运送速度快

现代喷气运输机时速一般都在1 450km左右,协和式飞机时速可达2 173km。航空线路不受地面条件限制,一般可在两点间直线飞行,航程比地面短得多,而且运程越远,快速的特点就越显著。

(二) 安全准确

航空运输管理制度比较完善,航空法规的建制几乎随航空技术的发展同步进行。因此,货物运输的破损率低,被盗窃概率低,可保证运输质量,如使用空运集装箱,则更为安全。飞机航行有一定班期,世界各航空公司都十分重视正点率,把它视为影响企业发展的重要因素之一,可以保证货物按时到达。

(三) 手续简便

航空运输为了体现其快捷便利的特点,为托运人提供简便的托运手续,也可以由货运代理人上门取货,并为其办理一切运输手续。并可以通过货运代理人送货上门,实现“门到门”的运输服务,极大地方便托运人和收货人。

(四) 节省包装、保险、利息和储存等费用

由于航空运输速度快,商品在途时间短,周期快,存货可相对减少,资金可迅速收回,从而大大节省贷款利息费用。加之航空货物运输中货损、货差较少,货物包装可以相对简化,从而可降低包装费用和保险费用。

(五) 运价较高、载量有限、易受天气影响

与其他运输方式(特别是海运)相比,航空运输的不利之处也是明显的。由于技术要求高、运输成本大等原因,运价相对较高,例如从中国到美国西海岸,空运运价通常是海运运价的10倍以上;由于飞机本身载重、容积的限制,其货运量相对海运来说要少得多,如目前常见的大型货机B747-200F型可载货90t,相比海运船舶几十万吨的载重量要小得多;航空运输遇到大雨、大风、雾等恶劣天气,航班就不能得到有效保证,可能导致货物的延误及损失。

但是由于这种运输方式的优点突出,可弥补运费高的缺陷,加之保管制度完善,货损货差少,适于价值较高、运量小的货物运输。

第二节　航空区划和时差

一、航空区划

为了便于航空公司间的合作和业务联系,国际航协IATA将世界划分为三个航空运输业务区。

小知识

国际航空运输协会的成立背景

国际航空运输协会(International Air Transport Association,IATA),简称“国际航协”,是各国航空运输企业之间的联合组织,会员必须是国际民用航空组织的成员国颁发的定期航班运输许可证的航空公司。

1944年,当各国政府筹建国际民航组织之时,航空公司也开始建立他们新的组织——国际航空运输协会,同年4月在哈瓦那审议了该协会的章程,58家航空公司签署了文件,1945年12月18日,加拿大会议通过特别法令,给予其法人地位。

国际航协的目标是调解有关商业飞行上的一些法律问题,简化和加速国际航线的客货运输,促进国际航空运输的安全和世界范围内航空运输事业的发展。国际航协的具体任务是:①设定实施分级联运,使一张票据可通行全世界;②协议议定客货运段,防止彼此间的恶性竞争;③协议制定各文书的标准格式,以节省人力和物力;④协议规定运送人承运时在法律上应负的责任和义务;⑤协议建立各种业务一定的作业程序;⑥协议会员间相互利用装备,并提供新的技术知识;⑦设置督察人员,以确保决议的切实执行;⑧允许树立竞争,以保护会员公司的利益。

全球分为ARETC1、ARETC2、ARETC3三个大区,简称TC1区、TC2区、TC3区。TC1区主要包括北美洲、拉丁美洲以及附近岛屿和海洋。TC2区主要包括欧洲、非洲、中东及附近

岛屿。TC3 区主要包括亚洲(除中东包括的亚洲部分国家)、大洋洲及太平洋岛屿的广大地区。

二、时差

由于地球自转造成了经度不同的地区时刻不同,当飞机跨越经度时,就产生时刻上的不统一。进行时差的换算,对于安排航班,更好地进行航空运输尤为重要。

小知识

理论时区和区时

由于地球不停地自西向东自转,形成太阳每天东升西落的现象,人们按太阳在天空中的位置确定的时间叫作“当地时间”(Local Time)。显然,只要经度不同,当地时间就不同,地球上就有了无数多的“当地时间”。且任何两点时间都会有差异,称之为时差。在国际交往日益频繁的今天,以当地时间计时,会给交通、通信等方面造成巨大的不便和混乱。

1884 年在华盛顿举行的国际经度会议上,确定了以平太阳时为基础的标准时刻度。平太阳时就是日常用的手表时间。这种标准时刻度规定,按经度线把全球划分为 24 个标准时区(Time Zones)。每个时区跨 15°经度,以 $\lambda=15°\times n(n=0,\pm1,\pm2,\pm3,\pm4,\cdots,\pm11,\pm12)$ 的经线为该时区的中央经线,它是所在时区的标准经线。中央经线的地方平太阳时,就是该时区的标准时间,也称为区时。本初子午线所在的时区,叫作零时区,也叫作中央时区,简称中时区。中央时区的中央经线,是通过格林尼治天文台原址的 0°经线,0°经线向东、向西各 7.5°构成中央时区。中时区的区时被称为世界标准时(Greenwich Mean Time,GMT);再以 180°经线为中央经线,各划出 7.5°,称为东西十二时区。

在《OAG-CARGO》中的航班时刻表中的各个城市的时间都是当地标准时间,为了更方便地查阅及进行时差换算,OAG 公布了国际时间换算表(International Time Calculator,见表 5-1),列出了各个国家当地的标准时间与世界标准时的时间差距。

表 5-1　International Time Calculator

Country/area	Standard Clock	Daylight saving	DST effective period
China	+8		
U. S. A. **			
Eastern Time	−5	−4	02 Apr 00-28 Oct 00
Central Time	−6	−5	02 Apr 00-28 Oct 00
Mountain Time	−7	−6	02 Apr 00-28 Oct 00
Pacific Time	−8	−7	02 Apr 00-28 Oct 00

注:* * 表示该国家有多个时区。

小知识

航空货运指南的用途

航空货运指南(Air Cargo Guide,OAG)每月出版一期,主要公布航班时刻表。

OAG 手册是将各航空公司的信息合编在一起的月刊,可用于查找货物运输航班时刻。欧洲、亚洲使用的 OAG 手册与美洲的 OAG 手册使用方法略有不同,本书不再赘述。

(一) 时差计算的具体方法

根据 International Time Calculator 表,查出每个国家的标准时间,然后相减得到两地的时差。

【例题 5-1】

当 3 月 20 日东京 15：00 时,问法兰克福当地时间?

答:查 International Time Calculator,

日本 Standard Time = GMT+9

德国 Standard Time = GMT+1

时差 8 小时,日本时间早于德国,因此,法兰克福当地时间是 20 日 07：00 时。

(二) 飞行时间的计算

计算步骤:

(1) 从 International Time Calculator 中找出始发站和目的站的标准时间。

(2) 将起飞和到达的当地时间换算成世界标准时(GMT)。

(3) 用到达时间减去起飞时间,即是飞行时间。

【例题 5-2】

Departure from: Lusaka, Zambia (LUN) on 6th, January at 09:10

Arrival at: Hong Kong (HKG) on 7th, January at 14:50

What is the total transportation time?

(Lusaka 在东 2 区;Hong Kong 在东 8 区)

解:

第一步,从 International Time Calculator 中找出始发站和目的站的标准时间

LUN = GMT + 02：00

HKG = GMT + 08：00

第二步,将起飞和到达时间转换成世界标准时(GMT)

LUN 09：10 = GMT09：10−02：00 = GMT07：10 6th, January

HKG 14：50 = GMT14：50−08：00 = GMT06：50 7th, January

第三步,将到达时间减去起飞时间,即得出飞行时间

06：50 7th=30：50 6th

飞行时间=30：50, 6th−07：10, 6th=23 小时 40 分钟

第三节　民用航空运输飞机

一、民用航空运输飞机的分类

(一) 按机身的宽窄分类

1. 窄体飞机(Narrow-body Aircraft)

窄体飞机的机身宽约 3m,旅客座位之间有一个走廊,这类飞机往往只在其下货舱装运散货(图 5-1)。

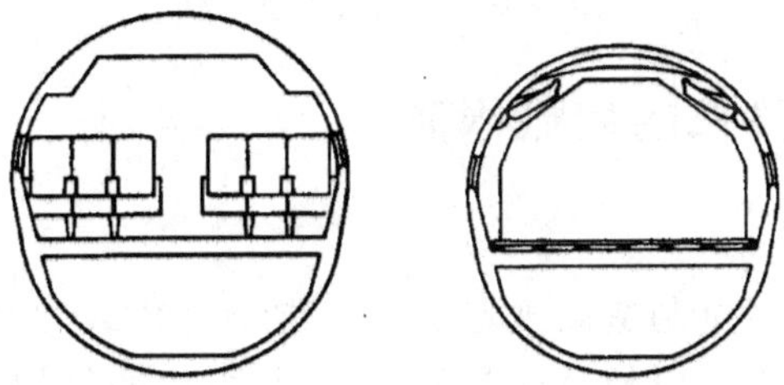

图 5-1　窄体飞机

2. 宽体飞机(Wide-body Aircraft)

宽体飞机的机身较宽,客舱内有两条走廊,三排座椅,机身宽一般在 4.72m 以上,这类飞机可以装运集装货物和散货(图 5-2)。

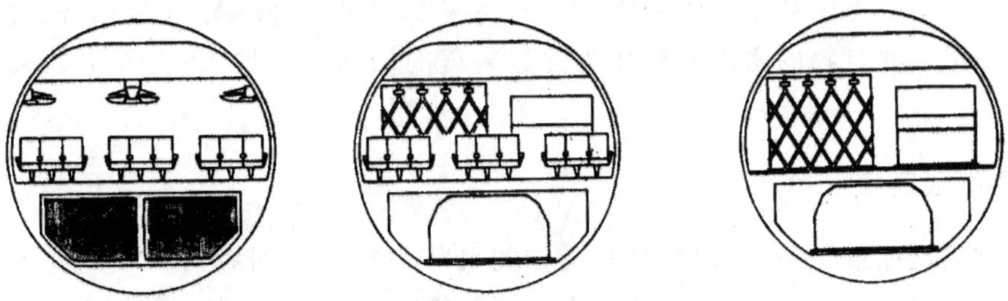

图 5-2　宽体飞机

(二) 按飞机的使用用途分类

(1) 全货机(Freighter / All Cargo):主舱及下舱全部载货。

(2) 全客机(Passenger):只在下舱载货。

(3) 客货混用机(Mixed / Combination):在主舱前部设有旅客座椅,后部可装载货物,下舱内也可装载货物。

二、民用航空运输飞机的舱位结构

一般,民用航空运输飞机主要分为两种舱位:主舱(Main deck)、下舱(Lower deck),但波音 747 分为三种舱位:上舱(Upper deck)、主舱、下舱(图 5-3)。

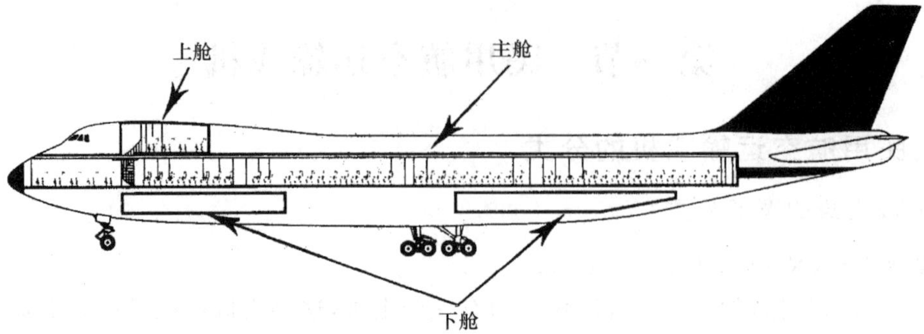

图 5-3　飞机的舱位结构

三、民用航空运输飞机的装载限制

(一) 重量限制

由于飞机结构的限制,飞机制造商规定了每一货舱可装载货物的最大重量限额。任何情况下,所装载的货物重量都不可以超过此限额。否则,飞机的结构很有可能遭到破坏,飞行安全受到威胁。

(二) 容积限制

由于货舱内可利用的空间有限,因此,这也成为运输货物的限定条件之一。轻泡货物已占满了货舱内的所有空间,而未达到重量限额。相反,高密度货物的重量已达到限额而货舱内仍会有很多的剩余空间无法利用。将轻泡货物和高密度货物混运装载,是比较经济的解决方法。承运人有时提供一些货物的密度参数作为混运装载的依据。例如:每立方米的服装类货物约为 120.0kg。

(三) 舱门限制

由于货物只能通过舱门装入货舱内,货物的尺寸必然会受到舱门的限制。为了便于确定一件货物是否可以装入散舱,飞机制造商提供了散舱舱门尺寸表,表内数据以 cm/ft 两种计量单位公布。例:一件货物的尺寸为 240cm×70cm×60cm 装载在 B737 散舱内,则货物的长度限制为 241cm。

(四) 地板承受力限制

飞机货舱内每平方米的地板可承受一定的重量,如果超过它的承受能力,地板和飞机结构很有可能遭到破坏。因此,装载货物时应注意不能超过地板承受力的限额。地板承受力=货物的重量/地板接触面积。

如果超过限额,应使用 2～5cm 厚的垫板,加大底面面积。垫板面积=货物的重量/地板承受力限额。

第四节　航空运输线路

一、航空运输线路的分类

从事民航运输业务的承运人在获得经营许可证之后，可以在允许的一系列站点（即城市）范围内提供航空客货邮运输服务。由这些站点形成的航空运输路线，称之为航线（Air Route）。航线由飞行的起点、经停点、终点、航路等要素组成。航线不同于航路，它与实际飞行线路的具体空间位置没有直接关系。航线是航空运输承运人授权经营航空运输业务的地理范围，是航空公司的客货运输市场，是航空公司赖以生存的必要条件。因此，对航空公司来说，运营航线的优劣与多少，对它本身的发展十分重要。 航线有许多种，按飞行的区域范围划分，可以分为国内航线、国际航线和地区航线。

（一）国内航线

国内航线是指飞行起点、经停点和终点都在同一国家境内的航线。根据飞行起点、经停点和终点所在城市的政治、文化和经济的地位与繁荣程度，国内航线又分为干线（Trunk Route）、支线（Regional Route）和地方航线（Local Route）。

（1）干线，我国的骨干航线是指首都北京至全国各省会城市和大城市之间的航线，形成省际或大城市之间的空中交通干道。例如，北京—南京、北京—杭州、广州—上海等。一般来说，干线上的客货流量大，使用的机型运载能力强。

（2）支线，是指大城市（一般指省会）至本地区中小城市之间的航线，主要目的是汇集或疏散客货流，辅助干线运输。例如，上海—黄山等。

（3）地方航线，是指省（地区）内的航线。例如，南京—连云港。地方航线主要用于地方上地面交通不便的小城市之间的客货邮运输。

（二）国际航线

国际航线是指飞行起点、经停点或终点超过一个国家的国境线的航线。例如，北京—莫斯科。

（三）地区航线

地区航线是指在一国之内，各地区与有特殊地位地区之间的航线。例如，南京—香港、广州—澳门。

二、国内与国际主要航空运输线路

中国航空运输始于1929年，专业航空始于1930年。中华人民共和国成立初期，航空线路既短又少，航空运输设施差，运输能力低。直到1978年以后，随着航空业改革的进行，中国航空运输业发展迅速。截至2018年底，我国共有定期航班航线4945条，国内航线4096条，其中港澳台航线100条，国际航线849条。按重复距离计算的航线里程为1219.06万公里，按不重复距离计算的航线里程为837.98万公里。

中国通往国外的主要航线有：北京—贝尔格莱德—苏黎世、北京—卡拉奇—亚的斯亚贝巴、北京—卡拉奇—布加勒斯特—贝尔格莱德、北京—沙迦—法兰克福、北京—沙迦—苏黎世—伦敦、北京—沙迦—巴黎、北京—东京、北京—莫斯科—柏林、北京—乌鲁木齐—沙迦—伊斯坦布尔、北京—平壤、北京—上海—东京、北京—上海—大阪、北京—广州—马尼拉、北京—广州—曼谷、昆明—仰光、北京—广州—新加坡、上海—福冈、上海—长崎—东京、上海—东京、上海—洛杉矶、北京—上海—旧金山—纽约、北京—上海—旧金山—洛杉矶、北京—上海—温哥华、北京—广州—墨尔本—悉尼等。

世界上最繁忙的航空线有：

西欧—北美间的北大西洋航空线。该航线主要连接巴黎、伦敦、法兰克福、纽约、芝加哥、蒙特利亚等航空枢纽；西欧—中东—远东航空线。该航线连接西欧各主要机场至远东香港、北京、东京等机场。并途经雅典、开罗、德黑兰、卡拉奇、新德里、曼谷、新加坡等重要航空站。

远东—北美间的北太平洋航线。这是北京、香港、东京等机场，经北太平洋上空至北美西海岸的温哥华、西雅图、旧金山、洛杉矶等机场的航空线。并可延伸至北美东海岸的机场。太平洋中部的火奴鲁鲁是该航线的主要中继加油站。

此外，还有北美—南美、西欧—南美、西欧—非洲、西欧—东南亚—澳新、远东—澳新、北美—澳新等重要国际航空线。在我国，目前主要在北京、上海、杭州、天津、沈阳、大连、哈尔滨、青岛、广州、南宁、昆明和乌鲁木齐等机场接办国际航空货运任务。

三、航空运输市场准入

(一) 航空运输市场的概念

一个航空运输市场是指在任何两地之间移动或可以移动人员和货物所构成的商业航空服务在两地之间的业务。国际航空运输市场可以分为 4 个种类：①城市派对市场，即连接两个城市航线，如北京—纽约；②国家派对市场，由连接两个国家所有城市派对的航线组成，如美国—英国；③地区对地区的市场，包括连接两个地区的所有航线，如北美一欧洲，通常亦称此地区航线为北大西洋市场；④航空公司整个行业在世界上经营，包括所有通航地点在内的全球市场。

(二) 市场准入的概念

当一个航空承运人在一国申请批准并办理营业执照成为一个国家的合法承运人时方可进入该国国内的航空市场，若要获准进入国际航空运输市场同样需要在每一有关国家申请批准并办理牌照。这一要求称之为市场准入。取得市场准入是国际航空承运人开展国际经营的基本前提，市场准入在国家间的双边协定中通过航线权利和营运权利得到具体的体现，市场准入与运力和运价共同构成国际双边条约的核心内容，主要原因是由于经营国际航空运输市场需要使用另一个或一些国家的领空。根据《巴黎公约》和《芝加哥公约》规定，每一个国家都具有在自己领空行使完全的和排他性的主权。因此，当一个国家的某个航空公司计划开辟国际航线，准备开设到另一个国家某个城市的航班时，它必须具有对方国家授予的航空运输市场准入权。

航空运输市场准入权是进入国政府授予的航班营运的基本权利，以允许外国航空公司进入本国航空运输市场进行航空旅客运输或航空货物运输业务。具有市场准入权的航空公司，必须具有进入国政府颁发的航空运输业务经营许可证。进入国政府通过审批市场准入权，可以达到以下目的：①规定外国航空公司进入本国航空运输市场的业务范围，如航线、航班、飞机型号、飞行距离、业载限制、经停机场等；②通过市场准入权的审批控制，保护本国、本地区或经济联盟体的利益；③可以作为进入另一个国家、地区或经济联盟体航空运输市场的交换条件。

（三）经营权利

经营权利是指一国授予另一国的某航班在授权国的业务经营权利，即在一条或数条航线上规定承运人、航班次数、航班号、航班飞机型号、航班经营方式等事项，并在双边航空运输协定中加以详细说明。经营权利是国际航空运输市场准入的内容之一，它的范围除承运人指定权这一基本权利外，还包括飞越权、技术停降权、加班飞行权以及变换飞机权等。

1. “第一种航空自由”——飞越权

飞越权是给予一个国家的定期或不定期国际航班不降停地飞越授予国领空的权利或特权。根据《芝加哥公约》和《国际航班过境协定》的规定，在缔约国之间，A 国某航班飞往 C 国，不降停地飞越 B 国领空是允许的。

2. “第二种航空自由”——技术停降权

技术停降权是给予一个国家定期或不定期国际航班在授权国的领土内做非运输业务停降的权利或特权。例如，航班飞机途中加油，做计划外的必要维修或者为了应付某种紧急状况而需要飞机降落。虽然按照定义，技术降停并非是为了运载业务，但也有可能不得不或需要暂时卸下客货，重新装上后继续飞行。

（四）业务权利

业务权利是一种进入市场的权利，是授权国对准入国际航班的经营业务的地理范围和业务范围有着具体规定，明确说明在具体航线、具体航段上经营旅客运输或者货物运输。如果是经营旅客运输，还包括收费的旅客行李运输；如果是经营货物运输，一般是货物和快件物品。对于经营特殊货物运输，必须在航空市场准入的国际航空运输协定中说明。航班业务权利的业务经营方式有以下几种：

1. “第三种航空自由”——卸载权

卸载权是授权国允许承运人的定期国际航班在授权国的指定机场卸载（下）来自承运人所在国的货物（旅客）。这一权利表明，允许承运人向授权国运送旅客或货物。

2. “第四种航空自由”——装运权

装运权是授权国允许承运人的定期国际航班回程从授权国的指定机场装载旅客或货物飞回承运人所在国。这一权利表明，允许承运人在权利授权国经营旅客或货物搭载业务。

3. “第五种航空自由”——第五航行权

“第五航行权”是授权国允许承运人的定期国际航班在授权国下载来自第三国的旅客或货物，或从授权国装载旅客或货物飞往第三国。例如：新加坡—厦门—芝加哥，新加坡航空获得第五航权，可以在新加坡—芝加哥航线上在厦门经停，上下客货。这一权利表明，允许承运人在授权国经营旅客或货物的运输业务，并具有较大的业务经营范围。从法律意义上，由于“第五航行权”意味着授权国向承运人所在国开放航空运输市场，对于本国的航空运输业无疑是一个挑战。

西方一些发达国家，为了扩大本国的海外航空运输市场，提出了“第六种航空自由”“第七种航空自由""第八种航空自由",甚至"第九种航空自由"等问题,由于涉及更大程度地扩大在授权国的业务经营权,实际上还是一个有争议的议题,所以尚未得到国际民航组织及其大多数成员国的认可。

4. "第六种航空自由"——桥梁权

本国航机可以用两条航线的名义,接载 A 国和 B 国乘客及货物往返,但途中必须经过本国。例如:伦敦—首尔—东京,大韩航空将源自英国的旅客运经首尔后再运到东京。

5. "第七种航空自由"——完全第三国运输权

本国航机可以在境外接载乘客和货物,而不用返回本国。即本国航机在 A、B 两国间接载乘客和运载货物。例如:伦敦—巴黎,由德国汉莎航空公司承运。

6. "第八种航空自由"——第八航行权

本国航机可以在协议国国境内两个不同的地方接载乘客、货物往返,但航机以本国为终点站。

7. "第九种航空自由"——国内运输权

本国航机可以到协议国作国内航线运营。

第五节 航空集装器

集装器的产生是在宽体飞机出现以后。为提高大批量货物的处理能力,人们认识到把小件货物集装成集装板、集装箱后作为大件货物运输是非常必要的。这些集装器可看作飞机结构中可移动的部件,使装卸更加简便。装运集装器的飞机,其舱内应有固定集装器的设备用于把集装器固定于飞机上。

一、集装设备的种类

根据不同的分类标准,可以将集装器的种类划分为以下几种:

(一) 按是否注册划分

1. 注册(Certified)的飞机集装器(图 5-4)

注册的飞机集装器是国家政府有关部门授权集装器生产厂家生产的,适宜于飞机安全载运的,在其使用过程中不会对飞机的内部结构造成损害的集装器。

2. 非注册(Non-certified)的飞机集装器(图 5-5)

非注册的集装器是指未经有关部门授权生产的,未取得适航证书的集装器。非注册的集装器不能看作为飞机的一部分,因为它与飞机不匹配,一般不允许装入飞机的主货舱,但这种

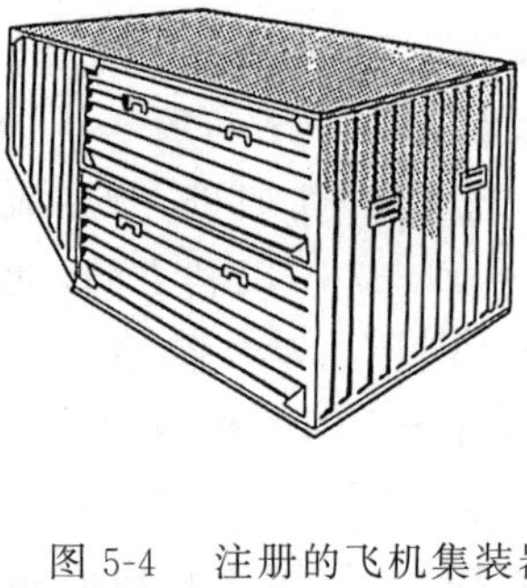

图 5-4 注册的飞机集装器

图 5-5 非注册的飞机集装器

集装器的确适于地面的操作环境，它仅适合于某些特定机型的特定货舱，如 DPE 类的集装器仅适宜于如 B767。

(二) 按种类划分

1. 集装板(Pallet)和网套(Net)

如图 5-6 所示，集装板是具有标准尺寸的，四边带有卡锁轨或网带卡锁眼，带有中间夹层的硬铝合金制成的平板，以便货物在其上码放；网套是用来把货物固定在集装板上，网套的固定是靠专门的卡锁装置来限定。

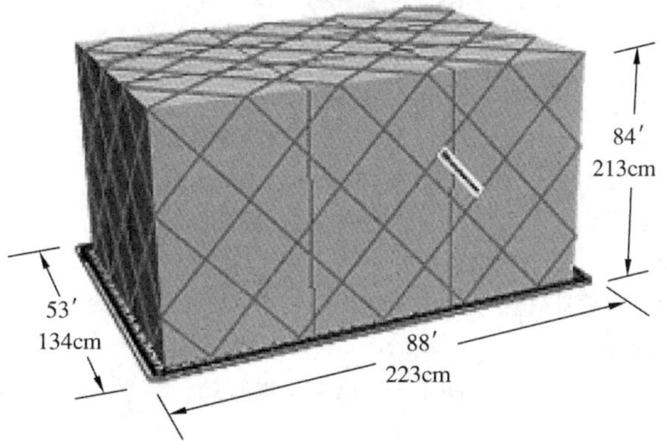

集装板类型：	PEB Pallet
集装板尺寸：	Base ：53′×88′ Height：84′
集装板重量：	55 kg
集装板最高可容重量(包括集装板重量)：	1 800 kg (B-HIH - 1 300 kg)
集装板适载机型：	747F

图 5-6 PEB 集装板

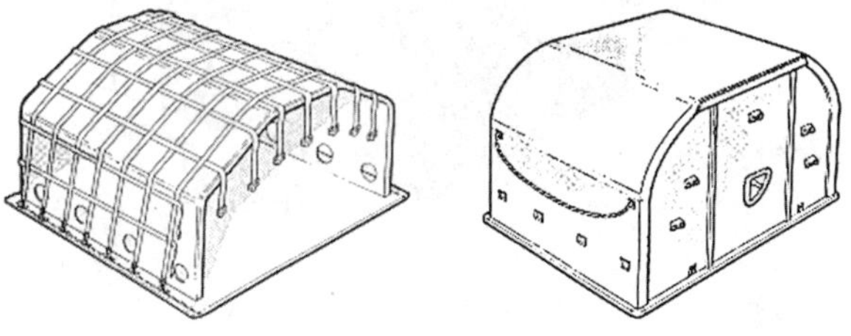

图 5-7 集装棚

2. 结构式与非结构式集装棚(Igloo)

集装棚分结构式和非结构式两种(图 5-7)。非结构式集装棚的前面敞开、无底，由玻璃纤维、金属及其他适合的材料制成坚硬的外壳，这个外壳与飞机的集装板和网套一起使用。

结构式集装棚的外壳与集装板固定成一体，不需要网套固定货物。

3. 集装箱(Container)

集装箱类似于结构集装棚，它又可分为：

(1) 空陆联运集装箱：空陆联运集装箱分为 20ft 或 40ft，高和宽为 8ft，这种集装箱只能装于全货机或客机的主货舱，主要用于陆空、海空联运。

(2) 主货舱集装箱：主货舱集装箱只能装于全货机或客机的主货舱，这种集装箱的高度是 163cm 以上。

(3) 下货舱集装箱：下货舱集装箱只能装于宽体飞机的下货舱。

常见的飞机集装箱及其相应的参数如图 5-8 和图 5-9 所示。

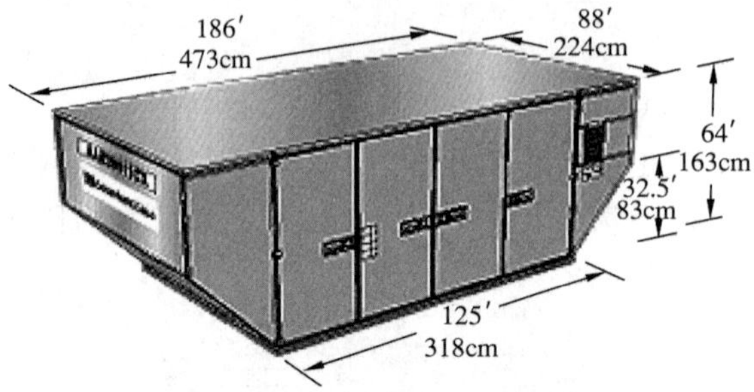

集装箱类型：	AAU
ATA 代码：	LD29
集装箱容量：	505 cu. ft. , 14.3 mc
集装箱重量：	355 kg
集装箱最高可容重量(包括集装箱重量)：	4 626 kg
集装箱适载机型：	747,747F

图 5-8　AAU 集装箱

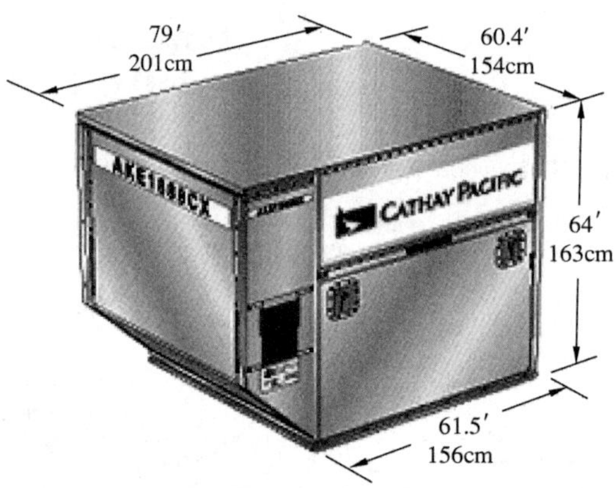

集装箱类型：	AKE
ATA 代码：	LD3
集装箱容量：	152 cu. ft, 4.3mc
集装箱重量：	100 kg
集装箱最高可容重量(包括集装箱重量)：	1 588 kg
集装箱适载机型：	747, 747F, 777, Airbus

图 5-9　AKE 集装箱

此外，还有一些特殊用途的集装箱，例如：保温箱，它是利用绝缘材料制成的箱体，通过封闭等方法控制箱内的温度，以便装载特种货物，分为密封保温主箱和动力控制保温箱两种。除此之外，还有用于运载活体动物和特种货物的专用集装器，如马厩(Horse Stall)、牛栏(Cattle Stall)、汽车运输设备(Automobile Transport Equipment)。

二、集装器代号的组成

在集装器的面板和集装器的四周，常会看到诸如：PAP5001FM、PAP2233CA 等代号，这些代号是考虑到集装器的类型、尺寸、外形、与飞机的匹配、是否注册等几方面因素形成的，由以下几部分组成：

(1) 第 1 位：字母，表示集装器的类型。

A：Certified Aircraft Container 注册的飞机集装器

B：Non-certified Aircraft Container 非注册的飞机集装器

F：Non-certified Aircraft Pallet 非注册的飞机集装板

G：Non-certified Aircraft Pallet Net 非注册集装板网套

J：Thermal Non-structured Igloo 保温的非结构式集装棚

M：Thermal Non-certified Aircraft Container 保温的非注册的飞机集装箱

N：Certified Aircraft Pallet Net 注册的飞机集装板网套

P：Certified Aircraft Pallet 注册的飞机集装板

R：Thermal Certified Aircraft Container 注册的飞机保温箱

U：Non-structural Igloo 非结构式集装棚

H：Horse Stall 马厩

V：Automobile Transport Equipment 汽车运输设备

X，Y，Z：Reserved for Airline Use Only 供航空公司内部使用

(2) 第 2 位：字母，表示集装器的底板尺寸。

A	224cm×318cm	88in×125in	P1 板
B	224cm×274cm	88in×108in	P2 板
G	244cm×606cm	96in×238.5in	P7 板
M	244cm×318cm	96in×125in	P6 板
E	224cm×135cm	88in×53in	
K	153cm×156cm	60.4in×61.5in	
L	153cm×318cm	60.4in×125in	

(3)第 3 位：字母，表示集装器的外形或适配性，可查手册 IATA ULD TECHNICAL MANUAL 以获取相关信息。

E：适用于 B747、TC310、DC10、L1011 下货舱无叉眼装置的半型集装箱

N：适用于 B747、TC310、DC10、L1011 下货舱有叉眼装置的半型集装箱

P：适用于 B747COMB 上舱及 B747、DC10、L1011、TC310 下舱的集装板

A：适用于 B747F 上舱集装箱

(4) 第 4—7 位：数字，表示集装器的序号。

(5) 第 8—9 位：字母，表示集装器的所有人或注册人，通常是航空公司的二字代码。

三、集装器的限制

(一) 最大承重限制

集装器允许装载的货物重量受到集装器最大承重的限制。超过这一限制的货物不但会损

坏集装器的结构,还有可能对机身造成损坏。

P1 板	224cm×318cm	88in×125in	6804kg
P2 板	224cm×274cm	88in×108in	4536kg
P6 板	244cm×318cm	96in×125in	6804kg
P7 板	244cm×606cm	96in×238.5in	11340kg

(二) 体积/尺寸限制

集装箱内部所装货物受到体积限制是不言而喻的。重点考虑集装板体积限制。集装板上所装货物的形状要与飞机的货舱内部形状相适应,且应能从货舱门装入。集装板可装货物的高度,随飞机机型的主货舱或下舱的位置布局而定。例如:P1 板可装高度 164cm/244cm/299cm;P6 板可装高度 164cm/244cm/299cm;P7 板可装高度 244cm。

(三) 货物品名的限制

某些特殊货物装载集装器是受到限制的,如危险品、活动物、贵重货物、尸体等。

此外,还有集装器底板承重等限制。

四、集装货物的基本原则

集装货物时,应注意遵循以下基本原则:

(1) 检查所有待装货物,根据货物的卸机站、重量、体积、包装材料以及货物运输要求设计货物组装方案。

(2) 一般情况下,大货、重货装在集装板上;体积较小、重量较轻的货物装在集装箱内。组装时,体积或重量较大的货物放在下面,并尽量向集装器中央集中码放;小件和轻货放在中间;危险物品或形状特异可能危害飞机安全的货物,应将其固定,可用填充物将集装器塞满或使用绳、带捆绑,以防损坏设备、飞机,造成事故。合理码放货物,做到大不压小、重不压轻、木箱或铁箱不压纸箱。同一卸机站的货物应装在同一集装器上。一票货物应尽可能集中装在一个集装器上,避免分散装在多个集装器上。

(3) 在集装箱内的货物应码放紧凑,间隙越小越好。

(4) 如果集装箱内没有装满货物,即所装货物的体积不超过集装箱容积的三分之二,或单件货物重量超过 150kg 时,就要对货物进行捆绑固定。最好用标准的绳具将货物固定在集装箱的卡锁轨里。

(5) 特别重的货物放在下层,底部为金属的货物和底部面积较小重量较大的货物必须使用垫板,以防金属货物损坏集装板,同时可以分散货物对集装器底板的压力,保证集装器能够平稳顺利地装入飞机。

(6) 装在集装板上的货物要码放整齐,上下层货物之间要相互交错,骑缝码放,避免货物与货物坍塌、滑落。

(7) 装在集装板上的小件货物,要装在其他货物的中间或适当地予以固定,防止其从网套及网眼中滑落。一块集装板上装载两件或两件以上的大货时,货物之间应尽量紧邻码放,减少货物之间的空隙。

(8) 一般情况下不组装低探板货物。确因货物多,需充分利用舱位,且货物包装适合装低探板时,允许装低探板。但是,装低探板货物要按照标准码放,码放货物要合理牢固,网套要挂紧，必要时要用尼龙带捆绑，保证集装货物在运输过程中不发生散落或倾斜。

本章小结

本章首先介绍了国际航运飞机的营运方式和特点，阐述了航空区划和时差的有关知识，接下来介绍了民用航空运输飞机的种类、舱位结构和装载限制，以及航空运输线路的分类、主要航线和市场准入，最后对航空集装器的种类、代号、使用限制以及集装货物的基本原则进行了说明。通过本章的学习，读者应该对国际航空货物运输的这些基础知识有一个大概的了解。

思考与练习

一、单项选择题（从下列每题给出的四个选项中，选择一个符合题目要求的选项）

1. 在航空货物运输中，某集装器代号为PAP2334CA，其中第二个字母“A”表示是（　　）。

A. 集装器的底板尺寸

B. 集装器的种类

C. 集装器的所有人

D. 集装器的外形以及与飞机的适配性

2. 下列（　　）不符合航空集装货物的基本原则。

A. 底部为金属的特重货物需使用垫板

B. 在集装箱内的货物应码放紧凑，间隙越小越好

C. 一般情况下可以组装低探板货物

D. 一票货物应尽可能集中装在一个集装器上

3. 法国戴高乐机场的三字代码是（　　）。

A. CDG　　B. KIX

C. JAD　　D. PEK

4. 航空货运中的特殊操作代码PER表示的中文含义是（　　）。

A. 活动物　　B. 易腐货物

C. 食品　　D. 航材

5. 某集装箱代号为AKA1234CZ，该集装箱属于（　　）。

A. 南方航空公司　　B. 东方航空公司

C. 国际航空公司　　D. 海南航空公司

二、多项选择题（从下列每题给出的五个选项中，选择一个或多个符合题目要求的选项）

1. 下列城市属于IATA三个航空运输业务区中的TC3区的有（　　）。

A. 伦敦　　B. 开罗　　C. 大阪

D. 釜山　　E. 上海

2. 相对于其他交通运输方式，以下属于航空货运的优势有（　　）。

A. 快速　　B. 破损率低　　C. 载重少

D. 运价高　　E. 易受天气影响

3. 在国际航空运输中，某货运代理人从不同货主处接收了下列货物，其中可以拼装成一

票货进行运输的货物是(　　)。

A. 工业钻石　　B. 普通电器元件　　C. 运动鞋

D. 大使馆的邮件　　E. 危险物品

4. 国际航空集装器代号通常由前面3个字母、中间4位数字和后面2个字母组成。有关它们的说明正确表述的是(　　)。

A. 前3个字母依次表示集装器的类型、底板尺寸、外形或适配性

B. 中间4位数字表示集装器的序号

C. 最后2个字母表示集装器所属的所有人、注册人

D. 最后2个字母表示集装器的生产方

E. 前3个字母依次表示集装器的类型、外形或适配性、底板尺寸

三、判断题(判断下列各题的表述是否正确,正确的打"√",错误的打"×")

1. 国际航空运输协会(IATA)的目标主要是调解有关商业飞行上的一些法律问题,简化和加速国际航线的客货运输。(　　)

2. 集装箱是航空货运中唯一的集装设备。(　　)

3. 上舱载客,下舱载货的飞机称为客货混用机。(　　)

4. 按照我国的有关规定,国际货运代理企业从事航空运输销售代理活动,应当取得中国航空运输协会颁发的资格认可证书。(　　)

5. 航空运输中,大货、重货装在集装箱内,小货、轻货装在集装板上进行运输。(　　)

四、简答题(结合所学知识,回答下列问题)

1. 简述航空飞机的营运方式。

2. 简述航空货物运输的特点。

3. 民用航空飞机的装载限制有哪些?

4. 简述航空集装器的种类。

5. 集装货物的基本原则有哪些?

第六章
国际航空货运代理实务

学习目标

知识要求

- 掌握国际航空出口货运代理业务的主要程序。
- 掌握国际航空进口货运代理业务的主要程序。
- 掌握航空集中托运业务的概念、运作模式和相关文件。
- 了解航空快件与快递业务的定义、特点和分类。
- 了解航空鲜活易腐货物、活动物、危险货物、超大超重货物、贵重货物、作为货物运送的行李的基本概念和运输注意事项。
- 掌握托运书基本概念和主要内容。
- 掌握航空货运单的概念、构成、种类、填开、签发、使用限制、性质和作用。
- 掌握航空货运单的正面内容和背面条款。

技能要求

- 具有准确填制航空托运书和货运单的能力。

开章案例

马航飞机因货物腐蚀报废 中方赔偿6500余万美元

在航空公司不知情的情况下，中国化工建设大连公司(以下简称大连化建)空运一批强腐蚀性化学物品，导致整架飞机腐蚀报废。为此，承运的马来西亚航空公司(以下简称马航)及曼班通用保险公司等5家境外保险公司将大连化建诉至北京市高院，成为历时5年、索赔金额迄今为止北京市最高的民事诉讼案件。2007年12月5日，北京市高院判大连化建赔偿5家境外保险公司6500余万美元。

化学物泄漏毁飞机

2000年2月，大连化建要空运80桶"8-羟基喹啉"的化工产品从北京运至印度马德拉斯，并表示，该化工产品为固体粉末。

同年3月15日，马航公司MH085号航班从北京飞往吉隆坡。当晚，飞机抵达吉隆坡机场。装卸工人进入飞机货舱准备卸货时，发现货物为液体，且已发生大量泄漏。其中5名装卸工因为吸入有害气体，突发晕厥，后经抢救脱离危险。

"我们去取证时，当时在场的人都说闻到了刺鼻的气味。幸亏空乘人员及时疏散乘客，否则后果难以想象。"马航的代理律师说，整架飞机全毁了，只有两个发动机勉强是好的。记者在证据照片中看到，当时飞机弥漫着白色气体，消防员头戴防毒面具抢险。据了解，该架飞机在吉隆坡停留两天，乘客和其他货物改航班。

瞒报货物危险性

事后，马航致函大连化建询问托运货物情况。大连化建回复表示，托运的不是"8-羟基喹啉"，而是80桶草酰氯，并说明草酰氯是无色发烟液体，属酸性腐蚀物品，具有刺鼻气味，并对人体具有侵害力。"草酰氯是种强腐蚀剂，比硫酸的腐蚀性还强，太可怕了。"律师说，之前大连化建说空运的是无危险物品的固体粉末——"8-羟基喹啉"。如果他们说了是草酰氯这样的液体危险物品，马航会加固运送的，当然随之而来的空运费也会比较高。

发生毁机事件后，大连化建致函马航，希望通过海运收回这批草酰氯，但遭到拒绝。之后，马来西亚民航局下令销毁这批"有害物质"草酰氯。

2001年2月28日，法国空中客车工业公司出具了该飞机修理方案及修理成本估算报告，认为飞机修理成本将可能超过8900万美元，而且即使勉强修理好飞机，也得不到飞行安全保障，因此认定飞机已无修理价值。马航公司根据上述报告结论和飞机原始保险合同的有关约定，宣告飞机全损。飞机报废后，曼班通用等保险公司向马航支付了理赔金。

次年3月13日，马航公司和曼班通用保险公司等5家保险公司将大连化建诉至北京市高院，要求对方赔偿6500余万美元及相应利息。他们认为，大连化建瞒报空运物品的危险性是造成飞机损毁的主要原因。其中物流公司等中间环节机构没有尽到检查的义务，因此也应承担相应责任。另外，马航还单独索赔1万余美元因飞机全损所带来的劳务损失。

宣判结果

北京市高院认定大连化建为此次国际航空货物运输事故中的主要责任人，应承担全部责任，因此判决大连化建赔偿曼班通用保险公司等5家境外保险公司6500余万美元并支付相应利息。

宣判后，主审法官表示，该案件涉及多家境外公司，大部分证据需到境外取，因此耗时巨大，仅取证质证就进行了3年。“开庭举证进行了整整3天，证人16个，大多数是专家学者，高院仅支付同声传译费用就高达4万多元人民币。其实大连化建要空运的这80桶草酰氯，不过价值几十万元人民币。”

（来源：中国江苏网　有删改）

讨论：

1. 本案给货主带来的教训是什么？
2. 本案给航空公司带来的教训是什么？

第一节　出口货运代理业务

一、出口销售与代理

作为航空货物运输销售代理人，其销售的产品是航空公司的舱位，只有飞机舱位配载了货物，航空货运才真正具有实质性的内容。因此，承揽货物处于整个航空货物出口运输代理业务程序的核心地位，这项工作的成效直接影响代理公司的发展，是航空货运代理人的一项至关重要的工作。一个业务开展得较强、较好的货运代理公司，一般都有相当数量的销售人员或销售网点从事市场销售工作。

从营销战略角度来说，代理公司要对整个区域经济的发展有充分的了解，了解哪些行业的产品适于空运。从发展趋势进行潜在市场分析，了解城市经济的未来发展规划，该区域会增加哪些高科技企业，这些企业适合于航空运输的产品将在本公司货运量中占有多少份额。本公司目前货运量在该区域占有的百分比，充分分析市场的情况。

从营销员的角度来说，随着知识经济时代的到来，市场一体化和经济全球一体化导致市场竞争愈来愈激烈，适用于市场不断变化的新型的公司管理模式快速涌现。现代企业对于运输的要求十分严格，市场的需求只有通过快速的运输才能实现，从而对于货运代理公司的营销员的素质要求越来越高，而且这种趋势越来越明显。营销员不仅要对本公司的业务流程非常熟悉，知识面要宽广，而且应能在变化的市场面前，迅速地把握住时机。

在具体操作时，需及时向出口单位介绍本公司的业务范围、服务项目、各项收费标准，特别是向出口企业介绍优惠运价，介绍本公司的服务优势等。对于长期出口或出口货量较大的企业，航空货运代理公司一般都与之签订长期的代理协议。

二、出口代理业务流程及操作注意事项

国际航空货物出口运输代理业务流程主要包含以下20个环节：市场销售→委托运输→审核单证→预配舱→预订舱→接受单证→填制货运单→接受货物→标记和标签→配舱→订舱→出口报关→出仓单→提板箱→装板箱→签单→交接发运→航班跟踪→信息服务→费用结算（图6-1）。

（一）市场销售

通过一定的市场营销渠道和方法，航空货运代理公司与出口单位（发货人）就出口货物运输代理相关事宜达成意向后，可以向发货人提供所代理的有关航空公司的“托运书”，用以“委

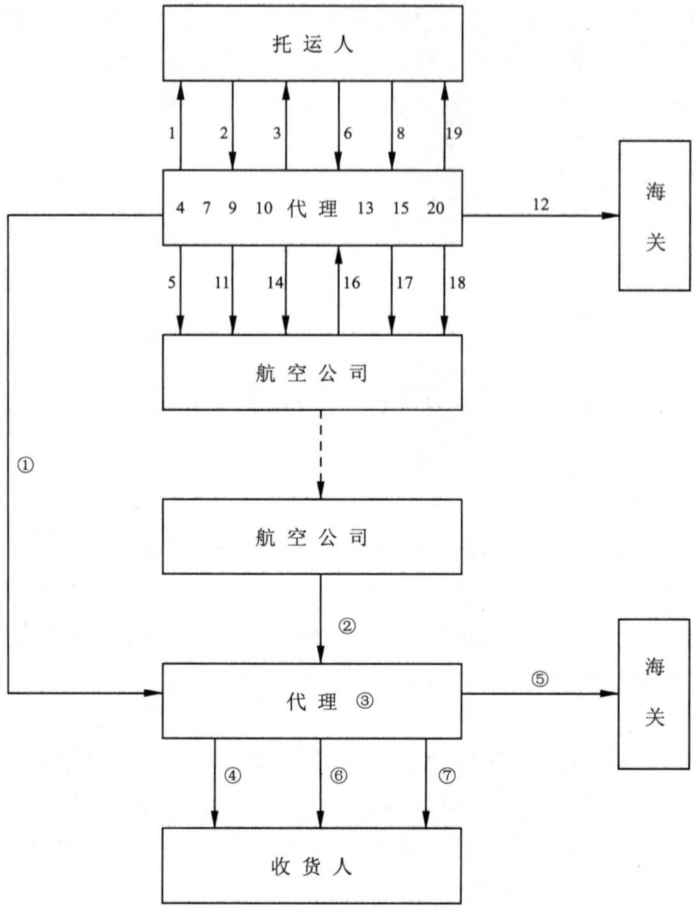

图 6-1　国际航空货物进出口运输代理业务流程

托运输”环节。

(二) 委托运输

发货人发货时,首先需填写托运书,并加盖公章,作为货主委托代理承办航空货运出口货物的依据。航空货运代理公司根据委托书要求办理出口手续,并据以结算费用。因此,“国际货物托运书”是份重要的法律文件。

在接受托运人委托后,单证操作前,货运代理公司的指定人员对托运书进行审核或称之为合同评审。审核的主要内容包括价格和航班日期。目前,各航空公司均采取自由销售方式,每家航空公司、每条航线、每个航班,甚至每个目的港均有优惠运价,这种运价会因货源、淡旺季经常调整,而且各航空公司之间的优惠价也不尽相同。因此,有时候更换航班,运价也随之更换。

货运单上显示的运价虽然与托运书上的运价有联系,但互相之间有很大区别。货运单上显示的是 TACT 上公布的适用运价和费率,托运书上显示的是航空公司优惠价加上杂费和服务费或使用协议价格。托运书的价格审核就是判断其价格是否能被接受,预订航班是否可行。审核人员必须在托运书上签名和写上日期以示确认。

小知识

运价手册

1975 年前，一些航空公司各自出版其运价手册，其中的内容大致相同，但格式却相差甚远。为了减少经济支出，并使运价手册更加具有实用性，国际航协决定共同出版一本通用的运价手册——TACT(The Air Cargo Tariff)。

TACT 主要分为三个部分：TACT Rules、TACT Rates—North America、TACT Rates—Worldwide。

TACT Rules 每年出版两期，四月、十二月出版。

TACT Rates 每两月出版一期，二月、四月……十二月出版。

TACT Rules 规则手册，内容非常全面，包含了 IATA 在国际运输中所有规则，主要有：General Information，Acceptance for Carriage，Transportation Charges，Payment Rates and Charges and Currency Conversion，The Air Waybill，Information by Countries，Carrier's Special Regulations 等。

TACT Rates—North America 北美运价手册，包含了从北美出发或到北美的运价，主要有：Special Rates，Descriptions，Notes，Rates，Construction Rates，Domestic/Transborder Rates 等。

TACT Rates—Worldwide 世界(除北美)运价手册，包含了除北美的全世界的运价，主要有：Special Rates，Descriptions，Notes，Rates，Construction Rates 等。

(三) 审核单证

所需要审核的单证根据贸易方式、信用证要求等有所不同，主要包括以下单证：

(1) 发票、装箱单：发票上一定要加盖公司公章(业务科室、部门章无效)，标明价格术语和货价(包括无价样品的发票)。

(2) 托运书：一定要注明目的港名称或目的港所在城市名称，明确运费预付或运费到付、货物毛重、收发货人、电话/电传/传真号码。托运人签字处一定要有托运人签名。

(3) 报关单：注明经营单位注册号、贸易性质、收汇方式，并要求在申报单位处加盖公章。

(4) 外汇核销单：在出口单位备注栏内，一定要加盖公司章。

(5) 许可证：合同号、出口口岸、贸易国别、有效期，一定要符合要求与其他单据相符。

(6) 商检证：商检证、商检放行单、盖有商检放行章的报关单均可。商检证上应有海关放行联字样。

(7) 进料/来料加工核销本：注意本上的合同号是否与发票相符。

(8) 索赔/返修协议：要求提供正本，要求合同双方盖章，外方没章时，可以签字。

(9) 到付保函：凡到付运费的货物，发货人都应提供。

(10) 关封。

(四) 预配舱

代理人汇总所接受的委托和客户的预报，并输入电脑，计算出各航线的件数、重量、体积，按照客户的要求和货物重、泡情况，根据各航空公司不同机型对不同板箱的重量和高度要求，制定预配舱方案，并对每票货配上运单号。

(五) 预订舱

代理人根据所指定的预配舱方案,按航班、日期打印出总运单号、件数、重量、体积,向航空公司预订舱。这一环节称之为预订舱,是因为此时货物可能还没有入仓库,预报和实际的件数、重量、体积等都会有差别,这些留待配舱时再作调整。

(六) 接受单证

接受托运人或其代理人送交的已经审核确认的托运书及报关单证和收货凭证。将电脑中的收货记录与收货凭证核对。制作操作交接单,填上所收到的各种报关单证份数,给每份交接单配一份总运单或分运单。将制作好的交接单、配好的总运单或分运单、报关单证移交制单。如此时货未到或未全到,可以按照托运书上的数据填入交接单并注明,货物到齐后再修改。

(七) 填制货运单

填制航空货运单,是指依据发货人提供的国际货物托运书,逐项填制航空货运单的相应栏目。填制航空货运单是空运出口业务中最重要的环节,货运单填写的准确与否直接关系到货物能否及时、准确地运达目的地。航空货运单是发货人收结汇的主要有效凭证。因此,运单的填写必须详细、准确,严格符合单货一致、单单一致的要求。

填制货运单,包括主运单和分运单两种。所托运货物,如果是直接发给国外收货人的单票托运货物,填开航空公司运单即可。如果货物属于以国外代理人为收货人的集中托运货物,必须先为每票货物填开航空货运代理公司的分运单;然后再填开航空公司的主运单,以便国外代理对总运单下的各票货物进行分拨。

最后制作《空运出口业务日报表》供制作标签用。

(八) 接受货物

接受货物,是指航空货运代理公司把即将发运的货物从发货人手中接过来并运送到自己的仓库。

接受货物一般与接单同时进行。对于通过空运或铁路从内地运往出境地的出口货物,货运代理按照发货人提供的运单号、航班号及接货地点接货日期,代其提取货物。如货物已在始发地办理了出口海关手续,发货人应同时提供始发地海关的关封。

接货时应对货物进行过磅和丈量,并根据发票、装箱单或送货单清点货物,核对货物的数量、品名、合同号或唛头等是否与货运单上所列一致。同时,检查货物的外包装是否符合运输的要求:

1. 基本要求

(1) 托运人提供的货物包装要求坚固、完好、轻便,应能保证在正常的运输情况下,货物可完好运达目的站,同时也不损坏其他货物和设备。

(2) 为了不使密封舱飞机的空调系统堵塞,不得用带有碎屑、草末等材料做包装,如草袋、草绳、粗麻包等。包装的内衬物,如谷糠、锯末、纸屑等不得外漏。

(3) 包装外部不能有突出的棱角,也不能有钉、钩、刺等。包装外部需清洁、干燥、没有异味和油腻。

(4) 托运人应在每件货物的包装上详细写明收货人、另请通知人和托运人的姓名和地址。如包装表面不能书写时,可写在纸板、木牌或布条上,再拴挂在货物上,填写时字迹必须清楚、明晰。

(5) 包装窗口的材料要良好，不得用腐朽、虫蛀、锈蚀的材料。无论木箱或其他容器，为了安全，必要时可用塑料、铁箍加固。

(6) 如果包装件有轻微破损，填写货运单应在"Handing Information"标注详细情况。

2. 对包装材料的具体要求

通用的包装材料有木箱、结实的纸箱(塑料打包带加固)、皮箱、金属或塑料桶等。

(1) 液体类货物

不论瓶装、罐装或桶装，容器内至少有5%～10%的空隙，封盖严密，容器不得渗漏；用陶瓷、玻璃容器盛装的液体，每一容器的容量不得超过500ml，并需外加木箱包装，箱内装有内衬物和吸湿材料，内衬物要填牢实，以防内装容器碰撞破碎；用陶瓷、玻璃容器盛装的液体货物，外包装上应加贴"易碎物品"标贴。

(2) 易碎物品

每件重量不超过25kg；用木箱包装；用内衬物填塞牢实；包装上应贴"易碎物品"标签。

(3) 精密仪器和电子管

多层次包装，内衬物要有一定的弹性，但不得使货物移动位置和互相碰撞摩擦；悬吊式包装，用弹簧悬用在木箱内，适于电子管运输；加大包装底盘，不使货物倾倒；包装上应加贴"易碎物品"和"不可倒置"标贴。

(4) 裸装货物

不怕碰压的货物如轮胎等，可以不用包装。但不易点数或容易碰坏飞机的仍须妥善包装。

(5) 木制包装

木制包装或垫板表面应清洁、光滑、不携带任何种类植物害虫；有些国家要求"Handing Information"栏中注明"The solid wood materials are totally free from bark and apparently free from live plant pests"，并随附熏蒸证明。

(6) 混运货物

一票货物中包含有不同物品称为混运货物。这些物品可装在一起，也可以分别包装，但不得包含下列物品：贵重货物、动物、尸体、骨灰、外交信袋、作为货物运送的行李等。

(九)标记和标签

1. 标记

在货物外包装上由托运人书写的有关事项和记号，其内容主要是：托运人与收货人的姓名、地址、联系电话、传真；合同号等；运输注意事项(例如，不要曝晒Don't Expose to Excessive Sunlight、防潮Keep Dry、小心轻放Handle With Care等)；单件超过150 kg的货物。

2. 标签

(1) 从标签的作用来划分

① 识别标签(说明货物的货运单号码、件数、重量、始发站、目的站、中转站的一种运输标志，分为挂签、贴签两种)；②特种货物标签(说明特种货物性质的各类识别标志，分为活动物标签、危险品标签和鲜活易腐物品标签三种)；③操作标签(说明货物储运注意事项的各类标志)。

(2) 按标签的类别来划分

① 航空公司标签。它是航空公司对其所承运货物的标识，各航空公司的标签虽然在格式、颜色上有所不同，但内容基本相同。标签上前三位阿拉伯数字代表所承运航空公司的代号，后八位数字是总运单号码。

② 分标签。它是货运代理公司对出具分标签货物的标识。凡出具分运单的货物都要制作分标签,填制分运单号码和货物到达城市或机场的三字代码。

一件货物贴一张航空公司标签;有分运单的货物,每件再贴一张分标签。

(十) 配舱

配舱时,需运出的货物都已入库。这时需要核对货物的实际件数、重量、体积与托运书上预报数量的差别。对预订舱位、板箱的有效领用、合理搭配,按照各航班机型、板箱型号、高度、数量进行配载。同时,对于货物晚到、未到情况以及未能顺利通关放行的货物做出调整处理,为制作出仓单做准备。实际上,这一过程一直延续到单、货交接给航空公司后才完毕。

(十一) 订舱

订舱,就是将所接收空运货物向航空公司申请并预订舱位。

货物订舱需根据发货人的要求和货物标识的特点而定。一般来说,大宗货物、紧急物资、鲜活易腐物品、危险品、贵重物品等,必须预订舱位。非紧急的零散货物,可以不预订舱位。

订舱的具体做法和基本步骤是:接到发货人的发货预报后,向航空公司吨控部门领取并填写订舱单(Cargo Booking Advance,CBA),同时提供货物的名称、体积(必要时提供单件尺寸)、重量、件数、目的地、要求出运的时间、其他运输要求(温度、装卸要求、货物到达目的地时限等)等相应的信息。订舱后,航空公司签发舱位确认书,同时给予装货集装器领取凭证,以表示舱位订妥。

航空公司根据实际情况安排航班和舱位,一般来说,航空公司舱位销售的原则是:①保证有固定舱位配额的货物;②保证邮件、快件舱位;③优先预订运价较高的货物舱位;④保留一定的零散货物舱位;⑤未订舱的货物按交运时间的先后顺序安排舱位。

预订的舱位有时会由于货物原因、单证原因、海关原因使得最终舱位不够或者空舱,应综合考虑并结合预见性经验,尽量减少此类事情发生,并且在事情发生后作及时必要的调整和补救措施。

(十二) 出口报关

出口报关,是指发货人或其代理人在货物发运前,向出境地海关办理货物出口手续的过程。

出口报关的基本程序是:首先将发货人提供的出口货物报关单的各项内容输入电脑,即电脑预录入;在通过电脑填制的报关单上加盖报关单位的报关专用章;然后将报关单与有关的发票、装箱单和货运单综合在一起,并根据需要随附有关的证明文件;以上报关单证齐全后,由持有报关证的报关员正式向海关申报;海关审核无误后,即在用于发运的运单正本上加盖放行章,同时在出口收汇核销单和出口报关单上加盖放行章,在发货人用于产品退税的单证上加盖验讫章,粘上防伪标志;完成出口报关手续。

出运修理件、更换件时,需留取海关报关单,以备以后进口报关用。

出口货物根据动卫检部门的规定和货物种类,还会填制相应的动、卫签单。非动植物及其制品类,要求填制《卫检申报单》,加盖卫检放行章。动植物类货物除《卫检申报单》外,还需《动植检报验单》并加盖放行章。

化工类产品须到指定地点检验证明是否适合空运,不同的出口货物亦有各种规定和限制。

(十三) 出仓单

配舱方案制订后就可着手编制出仓单,主要内容有出仓单的日期、承运航班的日期、装载板箱形式及数量、货物进仓顺序编号、总运单号、件数、重量、体积、目的地三字代码和备注等。

出仓单交给出口仓库,用于出库计划,出库时点数并向装板箱交接。出仓单交给装板箱环节用于向出口仓库提货的依据。出仓单交给货物的交接环节用于从装板箱环节收货凭证和制作《国际货物交接清单》的依据,该清单用于向航空公司交接货物。出仓单还可用于外拼箱。出仓单交给报关环节,当报关有问题时,可有针对性反馈,以采取相应措施。

(十四) 提板箱

订妥舱位后,航空公司吨控部门将根据货量出具发放"航空集装箱、板"凭证,货运代理公司凭此向航空公司箱板管理部门领取与订舱货量相应的集装板、集装箱并办理相应的手续。

提板、箱时,应领取相应的塑料薄膜和网。对所使用的板、箱要登记、销号。

(十五) 装板箱

除特殊情况外,航空货运均是以"集装箱""集装板"形式装运。

通常,航空货运代理公司将体积为 $2m^3$ 以下货物作为小货交与航空公司拼装;大于 $2m^3$ 的大宗货或集中托运拼装货,一般均由货运代理自己装板装箱。

大宗货物、集中托运货物可以在货运代理公司自己的仓库、场地、货棚装板、装箱,亦可在航空公司指定的场地装板、装箱。装板、装箱时要注意以下几点:

(1) 不要用错集装板、集装箱,不要用错板型、箱型。每个航空公司为了加强本航空公司的板、箱管理,都不许可本公司的板、箱为其他航空公司的航班所用;不同公司的航空集装板、集装箱因型号、尺寸有异,如果用错会出现装不上飞机的情况。

(2) 不要超装箱板尺寸。一定型号的板、箱用于一定型号的飞机,板、箱外有具体尺寸规定,一旦超装板、箱尺寸,就无法装上飞机。因此,装板、装箱时,要注意货物的尺寸,既不超装,又要在规定的范围内用足板、箱的可用体积。

(3) 货物要垫衬,封盖好塑料纸,防潮、防雨淋。

(4) 集装板、箱内货物尽可能配装整齐,结构稳定,并系紧网索,防止运输途中倒塌。

(5) 对于大宗货物、集中托运货物,尽可能将整票货物装一个或几个板、箱内运输。已装妥整个板、箱后剩余的货物尽可能拼装在同一板、箱上,防止散乱、遗失。

(十六) 签单

货运单在盖好海关放行章后还需到航空公司签单。主要是审核运价使用是否正确以及货物的性质是否适合空运,例如危险品等是否已办了相应的证明和手续。航空公司的地面代理规定,只有签单确认后才允许将单、货交给航空公司。

(十七) 交接发运

交接是向航空公司交单、交货,由航空公司安排航空运输。

交单就是将随机单据和应由承运人留存的单据交给航空公司。随机单据包括第二联航空运单正本、发票、装箱单、产地证明、品质鉴定书等。

交货即把与单据相符的货物交给航空公司。交货之前必须粘贴或拴挂货物标签,清点和核对货物,填制货物交接清单。大宗货、集中托运货,以整板、整箱称重交接。零散小货按票称重、计件交接。航空公司审单验货后,在交接签单上验收,将货物存入出口仓库,单据交吨控部门,以备配舱。

(十八) 航班跟踪

单、货交接给航空公司后,航空公司会因种种原因,例如航班取消、延误、溢载、故障、改机型、错运、倒垛或装板不符规定等,而使得货物未能按预定时间运出。因此,货主或其代理从单、货交给航空公司后就需对航班、货物进行跟踪。对于需要联程中转的货物,在货物出运后,要求航空公司提供二、三程航班中转信息。有些货物事先已预订了二、三程,也还需要确认中转情况。有时需直接发传真或电话与航空公司的海外办事处联系货物中转情况。

(十九) 信息服务

物流和信息流是密不可分的,二者是同步进行的。在出口货运操作的整个过程中,航空货运代理公司应将订舱信息、审单及报关信息、仓库收货信息、交运称重信息、一程及二程航班信息、集中托运信息以及单证信息等及时地传递给货主,做好沟通和协调工作。

(二十) 费用结算

在出口货运操作中,货运代理公司要同发货人、承运人和国外代理人等三方面进行费用结算。货代与发货人结算费用主要是付运费、地面运输费和各种服务费、手续费;与承运人结算费用主要是航空运费、代理费及代理佣金;与国外代理人结算主要涉及付运费和利润分成。

到付运费实际上是发货方的航空货运代理为收货人垫付的,因此,收货方的航空货运代理公司在将货物移交收货人时,应收回到付运费并将有关款项退还发货方的货运代理。同时,发货方的货运代理应将代理佣金的一部分分给其收货地的货运代理。

由于航空货运代理公司之间存在长期的互为代理协议,因此,与国外代理的费用结算一般不采取“一票一结”的办法,而采取应收应付相互抵消、在一定期限内以清单冲账的办法。

第二节　进口货运代理业务

进口货运代理业务是指对于货物从入境到提取或转运整个流程的各个环节所需办理的手续及准备相关单证的全过程。

一、进口销售与代理

航空货运代理公司应努力构建自己的代理服务网络,根据自己的业务种类、规模大小、资金实力、营销目标等情况决定设立海外公司或是利用海外代理来完成货物在进口国的有关手续。

作为进口货运代理公司,应通过多种途径与出口国货代建立业务关系,争取成为其在进口国的长期代理。

二、进口代理业务流程及操作注意事项

(一) 代理预报

在出口国发货之前,由始发地代理公司将运单、航班、件数、重量、品名、实际收货人及其地址、联系电话等内容通过传真或 E-mail 发给目的地代理公司,这一过程被称为预报。

进口国代理收到预报后,应及时做好接货前的所有准备工作,同时特别注意:①对于中转航班,中转点航班的延误会使实际到达时间和预报时间出现差异;②对于分批货物,从国外一次性运来的货物在国内中转时,由于国内载量的限制,往往采用分批的方式运输。

(二)交接单、货

航空货物入境时,与货物相关的单据(运单、发票、装箱单等)也随机到达,运输工具及货物处于海关监管之下。

货物卸下后,将货物存入航空公司或机场的监管仓库,进行进口货物舱单录入,将舱单上总运单号、收货人、始发站、目的站、件数、重量、货物品名、航班号等信息通过电脑传输给海关留存,供报关用。

同时,根据运单上的收货人及地址寄发取单、提货通知。若运单上收货人或通知人为某航空货运代理公司,则把运输单据及与之相关的货物交给该航空货运代理公司。

航空公司的地面代理向货运代理公司交接的主要有:国际货物交接清单、总运单、随机文件、货物。双方交接时要做到:"单、单核对",即交接清单与总运单核对;"单、货核对",即交接清单与货物核对。

另外,还需注意分批货物,做好空运进口分批货物登记表。

航空货运代理公司在与航空公司办理交接手续时,应根据运单及交接清单核对实际货物,若存在有单无货或有货无单的情况,均应在交接清单上注明,以便航空公司组织查询并通知入境地海关。

发现货物短缺、破损或其他异常情况,应向民航索要商务事故记录,作为实际收货人交涉索赔事宜的依据。

(三)理货与仓储

货运代理公司自航空公司接货后,即短途驳运进自己的监管仓库,组织理货及仓储。

1. 理货的主要内容

(1) 逐一核对每票件数,再次检查货物破损情况,遇有异常,确属接货时未发现的问题,可向航空公司提出交涉。

(2) 区分大货/小货、重货/轻货、单票货/混载货、危险品/贵重品、冷冻品/冷藏品等不同情况,分别进仓、堆存。堆存时要注意货物箭头朝向,总运单、分运单标志朝向,注意"大不压小,重不压轻"。

(3) 登记每票货储存区号,并输入计算机系统。

2. 仓储注意事项

鉴于航空进口货物的贵重性、特殊性,其仓储要求较高,须注意以下几点:

(1) 防雨淋、防受潮。货物不能置于露天,不能无垫托置于地上。

(2) 防重压。纸箱、木箱均有叠高限制;纸箱受压变形,会危及箱中货物安全。

(3) 防升温变质。生物制剂、化学试剂、针剂药品等特殊物品有储存温度要求,要防止阳光暴晒。一般情况下:冷冻品置于−20℃~−15℃冷冻库(俗称低温库),冷藏品置放于2℃~8℃冷藏库。

(4) 防危险品危及人员及其他货品安全。空运进口仓库应设独立的危险品库。易燃品、易爆品、毒品、腐蚀品、放射品均应分库安全置放。以上货品一旦出现异常,均须及时通知消防安全部门或卫生检疫部门进行检测和处理,以保证人员及其他物品安全。

(5) 防盗。为防贵重品被盗,贵重品应设专库,由双人制约保管,防止出现被盗事故。

(四) 理单与到货通知

1. 理单

(1) 集中托运,总运单项下拆单

将集中托运进口的每票总运单项下的分运单分理出来,审核与到货情况是否一致,并制成清单输入计算机系统;将集中托运总运单项下的发运清单输入海关计算机系统,以供按分运单分别报关、报验、提货之用。

(2) 分类理单、编号

运单分类的方法有多种,各货运代理公司可根据需要结合多种方法使用:①分航班号理单:便于区分进口方向;②分进口代理理单:便于掌握、反馈信息,做好对代理的对口服务;③分货主理单:重要的经常有大批货物的货主,将其运单分类出来,便于联系客户,制单报关和送货、转运;④分口岸、内地或区域理单:便于联系内地货运代理,便于集中转运;⑤分运费到付、预付理单:便于安全收费;⑥分寄发运单、自取运单客户理单:便于安排邮寄和接待。

分类理单的同时,须将各票总运单、分运单编上各航空货运代理公司自己设定的编号,以便内部操作及客户查询。

(3) 编配各类单证

理单人员应将总运单、分运单与随机单证、国外代理先期寄达的单证(发票装箱单、合同副本、装卸、运送指示等)、国内货主或经营到货单位预先交达的各类单证进行逐单审核、编配。经审核、编配,凡单证齐全、符合报关条件的即转入制单、报关程序。否则,应与货主联系,催齐单证,使之符合报关条件。

2. 到货通知

(1) 发出到货通知的及时性要求

从航空运输的时效出发,同时也为了减少货主仓储费、避免海关滞报金,货物到达目的港后,应尽早、尽快、尽妥地通知货主到货情况,提请货主配齐有关单证,尽快报关。①早:到货后,第一个工作日内就要设法通知货主;②快:尽可能用传真、电话预通知客户,单证需要传递的,尽可能使用特快专递,以缩短传递时间;③妥:一星期内须保证以电函、信函形式第三次通知货主,并应将货主尚未提货情况告知发货人代理。

(2) 到货通知的内容

到货通知应向货主提供到达货物的以下内容:①运单号、分运单号、货运代理公司编号;②件数、重量、体积、品名、发货公司、发货地;③运单、发票上已编注的合同号、随机已有单证数量及尚缺的报关单证;④运费到付数额、货运代理公司地面服务收费标准;⑤货运代理公司及仓库的地址(地理位置图)、电话、传真、联系人;⑥提示货主:海关关于超过 14 天报关收取滞报金及超过 3 个月未报关货物上交海关处理的规定。

(五) 制单、报关

1. 制单、报关、运输的形式

除部分进口货存放民航监管仓库外,大部分进口货物存放于各货代公司自有的监管仓库。由于货主的需求不一,货物进口后的制单、报关、运输一般有以下几种形式:

(1) 货运代理公司代办制单、报关、运输。

(2) 货主自行办理制单、报关、运输。

(3) 货运代理公司代办制单、报关后,货主自办运输。

(4) 货主自行办理制单、报关后,委托货运代理公司运输。

(5) 货主自办制单、委托货运代理公司报关和办理运输。

2. 进口制单

制单指按海关要求,依据运单、发票、装箱单及证明货物合法进口的有关批准文件,制作"进口货物报关单"。

3. 进口报关

进口报关是进口运输中关键的环节。报关程序大致可分为初审、审单、征税、验放四个主要环节。

(六) 收费、发货

1. 收费

货运代理公司仓库在发放货物前,一般先将费用收妥。收费内容有:①到付运费及垫付佣金;②单证、报关费;③仓储费(含冷藏品、冷冻品、危险品、贵重品特殊仓储费);④装卸、铲车费;⑤航空公司到港仓储费;⑥海关预录入、动植检、卫检、报验等代收代付费用;⑦关税及垫付佣金。

除了每次结清提货的货主外,经常性的货主可与货运代理公司签订财务付费协议,实施先提货、后付款、按月结账的付费方法。

2. 发货

办完报关、报验等进口手续后,货主须凭盖有海关放行章、动植物报验章、卫生检疫报验章(进口药品须有药品检验合格章)的进口提货单到所属监管仓库付费提货。

仓库发货时,须检验提货单据上各类报关、报验章是否齐全,并登记提货人的单位、姓名、身份证号,以确保发货安全。

保管员发货时,须再次检查货物外包装情况,遇有破损、短缺,应向货主做出交代。

发货时,应协助货主装车,尤其遇有货物超大超重、件数较多的情况,应指导货主(或提货人)合理安全装车,以提高运输效率,保障运输安全。

(七) 送货与转运

出于多种因素(或考虑便利,或考虑节省费用,或考虑运力所限),许多货主或国外发货人要求将进口到达货由货运代理报关、垫税,提货后运输到直接收货人手中。货运代理公司在代理客户制单、报关、垫税、提货、运输的一揽子服务中,由于工作熟练、衔接紧密、服务到位,因而受到货主的欢迎。

1. 送货上门业务

送货上门业务主要指进口清关后货物直接运送至货主单位,运输工具一般为汽车。

2. 转运业务

转运业务主要指将进口清关后货物转运至内地的货运代理公司,运输工具主要为飞机、汽车、火车等。

办理转运业务,需由内地货运代理公司协助收回相关费用,同时口岸货代公司亦应支付一定比例的代理佣金给内地代理公司。

3. 进口货物转关及监管运输

进口货物转关,是指货物入境后不在进境地海关办理进口报关手续,而运往另一设关地点办理进口海关手续,在办理进口报关手续前,货物一直处于海关监管之下。转关运输亦称监管运输,意谓此运输过程置于海关监管之下。

进口货物办理转关运输必须具备下列条件:①指运地设有海关机构,或虽未设海关机构,但分管海关同意办理转关运输,即收货人所在地必须设有海关机构,或邻近地区设有分管该地区的海关机构;②向海关交验的进境运输单据上列明到达目的地为非首达口岸,需转关运输;③运输工具和货物符合海关监管要求,并具有加封条件和装置;④转关运输的单位必须是经海关核准、认可的航空货运代理公司。

转关货物无论以何种运输方式,无论是将货物监管运输至指运地民航监管仓库、货运代理公司监管仓库或是收货人单位,等货物转关进入指运地海关监管之下,指运地海关应将“转关运输货物准单”回执联填妥,盖章后,寄还给入境地海关核销。货运代理公司再据以核销自己的转关登记簿上的有关项目,以完成整个转关运输程序。

第三节　其他货运代理业务

一、航空集中托运

(一)航空集中托运的概念

由于航空运价随着货物计费重量的增加而逐级递减,货物重量越重,航空货运代理人或集运商就可以从航空公司获取更加优惠的运价。因此,集中发运大批量货物的运营模式成为众多代理人追求的目标,因为这样就能从航空公司获取比其他竞争对手较低的运价。

航空货运市场是一个价格敏感度较强的市场,较低的价格意味着拥有较强的竞争优势,市场销售将会非常得力,会吸引更多的托运人发货,这样一来,运送货物的总量会进一步增大,就能与航空公司谈到更加优惠的运价。这样良性循环,有利于航空货运代理人本身的生存和发展。

如图 6-2 所示,航空集中托运就是指集运商(Consolidator)将多个托运人的货物集中起来作为一票货物交付承运人,用较低的运价运输货物。货物到达目的站,由分拨商(Break Bulk Agent)统一办理海关手续后,再分别将货物交付给不同的收货人。

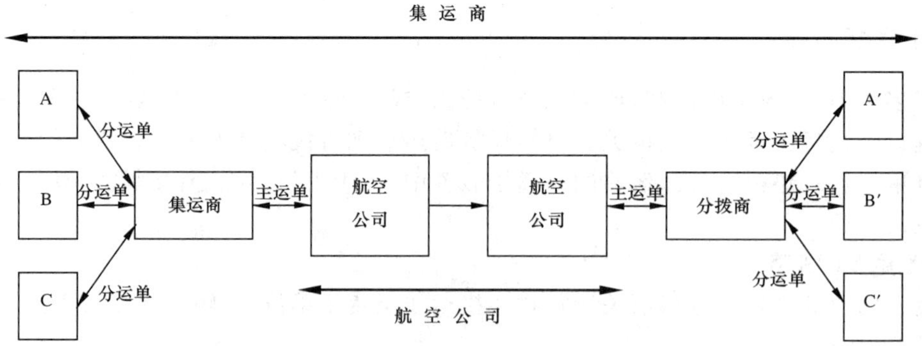

图 6-2　集中托运业务示意图

(二)航空集中托运的文件

1. 航空货运单

在集中托运业务中,涉及两种航空货运单:①托运人和集运商之间使用的,称为分运单(House Air Waybill,HAWB);②集运商和航空公司之间使用的,称为主运单(Master Air Waybill,MAWB)。分运单和主运单的格式,如图 6-3、图 6-4 所示。

Master Air Waybill Number

Shipper's Name and Address	Shipper's Account Number	Not Negotiable Air Waybill (Air Consignment Note) Issued by 中远空运 COSCO INTERNATIONAL AIR FREIGHT
Consignee's Name and Address	Consignee's Account Number	Copies 1,2, and 3 of this Air waybill are originals and have the same validity It is agreed that the goods described herein are accepted in apparent good order and condition (except as noted) for carriage SUBJECT TO THE CONDITIONS OF CONTRACT ON THE REVERSE HEREOF. THE SHIPPER'S ATTENTION IS DRAWN TO THE NOTICE CONCERNING CARRIERS' LIMITATION OF LIABILITY. Shipper may increase such limitation of liability by declaring a higher value for carriage and paying a supplimental charge if required. Notify
Airport of Departure	IATA Code	

to	By first carrier / Routing and Destination	to	by	to	by	Currency	CHGS Code	WT/VAL PPD	WT/VAL COLL	Other PPD	Other COLL	Declared Value for Carriage	Declared Value for Customs

Airport of Destination	Flight/Date	For Carrier Use Only	Flight/Date	Amount of Insurance	INSURANCE: If Carrier offers insurance, and such insurance is requested in accordance with the conditions thereof, indicate amount to be insured in figures in box marked Amount of Insurance.

Handling information

No.of Pieces RCP	Gross Weight	kg lb	Rate Class (Commodity Item No.)	Chargeable Weight	Rate/Charge	Total	Nature and Quantity of Goods (incl. Dimensions or Volume)

Prepaid / Weight Charge / Collect	Other Charges
Valuation Charge	
Tax	Accounting Information
Total Other Charges Due Agent	Shipper certifies that the particulars on the face hereof are correct and that insofar as any part of the consignment contains restricted articles, such part is properly described by name and is in proper condition for carriage by air according to the International Air Transport Association's Restricted Articles Regulations. Signature of Shipper or his Agent
Total Other Charges Due Carrier	
Total Prepaid / Total Collect	Executed on (Date) at (Place) Signature of Issuing Branch
Currency Conversion Rates / CC Charges in Dest. Currency	

图 6-3　分运单(House Air Waybill)

Shipper's Name and Address	Shipper's Account Number	Not Negotiable Air Waybill ISSUED BY 中國東方航空公司 CHINA EASTERN AIRLINES —A MEMBER OF IATA
		Copies 1, 2 and 3 of this Air Waybill are originals and have the same validity.
Consignee's Name and Address	Consignee's Account Number	It is agreed that the goods described herein are accepted for carriage in apparent good order and condition (except as noted) and SUBJECT TO THE CONDITIONS OF CONTRACT ON THE REVERSE HEREOF. ALL GOODS MAY BE CARRIED BY ANY OTHER MEANS INCLUDING ROAD OR ANY OTHER CARRIER UNLESS SPECIFIC CONTRARY INSTRUCTIONS ARE GIVEN HEREON BY THE SHIPPER. THE SHIPPER'S ATTENTION IS DRAWN TO THE NOTICE CONCERNING CARRIER'S LIMITATION OF LIABILITY. Shipper may increase such limitation of liability by declaring a higher value for carriage and paying a supplemental charge if required.
Issuing Carrier's Agent Name and City		Accounting Information
Agent's IATA Code	Account No.	
Airport of Departure (Addr.of First Carrier) and Requested Routing		

To	By First Carrier / Routing and Destination	to	by	to	by	Currency	CHGS Code	WT/VAL (PPD / COLL)	Other (PPD / COLL)	Declared Value for Carriage	Declared Value for Customs

Airport of Destination	Flight/Date	For Carrier Use Only	Flight/Date	Amount of Insurance	INSURANCE — if carrier offers insurance, and such insurance is requested in accordance with the conditions thereof, indicate amount to be insured in figures in box marked "Amount of Insurance".

Handling Information

(For USA only) These commodities licensed by U.S. for ultimate destination .... Diversion contrary to U.S. law is prohibited

No. of Pieces RCP	Gross Weight	kg / lb	Rate Class / Commodity Item No.	Chargeable weight	Rate / Charge	Total	Nature and Quantity of Goods (incl. Dimensions or Volume)

Prepaid	Weight Charge	Collect	Other charges
	Valuation Charge		
	Tax		
	Total Other Charges Due Agent		Shipper certifies that the particulars on the face hereof are correct and that insofar as any part of the consignment contains dangerous goods, such part is properly described by name and is in proper condition for carriage by air according to the applicable Dangerous Goods Regulations.
	Total Other Charges Due Carrier		.... Signature of Shipper or his Agent
Total Prepaid	Total Collect		
Currency Conversion Rates	CC Charges in Dest. Currency		.... Executed on (date) at (place) Signature of Issuing Carrier or its Agent
For Carrier's Use only at Destination	Charges at Destination	Total Collect Charges	

图 6-4　主运单(Master Air Waybill)

一票集中托运货物的所有分运单都要装在结实的信封内附在主运单后，并在货运单“Nature and Quantity of Goods”栏内注明“Consolidation As Per Attached Manifest”。

2. 集中托运货物舱单

由于在主运单中，货物的品名是通过品名栏中注明的“集中托运货物的相关信息附在随带的舱单中”，并没有列出具体的货物品名，因此需要查询如图 6-5 所示的集中托运货物舱单(Consolidation Manifest)，才能了解在这种主运单中有哪些分运单和货物。通过集中托运货物舱单，我们可以看出，主要有各个分运单号以及各个分运单中货物的运送目的地、件数、重量、体积等项目。

ATU CONSOLIDATOR
Langer kornweg　D-6092 Kelsterbach Germany

CONSOLIDATION MANIFEST
MWB：131-12345675

AIRLINE	**: JAPAN AIRLINES**	**FLIGHT：JL678/23**
POINT OF LOADING	**: FRANKFURT**	
POINT OF UNLOADING	**: TOKYO**	**DATE：20 JAN**

HWB NR ACCORDING	DEST	NMUBER OF PACKAGES	NATURE OF GOODS	GROSS WEIGHT		TOTAL CC
77846117	TYO	7	CLOTH	160.5 KG	EUR	1460.74
77846118	TYO	4	AIRCRAFT PART	10.0 KG	EUR	122.95
77847005	FUK	4	MUSICAL INSTRU	235.0 KG	EUR	1838.60
77847123	TYO	1	SPARE PART FOR CUTTING MACH	8.8 KG	EUR	173.40
77847124	TYO	30	PLASTIC SHEETS	360.0 KG	EUR	5953.30
77847125	TYO	1	ADVE MAT	45.0 KG	PREPAID	
77847126	TYO	4	HELICO PART	11.7 KG	EUR	252.30
77847127	OSA	6	SHOES	139.0 KG	EUR	1173.69
77847128	TYO	49	PARTS FOR SHOES	692.0 KG	EUR	5746366
		106		1662.0 KG	EUR	1621.74

图 6-5　集中托运货物舱单

3. 航空集中托运货物的标签

对于集中托运货物，应在每一件货物上贴上识别标签(图 6-6)，在识别标签上要特别注明主单号和分单号。

二、航空快件与快递运输

(一) 航空快递的定义

航空快递(Air Courier)是指具有独立法人资格的企业将进出境货物或物品从发件人(Consignor)所在地通过自身或代理的网络运达收件人(Consignee)一种快速运输方式。采用上述运输方式的进出境货物、物品称为快件。

航空快递的业务性质和运输方式与普通航空货运有较多相近之处，可以视为航空货运的延续或发展。因而，国内许多航空货运代理公司都兼营快件业务，同时也有专门的快件公司从事国际航空快件业务。

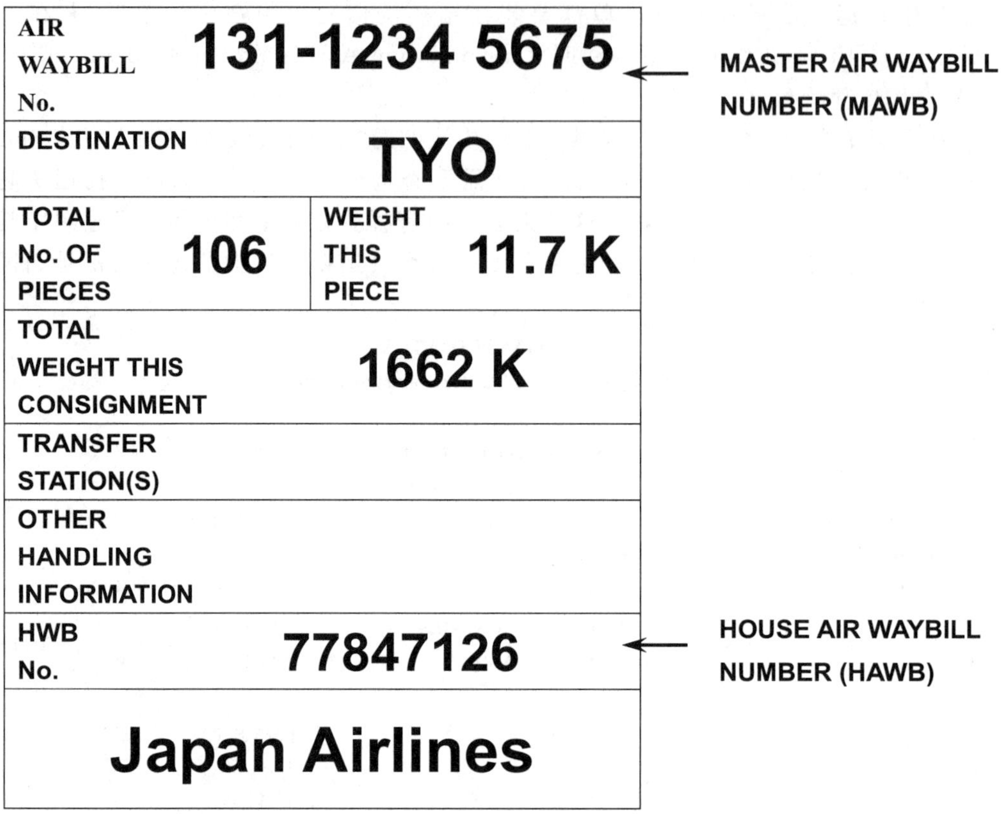

图 6-6　集中托运货物的识别标签

快件货物除了航空公司飞行承运之外，其全程运行必须置于快件公司的操作和控制之下。这样才能提高运送速率，减少差错，为跟踪查询提供了条件，使快件运输较之于普通空运在服务水准上有了质的提高。

（二）航空快递的特点

到目前为止，在全世界形成规模的，即能在 200 个国家和地区以上有网络并能作业的快递公司共有 6 家，即 FedEx、UPS、DHL、TNT、OCS 和依靠万国邮政联盟为基础的各国邮局，即 EMS。

航空快件运输（尤其是包裹运输）与普通航空货物运输相比，其基本程序和需要办理的手续相同，所需的运输单据和报关单证也基本一样，都要向航空公司办理托运；都要与收、发货人及承运人办理单货交接手续；都要提供相应的报关单证向海关办理进、出口报关手续。

但是，航空快运作为一项专门业务而独立存在，亦具有其他运输方式所不能取代的特点。与普通航空货运业务、国际邮政业务相比，航空快运业务具有以下的特点和作用：

1. 快递公司有完善的快递网络

快递是以时间、递送质量区别其他运输方式，它的高效运转只有建立在完善的网络上，才能进行。这种网络要求无论始发地、中转地、到达地都能以服务于网络这个目的进行，同时网络具有相当强的整合能力。

2. 以收运文件和小包裹为主

从收运范围来看，航空快递以收运文件和小包裹为主。

文件以商务文件、资料等无商业价值的印刷品为主，包括银行票据、贸易合同、商务信函、装船单据、小件资料等。小包裹包括机器上的小零件、小件样品、急用备件等。快运公司对收件有最大重量和最大体积的限制。

普通航空货运则以收运进出口贸易货物为主，并且规定每件货物的最小体积不得小于5cm×10cm×20cm，每票货物的最小重量不得小于0.5kg。

邮政业务则以运送私人信函为主要业务范围，要求货物的体积、重量较之航空快件为小。航空快件、普通航空货运、邮政国际业务三者业务范围之间有一定交叉，但又各有自己相对的经营领域和服务范围。

3. 使用特殊单据POD

从运输和报关单来看，航空快运业务中有一种其他运输形式所没有的单据，即"交付凭证"(POD，Proof of Delivery)。POD是航空快运中重要的单据。它由多联组成(各快运公司的POD不尽相同)，一般有发货人联、随货同行联、财务结算联、收货人签收联等，其上印有编号及条形码。POD类似于航空货运中的分运单，但比航空分运单的用途更为广泛。它具有：①商务合同作用；②分运单作用；③服务时效、服务水平记录作用；④配合电脑检测、分类、分拨作用；⑤结算作用。

4. 流程环节全程控制

服务层次来看，航空快运因设有专人负责，减少了内部交接环节，缩短了衔接时间，因而运送速度快于普通航空货运业务和邮递业务，这是快运业务有别于其他运输形式的最本质、最根本的一点。

5. 高度的信息化控制

从服务质量来看，航空快件在整个运输过程中都处于电脑的监控之下，快件每经一个中转港或目的港，电脑都得输入其动态(提货、转运、报关等)，派送员将货送交收货人时，让其在POD上签收(日期、姓名)后，电脑操作员将送货情况输入电脑，这样，信息很快就能反馈到发货方。一旦查询，立时就能得到准确的回复。这种运输方式使收、发货人都感到安全、可靠。

(三) 航空快递的分类

国际快递就是国与国之间的以商业文件和包裹为运送对象的一种快速运送方式。其根据所提供的服务不同，又分为以下三类：

1. 门到门服务(Door to Door)

发件人需要发货时打电话给快递公司，快递公司接到电话后，立即派人到发件人处取件。快递公司将取到的所需发运的快件根据不同的目的地进行分拣、整理、核对、制单、报关。利用最近的航班，通过航空公司(或快递公司自己的班机)将快件运往世界各地。发件地的快递公司用电传、发E-mail或传真等形式将所发运快件有关信息(航空运单及分运单号、件数、重量等内容)通知中转站或目的站的快递公司。快件到达中转站或目的地机场后，由中转站或目的地快递公司负责办理清关手续、提货手续，并将快件及时送交收货人手中，之后将快件派送信息及时反馈到发件地的快递公司。

2. 门到机场服务(Door to Airport)

运输服务只能到达收件人所在城市或附近的机场。快件到达目的地机场后，当地快递公司及时将到货信息通知收件人，收件人可自己办理清关手续，可委托原快递公司或其他代理公司办理清关手续，但需额外缴纳清关代理费用。采用这种运输方式的快件多是价值较高，或是目的地海关当局对货物或物品有特殊规定。

3. 专人派送服务(Courier on Board)

这种方式是指发件地快递公司指派专人携带快件在最短的时间内,采用最便捷的交通方式,将快件送到收件人手里。这种方式一般是在一些比较特殊的情况下,为了确保货物安全、确保交货时间采用的。

比较起来,第一种方式最普遍、最简单方便。在日常业务中如果有什么重要的文件或其他物品要尽快交到客户手中时,只需拨动电话,很快地,快递公司的专业派送人员就会上门取货,随之其他一切发运手续由快递公司办理。这对于发运一般的文件、成交样品等比较适合。第二种方式在时间上优于普通货运形式,同时又简化了发件人的手续,但需要收件人按自己的方式到机场办理清关、提货手续。第三种方式是一种特殊服务,一般很少采用,但用这种方式可以免去普通快件的出关、入关手续。

三、特种货物运输

(一) 鲜活易腐货物

1. 概述

鲜活易腐货物是指在一般运输条件下易于死亡或变质腐烂的货物。

鲜活易腐货物在装卸、储存和运输过程中,由于气温变化和运输延误等因素可能导致其变质或失去原有价值。常见的鲜活易腐货物有:鲜花、植物、水果、蔬菜、新鲜的肉类、海鲜、正在孵化的禽蛋、疫苗和医疗设施等。此类货物一般要求在运输和保管中采取冷藏、保温等特别的措施,以保持其鲜活或不变质。

2. 所需文件

(1) 货运单

货运单品名栏"Nature and Quantity"应注明"Perishable"字样。同时,注明已订妥的各航段航班号/日期。

(2) 其他文件

① 鲜活易腐货物应具有必要的检验合格证明和卫生检疫证明,还应符合有关到达站国家关于此种货物进出口和过境规定;②托运人交运鲜活易腐货物时,应书面提出在运输中需要注意的事项及允许的最长运输时间;③在货运单"Handing Information"栏内应注明其他文件的名称和注意事项,并将装有各种卫生检疫证明的信封钉在货运单后面,随货运单寄出。

3. 标签

除识别标签外,货物的外包装上还应拴挂"鲜活易腐"标签和"向上"标签。

4. 订舱

托运人在交运此类货物之前必须预订所需的舱位。

鲜活易腐货物应安排直达航班。如果一定要有多个航班转运时,必须获得所有参加运输的承运人关于订妥吨位及选择运输路线的确认;否则,不可接受非直达航班运输的鲜活易腐物品。

5. 运输

①承运前必须查阅 TACT Rules 关于各个国家对鲜活易腐货物进出口、转口的运输规定,确认在始发地、中转地、目的地能够提供操作设备;②鲜活易腐货物应优先发运,尽可能利用直

达航班；③收运鲜活易腐货物的数量必须取决于机型以及飞机所能提供的调温设备；④需订妥航班；⑤鲜活易腐货物运达后，应由航空公司或其地面代理立即通知收货人来机场提取；⑥承运前还应查阅 TACT 中有关承运人对鲜活易腐货物的承运规定；⑦如果在周末和节假日无法办理清关手续，应尽量安排货物在工作日到达中转站或目的站。

（二）活动物

1. 概述

IATA 每年出版一期《活动物规则》(Live Animal Regulations，LAR)，其中包括了有关活体动物运输的各项内容，如包装种类、操作和仓储标准等，目的是保证活动物安全到达目的地。收运活动物应以 LAR 为依据，严格遵守各项规定。

2. 所需文件

(1) 活动物证明书(Shipper's Certificate for Live Animals)

托运人每交运一批活动物，应填制活动物证明书一式两份，证明书应由托运人签字，一份交承运人留存，一份和其他证件一起附在货运单上寄往目的站。

填写完活动物证明书，托运人声明活动物健康状况良好，并根据 LAR 中的规定和有关承运人、国家的要求对货物进行了适当的包装，符合空运条件。

(2) 货运单

①货运单的品名栏内必须写明与 LAR 中一致的动物俗名和动物的数量；②注明已订妥的各航段航班号/日期；③所有文件的名称和其他操作要求都应写在"Handing Information"栏中；④活动物不能与其他货物同用一张货运单，即活动物不能与其他货物混运。

(3) 其他文件

①动物卫生检疫证明；②有关国家的进出口许可证；等等。

3. 标签和标记

(1) 托运人必须在活动物的容器上用清晰、持久的字迹详细注明与货运单相一致的收货人的姓名，还应注明有关特殊饲养的方法及应注意的事项。

(2) 装有活动物的容器上应贴有"动物"标签(LIVE ANIMAL)和"不可倒置"标签(THIS SIDE UP)；若所装动物在叮、咬或接触时能放射毒素，应同时贴有"有毒"标签(POISONOUS)；实验用动物专用容器上应贴"实验动物"标签(LABORATORY ANIMALS)。

4. 运输

①必须在订妥全程舱位之后方可收运；②动物运输不办理运费到付；③动物运输应尽量利用直达航班；如无直达航班，应尽量选择中转次数少的航班；④应注意动物运达目的站的日期，尽量避开周末和节假日，以免动物运达后延误交付，造成动物死亡；⑤只有部分机型的下货舱可以通风和控制温度，因此，动物装载在下货舱内运输时，应考虑不同的飞机所提供的运输条件；⑥动物在运输过程中，由于自然原因而发生的病、伤或死亡，承运人不负责任，除非证明由于承运人造成的责任；⑦由于托运人的过失或违反承运人的运输规定，致使动物在运输过程中造成对承运人或第三者的伤害或损失时，托运人应负全部责任；⑧动物在运输途中或到达目的地后死亡(除承运人的责任事故外)所产生的一切处理费用，应由托运人或收货人承担。

(三) 危险物品

1. 概述

凡具有燃烧、爆炸、腐蚀、毒害、放射性等性质，在航空货物的运输、装卸、保管过程中可能危害人身健康、安全或对财产造成损害而需要特别防护的物品或物质称为危险物品(Dangerous Goods)。

某些危险物品，名称上虽看不出，但实际上是。如电器开关，可能含有水银；冷冻的水果、蔬菜，可能含有干冰；玩具，可能是易燃的材料所制。

DGR(Dangerous Goods Regulations，危险物品手册)是根据芝加哥公约附件18和ICAO技术指南的内容而编制的。IATA 组织了一些危险物品运输专家对DGR内容每年进行修改，并于每年1月1日出版。所有的IATA 会员航空公司及其代理人都必须统一使用最新出版的DGR。

小知识

国际民用航空组织的成立背景

国际民用航空组织(International Civil Aviation Organization，ICAO)是各国政府之间组成的国际航空运输机构。1944年12月7日，近50个国家的代表在美国芝加哥举行会议，签署了《国际民用航空公约》，并达成一项临时协议，设想先成立临时国际民用航空组织，作为1947年正式成立的有权威的国际民用航空机构的先驱。1947年5月13日，国际民用航空组织正式成为联合国的一个专门机构，现有161个成员国，总部设在加拿大的蒙特利尔，最高权力机关至少三年举行一次全体成员大会，常设机构是理事会。凡成员国卷入争端而不能协商解决时，可要求理事会作出裁决。其具体任务有：①确保全世界民航事业安全而有秩序地发展壮大；②满足全世界人民从航空事业中获取安全与经济的效用；③鼓励各国为发展国际民航事业的航路、航站及助航设备而努力；④鼓励各国为和平用途改进航空器的使用技术；⑤确保各缔约国的权利获得完全的尊重，并在国际民航方面获得平等的机会；⑥避免各缔约国间的差别待遇；⑦促进国际民用航空器的飞行安全；⑧促进各国和平交换空中通过权；⑨促进各国民航业务的全面发展。

ICAO是负责国际航空运输的技术、航行及法规方面的机构。它所通过的文件具有法律效力，各成员国必须严格遵守。

DGR以运输专用名称的顺序公布了各类危险物品的名称、包装、标签、数量限制等方面的要求。发货人的责任是按照规定给出货物正确的、完整的名称，书面证明，使用正确的包装、标签。代理人的责任是在把货物交给航空公司之前检查所做的一切是否符合标准。只有货物的包装达到安全水平，方可接收此货物。

2. 危险物品的分类

根据所具有的不同危险性，危险物品分为9类，其中有些类别又分为若干项：第1类——爆炸品(Explosives)；第2类——气体(Gas)；第3类——易燃液体(Flammable Liquids - RFG)；第4类——易燃固体、自燃物质和遇水易燃物质(Flammable Solids; Substances Liable to Spontaneous Combustion; Substances which, in Contact with Water, Emit Flammable Gases)；第5类——氧化剂和有机过氧化物(Oxidizing Substances and Organic Peroxide)；第6类——毒性物质和传染性物质(Toxic and Infections Substances)；第7类——放射性物质

(Radioactive Materials);第 8 类——腐蚀性物质(Corrosive — RCM);第 9 类——杂项类(Miscellaneous Dangerous Goods)。

3. 所需的文件

(1) 危险物品申报单(Shipper's Declaration for Dangerous Goods)

①托运人必须填写一式两份的危险物品申报单,签字后一份交始发站留存,另一份随货物运至目的站;②申报单必须有托运人填写、签字并对申报的所有内容负责;③任何代理人都不可替代托运人签字;④填写危险物品申报单,托运人应确认货物已完全准确地给予描述、分类、包装、标识和标图以及货物完全符合运输要求和国际、国内的政府规定。

(2) 货运单

货运单必须按 TACT Rules Section 6.2 中的要求正确填写。同时,在货运单中的"Handing Information"注明有关正确信息。

4. 危险物品的标签与标志

危险物品的运输应同时在每件货物上粘贴危险性标签(指明是哪类危险品)和操作标签(如向上标志或危险物品标签)。此外,还应显示危险物品的运输专用名称、UN 编号、特殊操作要求等内容。

5. 运输原则

(1) 预先检查原则

①危险物品的包装件在组装集装器或装机之前,必须进行认真检查,包装件在完全符合要求的情况下,才可继续进行作业。检查的内容包括:外包装无漏洞、无破损,包装件无气味,无任何漏泄及损坏的迹象。②包装件上的危险性标签和操作标签正确无误、粘贴牢固,包装件的文字标记(包括运输专用名称、UN 或 ID 编号、托运人和收货人的姓名及地址)书写正确,字迹清楚。

(2) 方向性原则

装有液体危险物品的包装件均按要求贴有向上标签"THIS SIDE UP",在搬运、装卸、装集装板或集装箱以及装机的全过程中,必须按该标签的指向使包装件始终保持直立向上。

(3) 轻拿轻放原则

在搬运或装卸危险物品包装件时,无论是采用人工操作还是机械操作,都必须轻拿轻放,切忌磕、碰、摔、撞。

(4) 固定货物、防止滑动原则

危险物品包装件装入飞机货舱后,装载人员应设法固定,防止危险物品在飞机飞行中倾倒或翻滚,造成损坏。

(四) 超大超重货物

1. 概述

超大货物一般是指需要一个以上的集装板方能装下的货物,这类货物的运输需要特殊处理程序以及装卸设备。

超重货物一般是指每件超过 150kg 的货物,但最大允许货物的重量主要还取决于飞机的机型(地板承受力)、机场设施以及飞机在地面停站的时间等。

2. 订舱

①如果一票货物包括一件或几件超大超重货物,订舱时应说明货物的尺寸和重量,并在货运单内单独列明,承运人可提前制订装载计划并准备必要的固定设施;②确保货物内不含有危

险性的物品(如电池、燃油等),如有此类物品,应按 IATA 有关危险物品运输规则处理;③货物重量、体积,受到每种飞机机型的最大载重、机舱容积和舱门大小的限制,详见 TACT Rules Section 8.2 Loading Charts 或 8.3 Information by Carrier。

3. 运输

①确保货物内部不含有危险性的物品(如电池、燃油等)。如果有此类物品,应按 TACT 有关危险物品规定来处理;②托运人应提供装卸超大、超重货物的设施;③重货尽量装在集装器的中间位置;④如果装载的货物未超过集装箱的 2/3 容积,属于重货需固定。

(五) 贵重货物

1. 概述

凡托运人交运的一批货物中,含有贵金属、现金、证券、宝石、手表等以及声明价值毛重每千克超过(或等于)1 000 美元或等值货币的任何物品均称为贵重货物。

托运人交运贵重货物自愿办理声明价值;每票货运单货物的声明价值不得超过 10 万美元(否则应请托运人分批托运或按上级机关指示办理);每次班机上所装载的贵重货物,价值不得超过 100 万美元。

2. 所需文件

(1) 货运单

①货运单必须注明详细的托运人、另请通知人和收货人的名称、地址、联系电话;②除在"Nature and Quantity of Goods"栏内填写真实的货物名称、准确净重、内装数量和体积尺寸外,还应注明"Valuable Cargo"字样;③始发地机场必须用全称;④注明已订妥的各航段航班号/日期;⑤贵重货物不可与其他货物混为一票货物运输;⑥对于航空公司有要求的,托运人应在货运单上注明货物的声明价值。

(2) 其他文件

其他文件的名称和操作要求在"Handling Information"栏内注明;托运人应提供目的地国家要求的证明或许可,这些要求列在 TACT Rules Section 7.3 Import/Transit/Export Regulations 中。

3. 标记与标签

①贵重货物只能使用挂签;②除识别标签和操作标签外,贵重货物不需要任何其他标签和额外粘贴物;③货物的外包装上不可有任何对内装物做出提示的标记。

4. 订舱

①优先使用直达航班;②收运贵重货物前,必须订妥全程舱位,并符合有关承运人的运输条件;③如需变更续程承运人,必须得到有关承运人的许可;④贵重货物如需特别安全措施,应特别注明,并承担由此产生的费用;⑤托运人应预先将货物的航班安排情况通知收货人。

5. 运输

①运输贵重货物,尽量缩短货物在始发站、中转站和目的站机场的时间,避开周末或节假日交运;②贵重货物在装机或装集装箱过程中,至少应有三人在场,其中一人必须是承运人的代表;③装在集装箱内的贵重货物,装机站负责监护装机至飞机舱门关闭,航班离港后,装机站应立即用电话或电报通知卸机站,并做详细记录,卸机站接到通知,应安排专人监督卸机直至货物入库;④中转站接收中转的贵重货物,应进行复核,发现包装破损或封志有异,应停止运输,征求始发站的处理意见;⑤贵重货物不得使用地面运输;⑥如果发现贵重货物有破损、丢失或短少等迹象,应立即停止运输,填写《货物不正常运输记录》并通知有关部门;⑦收货人提取

货物前，应仔细检查货物包装，如有异议时，应当场向承运人提出，必要时重新称重，并详细填写运输事故记录。

（六）作为货物运送的行李

1. 概述

作为货物运送的行李（Baggage Shipped As Cargo），又译称无人押运行李或无人陪伴行李（Unaccompanied Baggage）。旅客在乘机时的交运行李，只要在其客票的免费行李额内，可免费交运。如果行李的重量超过了免费行李额，旅客可支付逾重行李费，或将行李送至货运部门作为货物托运。作为货物运送的行李不一定与旅客同机到达目的地。

作为货物运送的行李，仅限于旅客本人的衣物和与旅行有关的私人物品，包括笔记本电脑、小型乐器、小型体育用品；但不包括机器设备、机器零件、货币、证券、珠宝、表、餐具、镀金属器皿、皮毛、影片或胶卷、照相机、票证、文件、酒类、香水、家具、商品和销售样品等。

2. 文件要求

（1）货运单

收运此种货物，需将旅客的客票号码、所乘班机的航班号、乘机日期等填入在货运单“Accounting Information”一栏，同时在“Nature and Quantity of Goods”一栏内应填明“Unaccompanied Baggage”，表示“无人押运行李”。

（2）客票

在客票“Endorsement”签注栏内应注明“UNBAG”字样以及货运单号码、件数和重量等内容。

（3）其他文件

对此类货物的运输，有些国家要求列有行李内容和价值的清单，详见 TACT Rules Section 7.3 Import/Transit/Export Regulations 之规定。

3. 运输

（1）如旅客要求将行李的钥匙随同货物一起运往目的站时，应请其装入自备的结实信封内，在信封上写明收货人和托运人的姓名、地址，然后由航空公司收运部门封妥，订在货运单之后；同时，在货运单“Handing Information”一栏中应填明“KEY OF UNACCOMPANIED BAGGAGE”。

（2）在运输过程中，为了便于识别旅客交运的行李和作为货物运送的行李，在作为货物运送的行李上应加挂货物标贴。

（3）行李的外包装上应详细注明托运人/收货人的名称、地址。

（4）如旅客要求无人陪伴行李同机到达时，应事先做好安排，订妥全程航班和舱位。

第四节 航空货运单证

一、托运书

（一）基本概念

根据《蒙特利尔公约》第 6 条第 1 款和第 4 款规定，航空货运单应由托运人填写，也可由承运人或其代理人代为填写。实际上，目前货运单均由承运人或其代理人代为填写。为此，作为填开货运单的依据——托运书，应由托运人自己填写，而且托运人必须在上面签字或盖章。

小知识

华沙体系及蒙特利尔公约

先前，国际上有关民航事故损害赔偿的一揽子条约统称“华沙体系”(The Warsaw System)，构成华沙体系的法律文件包括8个国际条约和1个国际民间协议，它们分别为：

(1) 1929年10月12日在华沙签署的《统一国际航空运输某些规则的公约》，俗称《1929年华沙公约》。

(2) 1955年9月28日在海牙签署的《修订1929年10月12日在华沙签订的〈统一国际航空运输某些规则的公约〉的议定书》，俗称《1955年海牙议定书》。

(3) 1961年9月18日在瓜达拉哈拉签署的《统一非缔约承运人所作国际航空运输的某些规则以补充华沙公约的公约》，俗称《1961年瓜达拉哈拉公约》。

(4) 1966年5月13日在蒙特利尔签订的《蒙特利尔承运人间协议》，这不是国际条约，而是由美国民航委员会与世界各主要航空公司之间订立的民间协议，因其对国际航空业的重大影响而被归入华沙体系。

(5) 1971年3月8日签署于危地马拉的《修订经海牙议定书修订的〈统一国际航空运输某些规则的公约〉的议定书》，俗称《1971年危地马拉议定书》。

(6) 1975年9月在蒙特利尔签署的第1号、第2号、第3号、第4号《关于修改〈统一国际航空运输某些规则的公约〉的附加议定书》。该4份法律文件分别被俗称为《1975年蒙特利尔第某号附加议定书》。

如今，国际民用航空组织(ICAO)于1999年5月28日通过了新的《统一国际航空运输某些规则的公约》(通常被称为《1999年蒙特利尔公约》)。它是一个独立的、全新的法律框架，力图取代先前的华沙体系。《1999年蒙特利尔公约》已于2003年正式生效，我国政府也于2005年宣布加入该公约。截至2019年8月，公约共有136个成员方，覆盖各国之间98%以上的运输量。

如图6-7所示，托运书(Shipper’s Letter of Instruction，SLI)是托运人用于委托承运人或其代理人填开航空货运单的一种表单，表单上列有填制货运单所需各项内容，并应印有授权于承运人或其代理人代其在货运单上签字的文字说明。

托运书的内容和货运单基本相似，它的缮制要求却不如货运单严格。因此，了解托运书缮制的相关内容有助于我们掌握货运单的缮制。

(二) 托运书的主要内容

1. 托运人(Shipper’s Name and Address)

填列托运人的全称、街名、城市名称、国家名称及便于联系的电话、电传或传真号码。

2. 收货人(Consignee’s Name and Adress)

填列收货人的全称、街名、城市名称、国家名称(特别是在不同国家内有相同城市名称时，更应注意填上国家名称)以及电话、电传或传真号码，本栏内不得填写“to order”或“to order of the shipper”等字样，因为航空货运单不能转让。

3. 始发站机场(Airport of Departure)

填始发站机场的全称。

SHIPPER's LETTER OF INSTRUCTION

<table>
<tr><td colspan="2" rowspan="3">SHIPPER NAME AND ADDRESS</td><td colspan="2" rowspan="3">SHIPPER'S ACCOUNT NUMBER</td><td colspan="2">FOR CARRIER'S USE ONLY</td></tr>
<tr><td>FLIGHT/DAY</td><td>FLIGHT/DAY</td></tr>
<tr><td colspan="2"></td></tr>
<tr><td colspan="2" rowspan="2">CONSIGNEE NAME AND ADDRESS</td><td colspan="2" rowspan="2">CONSIGNEE ACCOUNT NUMBER</td><td colspan="2">BOOKED</td></tr>
<tr><td colspan="2">CHARGES</td></tr>
<tr><td colspan="4">ISSUING CARRIERS AGENT NAME AND CITY</td><td colspan="2" rowspan="3">ALSO NOTIFY</td></tr>
<tr><td colspan="4">AIRPORT OF DEPARTURE</td></tr>
<tr><td colspan="4">AIRPORT OF DESTINATION</td></tr>
<tr><td colspan="2">SHIPPER DECLARED VALUE</td><td colspan="2" rowspan="2">AMOUNT OF INSURANCE</td><td colspan="2" rowspan="2">DOCUMENT TO ACCOMPANY AIR WAYBILL</td></tr>
<tr><td>FOR CARRIAGE</td><td>FOR CUSTOMS</td></tr>
<tr><td colspan="6">HANDLING INFORMATION (INCL. METHOD OF PACKING IDENTIFYING AND NUMBERS)</td></tr>
</table>

NO. OF PACKAGES	ACTUAL GROSS WEIGHT (KG.)	RATE CLASS	CHARGEABLE WEIGHT	RATE/CHARGE	NATURE AND QUANTITY OF GOODS (INCL. DIMENSIONS OR VOLUME)

THE SHIPPER CERTIFIES THAT THE PARTICULARS ON THE FACE HEREOF ARE CORRECT AND AGREES TO THE CONDITIONS OF CARRIAGE OF THE CARRIER

SIGNATURE OF SHIPPER　　DATE　　AGENT　　DATE

图 6-7　航空托运书

4. 目的地机场(Airport of Destination)

填目的地机场(机场名称不明确时,可填城市名称),如果某一城市名称用于一个以上国家时,应加上国名。例如:LONDON UK;LONDON KY US;LONDON CA。

5. 要求的路线/申请订舱(Requested Routing/Requested Booking)

本栏用于航空公司安排运输路线时使用,但如果托运人有特别要求时,也可填入本栏。

为保证制单承运人收运的货物可以被所有续运承运人接受,可查阅 TACT-RULES 8.1 的双边联运协议。

6. 供运输用的声明价值(Declared Value for Carriage)

填列供运输用的声明价值金额,该价值即为承运人赔偿责任的限额。承运人按有关规定向托运人收取声明价值费。但如果所交运的货物毛重每千克不超过 20 美元(或等值货币),无需填写声明价值金额,可在本栏内填入"NVD"(No Value Declared,未声明价值);如本栏空着未填写时,承运人或其代理人可视为货物未声明价值。

7. 供海关用的声明价值(Declared Value for Customs)

国际货物通常要受到目的站海关的检查,海关根据此栏所填金额征税。

8. 保险金额(Insurance Amount Requested)

中国民航各空运企业暂未开展国际航空运输代保险业务,本栏可空着不填。

9. 处理事项(Handling Information)

填列附加的处理要求。例如:另请通知(Also Notify),除填收货人之外,如托运人还希望在货物到达的同时通知他人,应另填写通知人的全名和地址;外包装上的标记;操作要求,如易碎、向上等。

10. 货运单所附文件(Documentation to Accompany Air Waybill)

填列随附在货运单上运往目的地的文件,应填上所附文件的名称。例如:托运人所托运的动物证明书(Shipper's Certification for Live Animals)。

11. 件数和包装方式(Number and Kind of Packages)

填列该批货物的总件数,并注明其包装方法。例如:包裹(Package)、纸板盒(Carton)、盒(CASE)、板条箱(Crate)、袋(Bag)、卷(Roll)等。如货物没有包装时,就注明为散装(Loose)。

12. 实际毛重(Actual Gross Weight)

本栏内的重量应由承运人或其代理人在称重后填入。如托运人已填上重量,承运人或其代理人必须进行复核。

13. 运价类别(Rate Class)

所适用的运价、协议价、杂费、服务费。

14. 计费重量(Chargeable Weight)

本栏内的计费重量应由承运人或其代理人在量过货物的尺寸(以厘米为单位)后算出计费重量后填入,如托运人已经填上,承运人或其代理人必须进行复核。

15. 费率(Rate/Charge)

本栏可空着不填。

16. 货物的品名及数量(包括尺寸或体积)[Nature and Quantity of Goods (Incl. Dimensions or Volume)]

填列货物的品名和数量(包括尺寸或体积)。若一票货物包括多种物品时,托运人应分别申报货物的品名,填写品名是不能使用"样品""部件"等这类比较笼统的名称。货物中的每一项均须分开填写,并尽量填写详细。本栏所填写内容应与出口报关发票、进出口许可证上列明的货物相符。危险物品应填写适用的准确名称及标贴的级别。

17. 托运人签字(Signature of Shipper)

托运人必须在本栏内签字。

18. 日期(Date)

填托运人或其代理人交货的日期。

二、航空货运单

(一) 航空货运单概述

1. 航空货运单的概念

《华沙公约》《蒙特利尔公约》等均没有设定航空货运单的定义。《蒙特利尔公约》第11条第1款规定:"航空货运单或者货物收据是订立合同、接受货物和所列运输条件的初步证据。"

一般来说,航空货运单是由托运人或者以托运人的名义填制的,托运人和承运人之间在承运人的航线上运输货物所订立的运输合同的证明。航空货运单由承运人制定，托运人在托运货物时要按照承运人的要求进行填制，经承运人确认后，航空货物运输合同即告成立。

航空货运单既可用于单一种类的货物运输，也可用于不同种类货物的集合运输；既可用于单程货物运输，也可用于联程货物运输。

2. 货运单的构成

目前，国际上使用的航空货运单少的有 9 联，多的有 14 联。我国国际航空货运单一般由一式 12 联组成，包括 3 联正本、6 联副本和 3 联额外副本。

正本单证具有同等的法律效力，副本单证仅是为了运输使用方便。航空货运单的 3 份正本，第一份注明“交承运人”，由托运人签字、盖章；第二份注明“交收货人”，由托运人和承运人签字、盖章；第三份由承运人在接收货物后签字、盖章，交给托运人，作为托运货物及货物预付运费时运费的收据，同时也是托运人与承运人之间签订的具有法律效力的运输文件。航空货运单各联的分发，见表 6-1。

表 6-1 航空货运单的构成

序号	名称及分发对象	颜色
A	Original 3 （正本 3，给托运人）	浅蓝色
B	Copy 9 （副本 9，给代理人）	白色
C	Original 1 （正本 1，交出票航空公司）	浅绿色
D	Original 2 （正本 2，给收货人）	粉红色
E	Copy 4 （副本 4，提取货物收据）	浅黄色
F	Copy 5 （副本 5，给目的地机场）	白色
G	Copy 6 （副本 6，给第三承运人）	白色
H	Copy 7 （副本 7，给第二承运人）	白色
I	Copy 8 （副本 8，给第一承运人）	白色
J	Extra copy （额外副本，供承运人使用）	白色
K	Extra copy （额外副本，供承运人使用）	白色
L	Extra copy （额外副本，供承运人使用）	白色

3. 货运单的种类

(1) 航空公司货运单和中性货运单

这是根据是否印有承运人标志来划分的。

航空公司货运单是指印有出票航空公司(Issuing Carrier)标志(航徽、代码等)的航空货运单。

中性货运单(Neutral Air Waybill)是指无承运人任何标志、供代理人使用的航空货运单。

(2) 主运单和分运单

这是根据航空货运单的签发人不同来划分的。

代理人在进行集中托运货物时，首先从各个托运人处收取货物，在收取货物时，需要给托运人一个凭证，这个凭证就是分运单(House Air Waybill)(图 6-3)，它表明托运人把货物交给了代理人，代理人收到了托运人的货物，所以分运单就是代理人与发货人交接货物的凭证，代理人可自己颁布分运单，不受到航空公司的限制，但通常的格式还按照航空公司主运单来制作。在分运单中，托运人栏和收货人栏都是真正的托运人和收货人。

代理人在收取货物之后,进行集中托运,需要把来自不同托运人的货物集中到一起,交给航空公司,代理人和航空公司之间就需要一个凭证,这个凭证就是主运单(Master Air Waybill)(图 6-4)。航空主运单对于代理人和航空公司都非常重要,因为它承载了货物的最主要信息,货物运输的过程就是信息流的过程,信息流保证了货物运送的安全性和准确性,主运单表明代理人是航空公司的销售代理人,表示取得授权的代理人在市场上可以销售航空公司的舱位。通常,航空公司根据代理人的实际情况和结算周期,分时间间隔发放给代理人一定数量的货运单,代理人销售完一定数量的运单后,与航空公司进行结算。因此,主运单是代理人与承运人交接货物的凭证,同时又是承运人运输货物的正式文件。在主运单中,托运人栏和收货人栏都是代理人。在我国,只有航空公司才能颁布主运单,任何代理人不得自己印制、颁布主运单。

4. 货运单的填开、签发和限制

根据《蒙特利尔公约》和承运人运输条件的条款规定,承运人的承运条件为托运人准备航空货运单。

托运人有责任填制航空货运单。法律明确指出,托运人应自行填制航空货运单,也可以要求承运人或承运人授权的代理人代为填制。托运人对货运单所填各项内容的正确性、完备性负责。由于货运单所填内容不准确、不完全,致使承运人或其他人遭受损失,托运人负有责任。托运人在航空货运单上的签字,证明其接受航空货运单正本背面的运输条件和契约。

《中华人民共和国民用航空法》第 113 条规定:承运人有权要求托运人填写航空货运单,托运人有权要求承运人接受该航空货运单。托运人未能出示航空货运单,航空货运单不符合规定或者航空货运单遗失,不影响运输合同的存在或者有效。

一张货运单只能用于一个托运人在同一时间、同一地点托运的由承运人承运的,运往同一目的站同一收货人的一件或多件货物。

5. 货运单的性质和作用

航空货运单是航空货物运输合同订立和运输条件以及承运人接受货物的初步证据。

航空货运单上关于货物的重量、尺寸、包装和包装件数的说明具有初步证据的效力。除经过承运人和托运人当面查对并在航空货运单上注明经过查对或者书写关于货物的外表情况的说明外,航空货运单上关于货物的数量、体积和情况的说明不能构成不利于承运人的证据。

虽然《海牙议定书》明确规定不限制填发可以流通的航空货运单,但目前使用的航空货运单在右上端都普遍印有"Not Negotiable"(不可转让)字样,其目的是仅将航空货运单作为货物航空运输的凭证,并限制签发可以转让的航空货运单。在这一点上,航空货运单与可以转让的指示提单和不记名提单恰恰相反。

目前,任何 IATA 成员都不允许印制可以转让的航空货运单,货运单上的"Not Negotiable"(不可转让)字样不可被删去或篡改。

货运单是航空货物运输合同当事人所使用的最重要的货运文件,其作用归纳如下:

(1) 运输合同的证明:是承运人与托运人之间缔结的运输合同的证明。航空运单一经签发,便成为签署承托双方运输合同的书面证据,货运单上的记载事项及背面条款构成了双方航空货物运输合同的重要组成部分。

(2) 货物收据:是承运人收运货物的证明文件。当发货人将其货物发运后,承运人或其代理将一份航空运单正本交给发货人,作为已接受其货物的证明,也就是一份货物收据。

(3) 运费账单:是运费结算凭证及运费收据。航空运单上分别记载着属于收货人应负担的费用和属于代理的费用，因此可以作为运费账单和发票，承运人可将一份运单正本作为记账凭证。

(4) 报关单据：是国际进出口货物办理清关的证明文件。当航空货物运达目的地后，应向当地海关报关，在报关所需各种单证中，航空运单通常是海关放行查验时的基本单据。

(5) 保险证书：若承运人承办保险或者发货人要求承运人代办保险，则航空运单即可作为保险证书。载有保险条款的航空运单又称为红色航空运单。

(6) 承运人内部业务的依据：是承运人在货物运输组织的全过程中运输货物的依据。航空运单是承运人在办理该运单项下货物的发货、转运、交付的依据，承运人根据运单上所记载的有关内容办理有关事项。

6. 货运单的有效期

航空货运单自填制完毕，托运人或其代理人和承运人或者其代理双方签字后开始生效；货物运到目的地，收货人提取货物并在货运单交付联(或提货通知单)上签收认可后，货运单作为运输凭证，其有效期即告终止。但作为运输合同的法律依据，航空货运单的有效期应至自民用航空器到达目的地点、应当到达目的地点或者运输终止之日起 2 年内有效。

(二) 航空货运单的正面内容和背面条款

在航空货运单的正面，通常还印有承运人的说明事项。

(1) 说明货运单效力的文字

“本航空货运单 1、2、3 为正本，具有同等效力。”

(2) 说明特别注意事项的文字

“除非另有注明，本运单所记载的货物是以表面状况良好的状况下收运的，其运输受到本运单背面契约条件的约束。除非托运人在本运单上给出明确相反的指示，所有货物可由包括公路在内的任何其他方式或任何其他承运人运送。特请托运人注意关于承运人责任限额的通知。托运人可通过声明一个供运输用的较高价值并按要求支付额外费用来增加该责任限额。”

印制在 3 份正本航空货运单背面的主要内容各公司略有不同，以下是航空货运单通常具有的条款：

(1) 本契约中承运人是指承运或准备承运货运单上所载货物，或是为运输本票货物提供其他服务的单位。《华沙公约》是指 1929 年 10 月 12 日在华沙签署的《统一某些有关国际航空运输规则的公约》，或是指 1955 年 9 月 28 日在海牙签署的修订本。法国金法郎是指 1 法郎含有纯度为 900/1 000 的 65 1/2mg 黄金的法郎。

(2) 以下讲到的运输是指承运人责任受《华沙公约》限制的运输，是《华沙公约》所定义的国际运输。

(3) 除受《华沙公约》制约之外，每个承运人的运输和提供的其他服务还受到以下限制：

① 适用的法律(包括国家执行公约的法律)、政府的规定、命令、要求的限制；

② 本契约提出的条款限制；

③ 承运人的运价、规则、运输条件、规定和航班表(不是指起飞、降落的时间)，也成为规定的一部分，并且可以在其任一办公室，任一提供定期航班服务的机场进行检查。对于美国、加拿大和其他地区间的运输，应采用美、加与这些国家间使用的运价。

(4) 第一承运人的名称见货运单的缩写，全程见该承运人的运价、运输条件、规章和时刻表，第一承运人的地址是货运单上的离港机场。双方同意的经停点(承运人必要时可以修改)

是除了始发地、目的地以外货运单上的其他地点,或是承运人的航班表中规定的经停点。几个承运人共同完成一次运输。

(5) 本契约所指运输应遵守《华沙公约》所制定的有关责任规定,除非此种运输不是公约中所指的"国际运输"。为了不与上述公约解释相矛盾,各承运人提供的运输和其他服务应遵守下列规定:

——适用的法律(包括履行公约的国家法律)、政府规章、命令和要求;

——本契约的规定;

——承运人适用的运价、规则、运输条件、规章和班期时刻表为本契约的组成部分。

并可在承运人的任一办事处和它仍经营的定期航班的机场内查到。美国或加拿大的某一地点与境外任一地点之间的运输,其适用运价应为这些国家之间的有效运价。

(6) 第一承运人的名称在本页正面上可用简称,其全称及简称见该承运人的运价手册、运输条件、规章和班期时刻表。第一承运人的地址是填写在本页正面上的出发地点机场,约定的经停地点(必要时承运人可改变)是除始发地点和目的地点外,在本页正面上所填列的地点、或在承运人的班期时刻表内所列航路的经停地点。由几个承运人连续的运输,应视为一个单一运输。

(7) 除非承运人的运价或运输条件中另有规定,在《华沙公约》不适用于该项运输时,承运人对货物损失、损坏或延误所负的责任以不超过每千克 20.00 美元或其等值货币为限,除非托运人对贵重货物声明一个较高的价值并缴付了附加费。

(8) 如货运单正面作为"供运输用声明价值"一栏中所填金额超过上述"声明"和本契约条款中所规定仍适用责任限额,并且托运人按照承运人的运价,运输条件或规章缴付了所规定的附加费,就是构成一个特别声明价值,在此情况下承运人的责任限额将为其所声明的价值。赔偿数额将依据实际损失的证明予以赔偿。

(9) 如遇货物部分遗失、损坏或延误,在确定承运人的责任限额时,计算赔偿的重量只能是该件或其有关的若干件的重量。

注:除非另有规定,美国联邦航空法中所指"国际运输"修订为:如一批货物或其部分遗失、损坏或延误,在确定承运人的责任限额的重量应为决定这批货物运费所用的重量(或部分货物遗失、损坏或延误按所占重量比例决定)。

(10) 对承运人责任的任何免除或限制,应适用于并有利于承运人的代理人、受雇人和代表以及承运人为运输而使用其飞机的所有人及其代理人、受雇人和代表。本条的规定是承运人在此作为代理人,代理上述所有人员。

(11) 承运人为完成本契约的运输可做合理的安排。承运可改变承运人或飞机并无需事先通知改变运输方式,但应适当照顾托运人的利益。承运人有权选择路线或变更货运单本页正面上所填列的路线。本款不适用于至/自美国的运输。

承运人为完成本契约的运输可做合理的安排,除了承运人的运价在美国可以适用外,承运可改变承运人或飞机并无需事先通知改变运输方式,承运人有权选择路线或变更货运单本页正面上所填列的路线。本款适用于至/自美国的运输。

(12) 依据本契约条件规定,货物在承运人或其代理人照管期内,由承运人负责。

(13) ①除未经托运人的书面同意,承运人将款项记入收货人的贷方外,托运人保证按照承运人的运费规定、运输条件和有关规章,适用的法律(包括履行公约的国家法律)、政府规章、命令和要求交付应付的一切规定。②如果托运货物全部未能交付,即使运费未曾交付,对该批货物的索赔要求也应接受。

(14) 货物到达通知应立即发给收货人或本页正面所列的另请通知人，货物到达目的地点时，如事先收到托运人的其他指示，可按其指示交付货物，否则按收货人的指示办理。

(15) ①交付货物时，在下列情况下收货人有权向承运人提出异议，但必须用书面形式：

——货物的明显损坏，应在发现损坏时立即提出，至迟在收到货物后14天内提出；

——货物的其他损坏，自收到货物之日起14天内提出；

——货物延误，自其自由支配货物之日起21天内提出；

——货物没有交付，自填开货运单之日起120天内提出。

② 如对上述所述有异议，应以书面形式提出，交给货运单所属空运企业或给第一承运人，或给最后承运人，或给在运输中发生货物遗失、损坏或延误的承运人。

③ 诉讼应在货物到达目的地之日起，或从飞机应该到达之日当日起，或从运输停止之日起2年内提出，否则即丧失向承运人诉讼的权利。

(16) 托运人应遵守一切有效法律和运输货物始发、到达、经停或飞越任何国家的政府规章，包括有关货物包装，运输或货物的交付以及为了遵守上述法律和规章必须提供的各种必要资料和货运单的随附文件。对于托运人不遵守本条规定所造成的损失或费用，承运人对托运人不负责任。

(17) 承运人的代理人、受雇人或代表均无权改变、修改或废止本契约的任一条款。

(18) 在要求保险和已交付保险费，并且将保险金额在本页正面写上，即证明该运单上所列货物已经保险，其申请保险数额为货运单正页上所列数额(赔偿金额以遗失和损坏的货物实际价值为限，但此金额不能超出所保险的金额)。该保险应符合保险合同的条款、条件和范围(某些风险除外)，保险合同可由填开货运单承运人办事处的有关当事人进行审核，此种保险的索赔须立即向承运人的办事处提出。

我国加入《蒙特利尔公约》后，承运人也相继修订了各自的航空货运单条款，具体可前往航空公司官网查询“航空货物国际运输总条件”。

典型案例

空运快件货物丢失，货运代理赔偿损失

2009年9月，湖南某路桥公司委托某货运代理公司空运部将一台损坏的红外线测距仪空运到香港进行修理。货运代理按照正常的业务程序，向路桥公司签发了航空分运单，并按普通货物的空运费率收取了运费。货运代理将此票货物交由香港宏光公司驻广州办事处处理中转(因当时长沙尚无直达香港的航班，所有空运货物必须在广州办理中转)。然而，由于民航工作的疏忽，致使该件货物在广州至香港的运输途中遗失。经货运代理和香港宏光公司协助多方查询，终无下落。于是，货运代理主动向路桥公司汇报了这一情况，并表示将按有关情况规定予以赔偿，路桥公司不予接受。

案发后，路桥公司于2011年3月向某基层人民法院提起诉讼，要求货运代理赔偿其货物价值6万余元人民币。法院受理了此案，要求货运代理应诉。货运代理应诉后，法院因故推迟审理。2012年4月，法院再次开庭。

路桥公司要求索赔的理由是：在委托货运代理代办货运时，货运代理没有要求其按贵重货物办理保险手续。

对此，货运代理经办人员反驳道，当时曾提请货主办理保险手续，货主不同意办理，并且指

出空运单背面条款明确规定,凡是贵重货物须办理保险;否则,遇到丢失则依据规定按普通货物赔偿。

路桥公司则强调,背面条款是英文,他们不懂得英文,不明确条款的意思,并辩解说货运代理令其保险但没有文字依据。因此,货物损失要由货运代理赔偿。

货运代理表示不予按贵重货物赔偿,只接受按普通货物赔偿,其理由是:①当时路桥公司委托时,是按普通货物办理的,并未办理声明价值手续,货运代理也是按普通货物收取的运费,因此,只同意按普通货物予以赔偿。②此票业务中,路桥公司接受了货运代理签发的空运单,说明承认了双方的运输合同,双方均应受此合同条款的约束。空运单背面条款中规定,普通货物的最高赔偿限额不超过每千克 20 美元。根据此规定,货运代理只赔偿 240 美元(该票货物 12 千克)。③路桥公司到货运代理公司办理委托时,货运代理的经办人曾提请对方办理保险,对方不予办理,反而在货物发生丢失时,要求货运代理承担全部责任,并按贵重货物赔偿,显然是没有道理的。

本案中的货运代理公司收取运费并签发分运单,因而是缔约承运人,应对货物的遗失承担责任。本案始发站为长沙,经停站为广州,目的站为香港。由于中国内地与中国香港之间的运输比照国际运输处理,因此,本案应适用国际航空货运公约。货主按货物的实际价值进行赔偿的主张无法律依据。此案中货主托运时并未声明货物价值,且承运人也是按普通货物费率收取运费,因此,此案的赔偿不应超过法定责任限额,即应赔偿 12 千克×20 美元/千克=240 美元。

(三) 航空货运单的缮制

航空货运单要求用英文大写字母打印,各栏内容必须准确、清楚、齐全,不得随意涂改。货运单已填内容在运输过程中需要修改时,必须在修改项目的近处盖章注明修改货运单的空运企业名称、地址和日期。修改货运单时,应将所有剩余的各联一同修改。货运单的各栏目中,有些栏目印有阴影。其中,有标题的阴影栏目仅供承运人填写。使用没有标题的阴影栏目一般不需填写,除非承运人特殊需要。

参照图 6-8 所示,航空货运单各栏目的填写说明如下:

1. 货运单号码(The Air Waybill Number)

货运单号码是货运单不可缺少的重要组成部分,每本货运单都有一个号码,它直接确定航空货运单的所有人——出票航空公司,它是托运人、发货人或其代理人向承运人询问货物运输情况的重要依据,也是承运人在各个环节组织运输,如订舱、配载、查询货物时必不可少的依据。

<u>999</u> - <u>6473 627</u><u>6</u>

如上所示,货运单的号码由 11 位阿拉伯数字组成。货运单号码应清晰地印在货运单的左右上角以及右下角(中性货运单需自行填制)。其中,第 7 位数字与第 8 位数字之间应留有比其他数字之间较大的空间。

1—3 位:Airline Code Number 航空公司的数字代号;

4—10 位:Serial Number 货运单序号;

11 位:Check Number 货运单检验号。

其中,第 11 位数字是检验号,是 4—10 位数值对 7 取模的结果。

注:在图 6-8 所示中,承运人数字代号为 001,后 8 位序号和检验号以②表示。

2. Airport of Departure 始发站机场①

填制始发站机场的IATA三字代号(如果始发地机场名称不明确,可填制机场所在城市的IATA三字代号)。

3. Issuing Carrier's Name and Address 货运单所属承运人的名称及地址

此处一般印有航空公司的标志、名称和地址。

注:在图6-8中,显示为"American Airlines Cargo"。

4. Reference to Originals 正本联说明

无需填写。

注:在图6-8中,显示为"Copies 1, 2 and 3 of this Air Waybill are originals and have the same validity."。

5. Reference to Conditions of Contract 契约条件

一般情况下无需填写,除非承运人需要。

注:在图6-8中,显示为"Received in Good Order and Condition"。

6. 托运人栏

(1) Shipper's Name and Address 托运人姓名和地址④

填制托运人姓名(名称)、地址、国家(或国家两字代号)以及托运人的电话、电传、传真号码。

(2) Shipper's Account Number 托运人账号③

此栏不需填写,除非承运人需要。

7. 收货人栏 Consignee

(1) Consignee's Name and Address 收货人姓名和地址⑥

填制收货人姓名(名称)、地址、国家(或国家两字代号)以及收货人的电话、电传、传真号码。

(2) Consignee's Account Number 收货人账号⑤

此栏仅供承运人使用,一般不需填写,除非最后的承运人需要。

8. 填开货运单的承运人的代理人栏

(1) Issuing Carrier's Agent Name and City 名称和城市⑦

填制向承运人收取佣金的国际航协代理人的名称和所在机场或城市。

根据货物代理机构管理规则,该佣金必须支付给目的站国家的一个国际航协代理人,则该国际航协代理人的名称和所在机场或城市必须填入本栏。填入"收取佣金代理人"(Commissionable Agent)字样。

(2) Agent's IATA Code 国际航协代号⑧

一些航空公司为便于内部系统管理,要求其代理人在此处填制相应的代码。

(3) Account No. 账号⑨

本栏一般不需填写,除非承运人需要。

9. 运输路线

(1) Airport of Departure (Addr. of First Carrier) and Requested Routing⑪始发站机场(第一承运人地址)和所要求的运输路线

此栏填制与栏中一致的始发站机场名称以及所要求的运输路线。

注:此栏中应填制始发站机场或所在城市的全称。

(2) To (By First Carrier)至(第一承运人)⑫

填制目的站机场或第一个转运点的 IATA 三字代号(当该城市有多个机场,不知道机场名称时,可用城市代号)。

(3) By First Carrier 由第一承运人⑬

填制第一承运人的名称(全称与 IATA 两字代号皆可)。

(4) to (by Second Carrier)至(第二承运人)⑭

填制目的站机场或第二个转运点的 IATA 三字代号(当该城市有多个机场,不知道机场名称时,可用城市代号)。

(5) by (Second Carrier)由(第二承运人)⑮

填制第二承运人的 IATA 两字代号。

(6) to (by Third Carrier)至(第三承运人)⑯

填制目的站机场或第三转运点的 IATA 三字代号(当该城市有多个机场,不知道机场名称时,可用城市代号)。

(7) by (Third Carrier)由(第三承运人)⑰

填制第三承运人的 IATA 两字代号。

(8) Airport of Destination 目的站机场⑱

填制最后承运人的目的地机场全称(如果该城市有多个机场,不知道机场名称时,可用城市全称)。

(9) Flight/Date 航班/日期(仅供承运人用)⑲

本栏一般不需填写,除非参加运输各有关承运人需要。

10. Accounting Information 财务说明⑩

此栏填制有关财务说明事项。

(1) 付款方式:现金支票或其他方式。

(2) 用 MCO 付款时,只能用于作为货物运输的行李的运输,此栏应填制 MCO 号码,换取服务金额以及旅客客票号码、航班、日期及航程。

注:代理人不得接受托运人使用 MCO 作为付款方式。

(3) 货物到达目的站无法交付收货人而需退运的,应将原始货运单号码填入新货运单的本栏内。

11. Currency 货币㉑

——填制始发国的 ISO(国际标准组织)的货币代号;

——除目的站"国家收费栏"(33A)—(33D)内的款项货运单上所列明的金额均按上述中货币支付。

12. CHGS Code 运费代号(仅供承运人用)㉒

本栏一般不需填写,仅供电子传送货运单信息时使用。

13. Charges 运费

(1) WT/VAL 航空运费(根据货物计费重量乘以适用的运价收取的运费)和声明价值附加费的预付和到付㉓㉔

——货运单上㊴、㊶或㊵、㊷两项费用必须全部预付或全部到付;

——在㉓中打"×"表示预付,在㉔中打"×"表示到付。

(2) Other (Charges at Origin)在始发站的其他费用预付和到付㉕㉖

——货运单上㊺、㊼或㊻、㊽两项费用必须全部预付或全部到付;

——在㉕中打“×”表示预付，在㉖中打“×”表示到付。

14. Declared Value for Carriage 供运输用声明价值㉗

——打印托运人向货物运输声明的价值金额；

——如果托运人没有声明价值，此栏必须打印“NVD”字样，表示 No Value Declared 没有声明价值。

15. Declared Value for Customs 供海关用声明价值㉘

——打印货物及海关时所需的商业价值金额；

——如果货物没有商业价值，此栏必须打印“NCV”字样，表示 No Commercial Value 没有商业价值。

16. Amount of Insurance 保险金额㉙

——如果承运人向托运人提供代办货物保险业务时，此栏打印托运人货物投保的金额；

——如果承运人不提供此项服务或托运人不要求投保时此栏内必须打印“×××”符号。

17. Handling Information 运输处理注意事项㉚

此栏用于填制相应的代码和航空公司注意事项

(1) 如果是危险货物，有两种情况：一种是需要附托运人的危险品申报单，则本栏内应打印“DANGEROUS GOODS AS PER ATTACHED SHIPPER's DECLARATION”字样，对于要求装货机上的危险货物，还应再加上“CARGO AIRCRAFT ONLY”字样。另一种是属于不要求附危险品申报单的危险货物，则应打印“SHIPPER's DECLARATION NOT REQUIRED”字样。

(2) 当一批货物中既有危险货物也有非危险货物时，应分别列明，危险货物必须列在第一项，此类货物不要求托运人附危险物品申报单，且危险货物不是放射性物质并数量有限。

(3) 其他注意事项尽可能使用“货物交换电报程序”(CARGO-IMP)中的代号和简语，如：

——货物上的标志、号码以及包装方法；

——货运单所附文件，如托运人的动物证明书“Shipper's Certification for Live Animals”、装箱单“Packing List”、发票“Invoice”等；

——除收货人外，另请通知人的姓名、地址、国家以及电话、电传或传真号码；

——货物所需要的特殊处理规定；

——海关规定等。

18. Consignment Rating Details 货物运价细目㉛至㊳

一票货物中如含有两种或两种以上不同运价类别计费的货物应分别填写，每填写一项另起一行。如果含有危险物品，则该危险货物应列在第一项。

(1) No. of Pieces RCP 件数/运价组合点㉛

——打印货物的件数；

——如果使用非公布直达运价计算运费时，在件数的下面还应打印运价组合点城市的 IATA 三字代号。

(2) Gross Weight 毛重㉜

——适用于运价的货物实际毛重(以千克为单位时可保留至小数点后一位)。

(3) kg/Lb 重量单位㉝

——以千克为单位用代号“K”；

——以磅为单位用代号“L”。

(4) Rate Class 运价等级

根据需要打印下列代号：

M——最低运费 Minimum Charge；

N——45kg 以下(或 100kg 以下)运价 Normal Rate；

Q——45kg 以上运价 Quantity Rate；

C——指定商品运价 Specific Commodity Rate；

R——等级货物附减运价 Class Rate Reduction；

S——等级货物附加运价 Class Rate Surcharge。

(5) Commodity Item No. 商品品名编号㉞

——使用指定商品运价时，此栏打印指定商品品名代号(打印位置应与运价代号 C 保持水平)；

——使用等级货物运价时，此栏打印相应普通货物运价的字母代号以及附加或附减运价的比例(百分比)；

——如果是集装货物，打印集装货物运价等级。

(6) Chargeable Weight 计费重量㉟

——打印与运价相应的货物计费重量。

——如果是集装货物，则：

与运价代号“U”对应打印适合集装货物基本运费的运价点重量；

与运价代号“E”对应打印超过使用基本运费的重量；

与运价代号“X”对应打印集装器空重。

(7) Rate/Charge 运价/运费㊱

——当使用最低运费时，此栏与运价代号“M”对应打印最低运费；

——打印与运价代号“N”“Q”“C”等相应的运价；

——当货物为等级货物时，此栏与运价代号“S”或“R”对应打印附加或附减后的运价。

(8) Total 总计㊲

——打印计费重量与适用运价相乘后的运费金额；

——如果是最低运费或集装货物基本运费时，本栏与㊱内金额相同。

(9) Nature and Quantity of Goods 货物品名和数量㊳

本栏应按要求打印，尽可能地清楚、简明，以便涉及组织该批货物运输的所有工作人员能够一目了然。同时应注意：

——打印货物的品名(用英文大写字母)；

——当一票货物中含有危险货物时，应分列打印，危险货物应列在第一项；

——活动物运输，本栏内容应根据 IATA 活动物运输规定打印；

——对于集合货物，本栏应打印“Consolidation as Per Attached List”；

——打印货物的体积，用长×宽×高表示(例如：DIMS：40cm×30cm×20cm)；

——可打印货物的产地国。

(10) 总件数

打印㉛中各组货物的件数之和。

(11) 总毛重

打印㉜中各组货物毛重之和。

(12) 总计

打印㊲中各组货物运费之和。

(13) 无名阴影栏

此栏一般不需填制，除非承运人需要，此栏内可填制特定的服务代号，如：B——Service Shipment 公务货物；C——Company Material 公司货物；D——Door to Door Service 门到门服务；J——Priority Service 优先服务；P——Small Package Service 小件货服务；T——Charter 包机。

19. Other Charges 其他费用54

(1) 打印始发站运输中发生的其他费用，按全部预付或全部到付。

(2) 作为到付的其他费用，应视为"代垫付款"。托运人应按代垫付款规定支付手续费，否则，对其他费用应办理到付业务。

打印"其他费用"金额时，应冠以相应代号，详细见本书第四章。同时应注意：

——承运人收取的其他费用"C"表示；

——代理人收取的其他费用"A"表示。

20. Prepaid 预付

(1) Weight Charge (Prepaid)预付航空运费㊴

打印按货物计费重量与适用运价计得的航空运费，并注意应与㊲中的金额一致。

(2) Valuation Charge (Prepaid)预付声明价值附加费 ㊶

如果托运人就货物运输声明价值的话，此栏应打印根据公式"(声明价值－实际毛重×最高赔偿额)×0.5%"计算所得的声明价值附加费的金额。

(3) Tax (Prepaid)预付税款㊸

打印适用的税款。此项费用与㊲中货物运费以及声明的价值附加费一起必须全部预付或全部到付。

(4) Total Other Prepaid Charges 预付的其他费用总额

应根据54内的其他费用打印相应的金额。

——Total Other Charges Due Agent (Prepaid)㊺：打印由代理人收取的预付的其他费用总额；

——Total Other Charges Due Carrier (Prepaid)㊼：打印由承运人收取的预付的其他费用总额。

(5) 无名称阴影栏目

本栏不需打印，除非承运人需要。

(6) Total Prepaid 预付总计

打印㊴ 、㊶ 、㊶ 、㊺ 、㊼等栏有关预付款项之和。

21. Collect 到付

(1) Weight Charge (Collect)到付航空运费㊵

打印按货物计费重量与适用运价计得的航空运费，并注意应与㊲中的金额一致。

(2) Valuation Charge (Collect)到付声明价值附加费㊷

如果托运人就货物运输声明价值的话，此栏应打印根据公式"(声明价值－实际毛重×最高赔偿额)×0.5%"计算所得的声明价值附加费的金额。

(3) Tax (Prepaid)到付税款㊹

打印适用的税款。此项费用与㊲中货物运费以及声明的价值附加费一起必须全部预付或全部到付。

(4) Total Other Collect Charges 到付的其他费用总额

应根据㊹内的其他费用打印相应的金额。

——Total Other Charges Due Agent (Collect)㊻:打印由代理人收取的到付的其他费用总额;

——Total Other Charges Due Carrier (Collect)㊽:打印由承运人收取的到付的其他费用总额。

(5) 无名称阴影栏目

本栏不需打印,除非承运人需要。

(6) Total Collect 到付总计

打印㊵、㊷ 、㊹ 、㊻ 、㊽等栏有关到付款项之和。

22. Shipper's Certification Box 托运人证明栏㊺

打印托运人名称(可参考 中内容)并令其在本栏内签字或盖章。

23. Carrier's Execution Box 承运人填写栏㊻

(1) Executed on (date)填开日期

按日、月、年的顺序打印货运单的填开日期(月份可用缩写),例:18OCT2003,表示 2003 年 10 月 18 日。

(2) At (place)填开地点

打印机场或城市的全称或缩写。

(3) Signature of Issuing Carrier or Its Agent 填开货运单的承运人或其代理人签字

填开货运单的承运人或其代理人在本栏内签字。

24. For Carrier's Use only at Destination 仅供承运人在目的站使用

本栏不需打印。

25. 用目的国家货币付费(仅供承运人使用)

(1) Currency Conversion Rate 货币兑换比价㊶

打印目的站国家货币代号,后面是兑换比率。

(2) CC Charges in Destination Currency 用目的站国家货币付费㊷

将㊿中所列到付总额,使用㊶所列的货币换算比率折算成目的站国家货币的金额,打印在本栏内。

(3) Charges at Destination 在目的站的费用㊸

最后承运人将目的站发生的费用金额(包括利息)等打印在本栏。

(4) Total Collect Charges 到付费用总额㊼

打印㊷与㊸内的费用金额之和。

26. Optional Shipping Information 选择性货运信息⑳

(1) 证明编号 Reference Number

打印托运人、代理人和承运人均认可的某些证明的编号。

(2) 无名栏目

打印某些承运人同意的事项。

27. 其他

某些航空货运单中还有其他栏目,用来打印收货人提取货物地点、时间等内容,并由收货人或其代理人签字盖章。

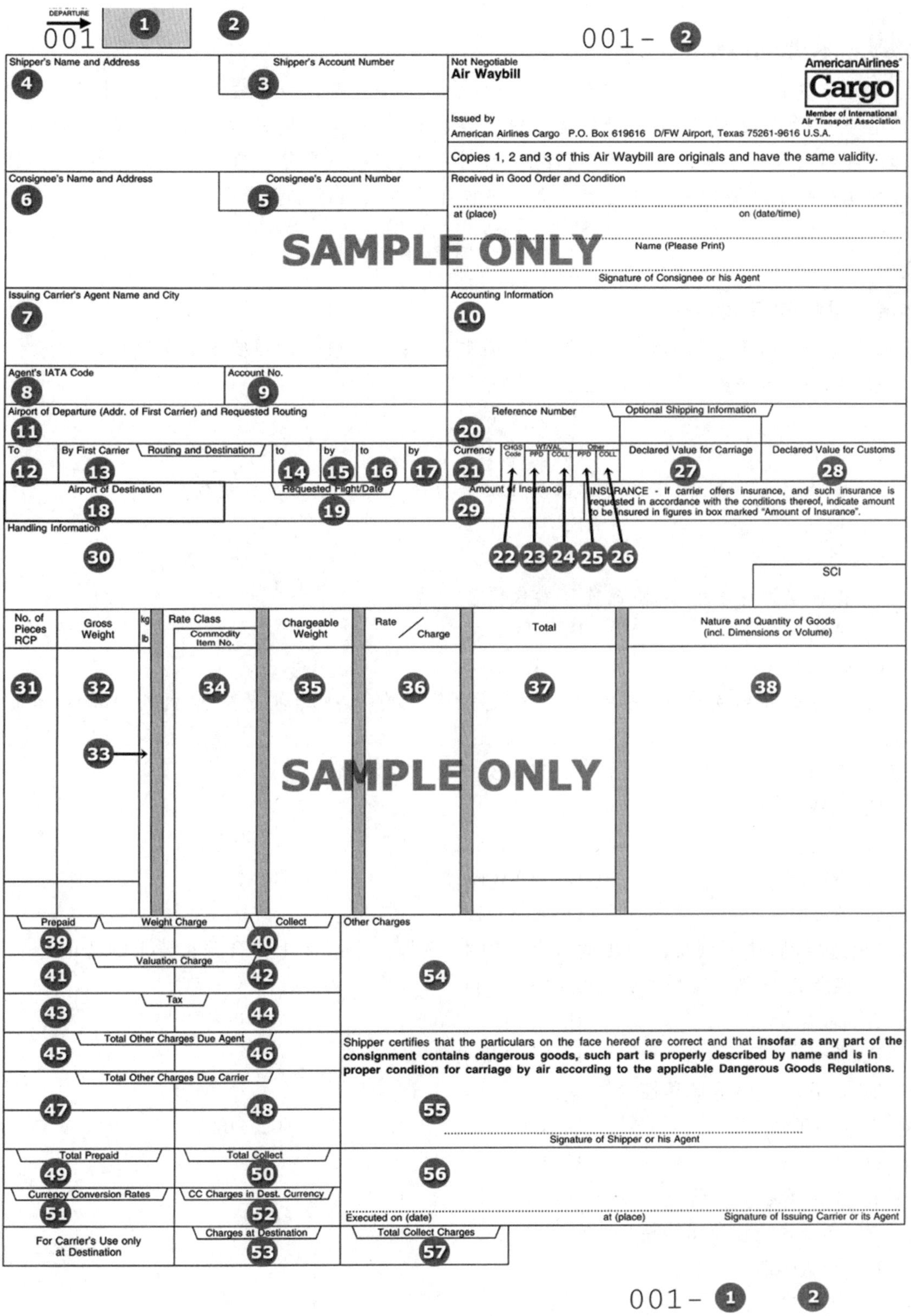

DEPARTURE
001 ① ②　　001- ②

Shipper's Name and Address ④ | Shipper's Account Number ③

Not Negotiable
Air Waybill
Issued by
American Airlines Cargo P.O. Box 619616 D/FW Airport, Texas 75261-9616 U.S.A.

AmericanAirlines Cargo
Member of International Air Transport Association

Copies 1, 2 and 3 of this Air Waybill are originals and have the same validity.

Consignee's Name and Address ⑥ | Consignee's Account Number ⑤

Received in Good Order and Condition
at (place)　on (date/time)
Name (Please Print)
Signature of Consignee or his Agent

SAMPLE ONLY

Issuing Carrier's Agent Name and City ⑦

Accounting Information ⑩

Agent's IATA Code ⑧ | Account No. ⑨

Airport of Departure (Addr. of First Carrier) and Requested Routing ⑪

Reference Number ⑳ | Optional Shipping Information

To ⑫ | By First Carrier ⑬ | Routing and Destination | to ⑭ | by ⑮ | to ⑯ | by ⑰ | Currency ㉑ | CHGS Code ㉒ | WT/VAL PPD ㉓ COLL ㉔ | Other PPD ㉕ COLL ㉖ | Declared Value for Carriage ㉗ | Declared Value for Customs ㉘

Airport of Destination ⑱ | Requested Flight/Date ⑲ | Amount of Insurance ㉙ | INSURANCE - If carrier offers insurance, and such insurance is requested in accordance with the conditions thereof, indicate amount to be insured in figures in box marked "Amount of Insurance".

Handling Information ㉚　　SCI

No. of Pieces RCP	Gross Weight	kg lb	Rate Class / Commodity Item No.	Chargeable Weight	Rate / Charge	Total	Nature and Quantity of Goods (incl. Dimensions or Volume)
㉛	㉜	㉝	㉞	㉟	㊱	㊲	㊳

SAMPLE ONLY

Prepaid	Weight Charge	Collect
㊴		㊵
㊶	Valuation Charge	㊷
㊸	Tax	㊹
㊺	Total Other Charges Due Agent	㊻
㊼	Total Other Charges Due Carrier	㊽
Total Prepaid ㊾		Total Collect ㊿
Currency Conversion Rates 51		CC Charges in Dest. Currency 52
For Carrier's Use only at Destination		Charges at Destination 53

Other Charges 54

Shipper certifies that the particulars on the face hereof are correct and that **insofar as any part of the consignment contains dangerous goods, such part is properly described by name and is in proper condition for carriage by air according to the applicable Dangerous Goods Regulations.**

55
Signature of Shipper or his Agent

56
Executed on (date)　at (place)　Signature of Issuing Carrier or its Agent

Total Collect Charges 57

001- ① ②

图 6-8　航空货运单(Air Waybill)

本章小结

本章首先介绍了掌握国际航空出口、进口货运代理业务的主要程序，接着阐述了航空集中托运业务、快件与快递业务、特种货物运输业务基本概念、运作模式和运输注意事项，最后详细阐述了托运书和航空货运单的概念、性质、填制方式、印刷条款等内容。通过本章的学习，读者应该对国际航空货物运输的业务程序和单证操作有较深入的掌握。

思考与练习

一、单项选择题(从下列每题给出的四个选项中，选择一个符合题目要求的选项)

1. 我国国际航空货运单，航空货运代理人持有(　　)。

A. 正本 3　　B. 副本 6

C. 副本 9　　D. 正本 1

2.《蒙特利尔公约》规定的赔偿的责任限额为每千克(　　)个特别提款权。

A. 15　　B. 16

C. 17　　D. 18

3. 在航空货运单中，危险品处理费代码表示为(　　)。

A. AWA　　B. CHA

C. RAC　　D. SUA

4. 从运输和报关单据来看，航空快运业务中有一种其他运输形式所没有的单据是(　　)。

A. POD　　B. HWB

C. MWB　　D. AVI

5. 下列(　　)单证是代理人同航空公司交接的单证。

A. EWB　　B. HAWB

C. SLI　　D. MAWB

二、多项选择题(从下列每题给出的五个选项中，选择一个或多个符合题目要求的选项)

1. 经常用航空快递的方式运输的货物有(　　)。

A. 投标书　　B. 合同　　C. 海鲜

D. 提单　　E. 出口成衣

2. 以下(　　)是世界性的快递公司。

A. TNT　　B. UPS　　C. DHL

D. FedEx　　E. OCS

3. 液体类航空货物包装要遵循以下原则(　　)。

A. 容器内至少有 5%～10%的空隙

B. 封盖严密

C. 每一容器的容量不得超过 500ml

D. 每件重量不超过 25kg

E. 应有“易碎物品”标签

4. 下列哪些不属于航空货物出口代理业务程序？(　　)

A. 到货通知　　B. 代理预报　　C. 提板箱
D. 交接发运　　E. 航班跟踪

5. 尽量利用直达航班，如无直达，需事先订妥全程舱位的有(　　)。
A. 活动物　　B. 贵重货物　　C. 鲜活易腐货物
D. 危险物品　　E. 作为货物运送的行李

三、判断题(判断下列各题的表述是否正确，正确的打"√"，错误的打"×")

1. 航空快件规定，每件运输货物的最小体积不得小于5cm×10cm×20cm。(　　)
2. 带土的树种或植物苗等不得用麻袋、草包、草绳包装，应用塑料袋包装。(　　)
3. 蔬菜可与鲜花、植物放在同一飞机货舱内运输。(　　)
4. 在航空运输中，承运人可根据需要改变运输方式或更换飞机，不需要事先通知货主或代理人。(　　)
5. 在航空货物运输中，活动物的运输也可以办理运费到付。(　　)

四、简答题(结合所学知识，回答下列问题)

1. 阐述航空货运单的用途。
2. 航空货物出口代理业务程序包含哪20个步骤？
3. 简述航空货运索赔的时限规定。
4. 阐述航空集中托运业务下各当事人之间的关系。
5. 简述航空货运单"供运输用的声明价值"的含义。

五、案例分析题(结合所学知识，分析案例材料，回答问题)

一票从澳大利亚墨尔本空运到北京的奶酪：货运单号999-89783444，1件500kg，货物价值20 000美元。飞机于2010年8月9日到达北京机场，当天上午9点航空公司发出到货通知。收货人当天办理完海关手续后到机场提货时，发现货物并没有放在冷库保存，奶酪解冻后受损，收货人当时便提出异议。因为在货运单的操作注意事项栏中明显注明"KEEP COOL"字样，但工作人员在分拣时疏忽没有看到。最后经过挑选，损失达60%左右。

请问：(1) 收货人能否向承运人索赔，为什么？
(2) 承运人如果赔偿，能否享受责任限额？为什么？
(3) 赔偿总金额是多少？

实　训　航空货运单证的填制

实训目的

(1) 熟悉航空托运书和货运单各栏目的内容。
(2) 掌握IATA航空货运单的填制规范。
(3) 培养学生的自学能力和应用能力。

实训内容

根据所给材料，填制航空托运书和货运单的相关栏目：

Routing：PVG-PAR

一程：上海—香港，承运人：东航
二程：香港—巴黎，承运人：国航

Commodity：Chemical in drums

Gross Weight: 280kgs

Dimensions: 10 drums, diameter 40cm and height 40cm each

Shipper: China Industry Corp., Shanghai, P. R. China
Tel: 86 (21) 64596666 Fax: 86 (21) 64598888

Consignee: Paris Sport importers, Paris, France
Tel: 03 (31)78789999 Fax: 03 (31)78780000

Also Notify: Quick Despatch Freight Forwarding Co., Ltd
Tel: 03 (31)78762222 Fax: 03 (31)78765555

Handling Information: keep upside

Freight Forwarder: JHJ Shanghai China; IATA code: 08-30230

Weight charge and other charges are all prepaid.

The shipper hasn't declared value of the goods, neither for carriage nor for customs.

Other Charges:

货运单费:50 元
燃油附加费:1.50 元/千克

Date and Place of Issue:2011 年 12 月 28 日,中国上海

Air Waybill Number:781- 2049 187#(最后一位模糊不清)

The applicable IATA rates for general cargo are as follows:

SHANGHAI	CN		PVG
Y. RENMINBI	CNY		KGS
PARIS	FR	M	320.00
		N	68.34
		45	51.29
		500	44.21
		1 000	41.03

实训要求

(1) 本实训会涉及航空货物运价和运费计算的内容,学生应自学本书第七章第三节、第四节的相关内容。

(2) 关于航空托运书和货运单的样式,查阅本书图 6-7 和图 6-8。

(3) 每名成员应积极参加小组讨论。

(4) 本实训任务的各项工作,应在各成员间进行合理分配,注重团队精神的培养。

实训课时

4 课时。

实训步骤

(1) 学生分组,每组以不超过 6 人为宜。

(2) 各组成员仔细阅读和分析所给的材料。

(3) 由 2~3 名成员负责填制相应的航空货物托运书。

(4) 由其余成员负责填制相应的航空货运单。

(5) 各组成员分析航空托运书和货运单在填制内容上的不同之处,讨论它们在性质、功

能、相关法律规范等方面的联系与区别，并做好记录。

(6) 前往图书馆或者利用相关电子资源，查阅与航空托运书、航空货运单的相关知识。

(7) 各组以《航空托运书与货运单的联系与区别》为题，制作 PowerPoint 演示文档。

(8) 各组选派代表，面向全班演示/演讲本组的分析结论。

(9) 教师点评和总结。

检查标准

(1) 各组提交填制完毕的航空托运书与航空货运单。

(2) 各组提交制作完毕的 PowerPoint 文档。

(3) 各组代表演讲的效果。

第七章
国际货运代理运费计收实务

学习目标

知识要求

- 了解海运班轮运价与运费、运价本的基本概念及其特点和主要影响因素。
- 掌握班轮运费的构成。
- 了解各类海运附加费的基本概念。
- 掌握班轮运费的计费标准和计算方法。
- 掌握海运拼箱货运费的计算方法。
- 掌握航空运费及费收的种类和基本概念。
- 了解航空最低运费和货币进整的基本概念。
- 了解航空货物运价的体系。
- 掌握航空运价定价的基本原则。
- 掌握普通货物运价、指定商品运价和等级货物运价的基本概念和计算方法。

技能要求

- 具有正确计算海运班轮运费和航空货物运费的能力。

开章案例

如何收取集装箱超期使用费和堆存费?

近些年来,集装箱货物到目的港后,长期无人提货的情况时有发生。一旦此类情况发生,通常会造成承运人的集装箱滞期费和码头堆存费等巨额损失。虽然提单条款中往往规定,承运人有权在货物到目的地后一段合理时间后拍卖此货物,但这时候发现,货物要么已腐烂变质,要么是远低于提单货物价值的廉价货,要么是垃圾货,要么是缺乏海关所需的必要手续。总之,承运人通常很难靠拍卖货物来补偿所造成的损失。以下即为一典型超期重箱案例,供承运人和收货人借鉴。

2009 年 7—8 月,一航运公司接受美国某公司委托,从美国纽约将提单号为 NYC25873、NYC35336、NYC25873A 项下的 8×20′和 2×40′的废电缆以 CY/CY 方式运至中国张家港。当货物运抵目的港张家港后,由收货人当地某外贸公司办理报关手续。而当张家港海关开箱验货时,却发现箱内实际货物与所申报的货名不符。箱内并非申报的废电缆,而是废铁。海关要求货主根据实际进口货物名称重新报关,但收货人却迟迟没有按海关要求再次报关,导致上述货物一直堆放在港区堆场,产生大量集装箱超期使用费和堆存费。至 2011 的 12 月 1 日,共产生集装箱超期使用费 19.7 万美元和堆存费人民币 50 226 元。

经查,此票货是由张家港某外贸公司委托上海某贸易实业公司代理进口一批废电缆,而实际到港的货物却是废铁。显然,此笔国际贸易中涉及欺诈。承运人于 2011 年 7 月就发生的集装箱超期使用费和超期堆存费向收货人及其贸易代理提起诉讼。

(来源:中国航贸网 有删改)

讨论:

1. 本案张家港公司可以拒绝提货吗?为什么?
2. 若张家港公司败诉,应按什么标准承担集装箱的超期使用费?

第一节 海运班轮运价

一、运价与运费的概念

运价(Freight Rate)是承运单位货物而付出的运输劳动的价格。运价就是运输产品价值的货币表现,表现为运输单位产品的价格。海上运输价格,简称为海运运价。运输产品表现为货物的空间位移,因此,运价又是运距的增函数。

运费(Freight)是承运人根据运输契约完成货物运输后从托运人处收取的报酬。

运费与运价的关系是:运费等于运价与运量之积。即:

$$F=R\times Q$$

式中,F 为运费;R 为运价;Q 为运量。

根据集装箱货物流转形态的不同,可以将运价分为整箱货运价(FCL Freight Rate)与拼箱货运价(LCL Freight Rate)。在海上集装箱班轮运输实践中,通常由班轮公司承运整箱货,并向托运人报出整箱货运价;而集拼经营人则承运拼箱货,并向托运人报出拼箱货运价。

二、运价本

运价本(Tariff),也称费率本或运价表,是承运人承运货物向托运人据以收取运费的费率表的汇总。运价本主要由条款和规定、商品分类以及费率三部分组成。

承运人有时会在提单中列入有关运价本的条款,用以说明承运人的运价本的作用。因为提单的正面和背面条款虽已很多,却是固定格式,因而不可能经常改变。同时,运输合同下各项费用的收取,结算的依据还会与具体港口的特殊要求相对应,并随市场的变化而变化。因此,承运人会用运价本的形式对此作出规定。

按运价制定形式不同,运价本可以分为等级费率本和列名费率本。

三、班轮运价的特点

1. 班轮运输的运价水平较高

班轮运输的特点决定了从事班轮经营的船舶的技术性能较好,船龄较低,船速较高。为满足各种货物的装运要求,船舱及货物运输设备齐全,因此,船舶的造价也高。

班轮运输是按公布的船期表中的时间和挂靠港口次序派遣船舶的,有时难以保证在每一挂靠港开航时都能使船舶达到满舱满载。为开展揽货业务,保证船舶装载率和整个班轮经营业务的顺利进行,通常需要在航线的各挂靠港口委托代理或设置揽货机构。这就增加了营运管理费用。

无论船舶是否满载,船舶的港口使费,如吨税、引航费、拖轮费、停泊费、系解缆费等营运可变费用仍然存在。

所有以上这些因素,使得班轮运输的单位成本较高。按照成本定价原则,承运人要从收取的运费中能够补偿较高的运输成本,并取得合理利润,因此,班轮运价就被确定在一个较高的水平上。

2. 货物对运费的负担能力较强

班轮运输的货物一般以制成品或半成品为主,基本上无初级原材料。通常为高附加值货物,其运费负担能力较强,班轮运费占商品价值的比重仍较小。因此,较高的班轮运价符合负担能力定价原则,是托运人所能接受的。

3. 班轮运价在时间上相对稳定

班轮运输服务一般不以特定的客户为对象。因此,无论班期、航线、挂靠港口、运价等均是以货物的普遍运输需求为依据制定的。班轮运价一般是根据平均运输成本、运力与需求的供给关系、市场竞争形势以及定价的基本原则等多种因素,对可能承运的各类货物分别制定运价,并用运价本的形式公布。尽管根据这些因素的变化,经常会做出一定的调整,但基本运价在一定时期内通常还是会保持相对稳定。至于其合理性、接受性、能否使全部运费收入抵偿全部运输成本并能获取合理的利润,则要在市场运作中得到印证。不过,尽管有着这样的稳定性,并不是说市场的运作完全照搬运价本,班轮公司还要根据具体情况具体对待。

为了应对航运市场的风险,班轮公司一般会偏高确定运价,或针对某些特殊情况采用加收"附加费"的办法。

4. 班轮运价具有一定程度的垄断特征

很长一段时期内,国际海上班轮运输中的班轮运输航线都是由班轮公会所控制,班轮运价具有垄断特征。通常,班轮公会都拥有统一的班轮运价,各会员公司按统一的运价计收运费;

或制定最低运价标准，各会员船公司只能按高于该最低运价标准计收，而不能低于这个标准。目前，班轮公会已解体，但市场上少数班轮公司控制了大部分运力，班轮运价具有一定的寡头垄断特征。

5. 班轮运价的制定结合采用运输成本定价和负担能力定价原则

货物负担运费能力定价原则虽然对班轮运输的货物普遍适用，但无区别地按同一标准适用这一原则来确定运价，也有失合理性。因此，在使运费的总收入能足以补偿运输成本的基础上，再按货物的不同价值来确定不同的运价，即采用等级运价是比较合理的。各个班轮公司制定并公布的运价都反映出这种原则。

海上运输通常都分航线、按商品种类或等级制定运价。它是按照航线上各挂靠港口的平均距离为基础制定的运价。对于某一商品，只要其起运港和目的港是同一航线上规定挂靠的基本港口，就不再考虑运输距离的远近，而按同一运价计收运费。

小知识

什么是基本港口？

基本港口(Base Port)，也称基本港，是指国际大型班轮公司定期挂靠，进出口贸易量及海运需求较大，具有相当规模的港口。如香港、上海、深圳、高雄、新加坡、神户、鹿特丹、奥克兰等。基本港是个相对的概念，随时间和区域变化而不同。基本港因进出口货物运输需求量大，班轮直接挂靠，相对成本较低。

四、影响班轮运价制定的主要因素

1. 运输成本

影响海上运输成本的因素较多，结构复杂。一般认为航次成本应包括船舶的资本成本、航次营运成本和航次变动成本。在我国，又把航次营运成本和航次变动成本分别称为固定成本和变动成本。这些成本主要包括：

资本成本，这是购买船舶的实际成本，是船舶最基本的成本，包括贷款、利息和税金等。在进行航次估算时，基于年度资本成本计算。年度资本成本可以等值为折旧费用，而年度折旧额是船舶的资本成本与船舶的经济寿命之比，进一步可以算出船舶的每天折旧额。从短期来看，可以将资本成本视为固定成本。

营运成本，这是为保持船舶适航状态所需要的经常性的维持费用。无论船舶航行与否，为其营运必须支出费用，因此也称为营运费用，它不随特定航次变化。包括的因素有：船员工资及其他有关费用，如培训费、劳动保险、福利费等；船舶保险费、保赔费等；船舶维持费用，如油漆费、备件费用、检修费等；润滑油费；物料费；营业管理费，管理费是指公司设立的各种管理部门和代理机构从事营运需要的调度业务、商务、财务、机务、安全监督等管理工作所发生的一切费用。

航次变动成本，这是船舶为从事特定航次的运输所发生的费用。包括：燃料费；港口使费，如代理费、航道费、吨税、靠泊费等；引水费和拖轮费；货物装卸费；运河通行费；速遣费和赔偿费；船员航行津贴等。

2. 航运市场的结构与竞争

集装箱班轮运输市场在总体规模上是由少数规模较大的船公司所垄断。参与经营活动的运输集团或大型航运公司可以根据其经营规模与在市场上的占有额,自行决定公司在各航线的运价。而且,运价已成为集装箱运输市场中各大航运公司竞争的焦点。

在寡头垄断的情况下,为避免各船公司之间的激烈竞争而引起的运价战,市场内的很多公司往往会组成各种不同形式的航运"卡特尔",形成班轮运输市场的结构模式。

集装箱运输市场内的航运"卡特尔",主要采取班轮公会、班轮公会与班轮公会之间的协议、公摊协议、联营协议和君子协议等几种形式。

这些"卡特尔"的存在,尽管减少了某个区域航线,或某一航线,或某航线的一个方向上的竞争,但是,根本的市场性质未变,运价的决策机制未变。

3. 货物的种类、数量

货物种类、数量也是影响运价水平的重要因素。不同货类具有不同的性质与特点,影响船舶载重量和舱容的利用,运价标准也就不同,可能发生的额外费用必须反映到运价中。

较稳定的货流和大批量货源能使定期船具有较高的舱位利用率和较好的运费收入。

货物装卸的特殊要求,货物受损的难易程度,货物遭受偷盗的可能性等都会在运价中得到反映。

4. 航线及港口条件

不同的航线有着不同的航行条件,对船舶运输成本影响也就不同。航线距离、气象条件、安全性等也会在运价中得到反映。

对运价构成影响的港口条件包括港口的装卸费率、港口使费、港口装卸设备、泊位条件、装卸效率、管理水平、拥挤程度以及安全性等。

5. 运输合同条款

运输合同中所定的运输条件,如运费支付方式、费用承担责任、承运人的责任区间等,都会影响到运价的高低。

还有一些其他因素对海运运价产生影响,如航运服务质量、企业自身的经营目标、市场竞争形式的变化等。

五、海运集拼经营人与拼箱货运价

集装箱运输的货物分为整箱货(FCL)和拼箱货(LCL)两种,有条件的国际货运代理公司也能承办拼箱业务,即接受客户尺码或重量达不到整箱要求的小批量货物,把不同收货人、同一卸货港的货物集中起来,拼凑成一个20英尺或40英尺整箱,这种做法称为"集拼",英文通常叫作"Consolidation",简称"Consol",承办者称为集拼经营人(Consolidator)。从事集拼业务的国际货运代理企业由于签发了自己的提单(House B/L),故通常被货方视为承运人(集装箱运输下承运人的概念是指凡有权签发提单,并对运输负有责任的人);如果只经营海运区段的拼箱业务,则是无船承运人。

拼箱货运价(LCL Freight Rate)是指集拼经营人通过承办拼箱业务,向托运人收取的运价。海运集拼经营人从事的是经营班轮货物运输的服务活动,运输费用的计算与船舶经营人的班轮费用计算基本一致,最后体现为按照运价本规定的拼箱货运价计算运费。目前,海运集拼经营人在拼箱货运中通常使用"等级运价本",即将承运的货物分成若干等级,每个等级的货物有一个基本费率,称为"等级费率表"。

海运拼箱货运价的水平主要受两方面的影响:一是向船舶经营人或无船承运人支付的运价水平;二是集拼经营人自身的经营成本。另外,海运集拼经营人作为无船承运人,其运价本的内容与船舶经营人的运价本并不存在本质的区别，运输费用最后集中体现在运价本或服务协议的运价水平上。拼箱货运价的费率也分为基本费率和附加费率。

第二节 海运班轮运费计收

一、班轮运费的构成

班轮运费包括基本运费(Basic Freight)和附加运费(Surcharge or Additional)两部分。基本运费是对任何一种托运货物计收的运费；附加运费则是根据货物种类或不同的服务内容，视不同情况而加收的运费，可以说是由于在特殊情况下或者临时发生某些事件的情况下而加收的运费。附加运费可以按每一计费吨(或计费单位)加收，也可按基本运费(或其他规定)的一定比例计收。

1. 基本运费

指对运输每批货物所应收取的最基本的运费，是整个运费的主要构成部分。它根据基本运价(Basic Freight Rate)和计费吨计算得出。基本运价按航线上基本港之间的运价给出，是计算班轮基本运费的基础。

基本运价有多种形式，如普通货物运价、个别商品运价、等级运价、协议运价、集装箱运价等。而根据货物特性等所确定的特别运价有：军工物资运价、高价货运价、冷藏运价、危险品运价、甲板货运价、小包裹运价等。

2. 附加运费

实践中，经常有一些需要特殊处理的货物、需要加靠非基本港或转船接运的货物(Transit Cargo)需要运输；即使是基本港之间的运输，也因为基本港的自然条件、管理规定、经营方式等情况的不同而导致货物运输成本的差异。这些都会使班轮公司在运营中支付相应的费用。为了使这些增加开支得到一定的补偿，需要在基本运费的基础上，在计算全程运费时计收一定的追加额。这一追加额就是构成班轮运费的另一组成部分——“附加运费”。

附加运费的种类主要有：

(1) 燃油附加费(Bunker Adjustment Factor，BAF)

这是由于燃油价格上涨，使船舶的燃油费用支出超过原核定的运输成本中的燃油费用，承运人在不调整原定运价的前提下，为补偿燃油费用的增加而增收的附加费。实践中，英文还称其为“Fuel Adjustment Factor”，即FAF。

当燃油价格回落后，该项附加费亦会调整直至取消。燃油费用在船公司的经营成本中占有较大比重，燃油价格上涨直接增加了承运人的经营成本。燃油价格的长期上涨所带来的运输成本增加会在一定时期内的基本运价调整中得到反映。因此，燃油附加费一般是用来应对短期的燃油价格变动的。

(2) 货币贬值附加费(Currency Adjustment Factor，CAF)

这是由于国际金融市场汇率发生变动，计收运费的货币贬值，使承运人的实际收入减少，为了弥补货币兑换过程中的汇兑损失而加收的附加费。由于国际运输往往涉及多个国家和多种货币，而货币之间的兑换会带来一定的时间上的、手续上的损失，因此，承运人会通过增收货币贬值附加费来弥补这一收入损失。

(3) 港口附加费(Port Additional)

由于港口装卸效率低,或港口使费过高,或存在特殊的使用费(如进出港要通过闸门等)都会增加承运人的运输经营成本,承运人为了弥补这方面的损失而加收的附加费称为港口附加费。

(4) 港口拥挤附加费(Port Congestion Surcharge,PCS)

由于港口拥挤,船舶抵港后需要长时间等泊而产生额外的费用,为补偿船期延误损失而增收的附加费称为港口拥挤附加费。港口拥挤附加费是一种临时性的附加费,其变动性较大,一旦港口拥挤情况得到改善,该项附加费即进行调整或取消。

(5) 转船附加费(Transshipment Additional)

运输过程中货物需要在某个港口换装另一船舶运输时,承运人增收的附加费称为转船附加费。运往一些偏僻或较小的非基本港的货物,必须通过转船才能运达;而有时由于转运干线船,也需要换装船舶。转运一次就会产生相应的费用,如换装费、仓储费以及二程船(接运船舶)的运费等费用,一般这些费用均由负责第一程船运输的承运人承担,并包括在所增收的转船附加费内。

(6) 超长附加费(Long Length Additional)

由于单件货物的外部尺寸超过规定的标准,运输时需要特别操作,从而产生额外费用,承运人为补偿这一费用所计收的附加费称为超长附加费。货物的长度超过规定后,会增加装卸和运输的难度,如需特别的捆绑、铺垫、增加亏舱等,影响船期,增加支出。货主需支付超长附加费。在运价本中,一般长度超过 9m 的件杂货就可能要有这一附加费。

超长附加费是按长度计收的,而且长度越长其附加费率越高。如果超长货物需要转船时,则每转船一次,加收一次。

(7) 超重附加费(Heavy Lift Additional)

超重附加费是指每件商品的毛重超过规定重量时所增收的附加运费。这种商品称为超重货。由于单件货物的重量超过规定标准时,在运输中同样需要特别的捆绑、铺垫以及影响装卸工作等,所以承运人对单件货物重量超过一定标准的货物要加收该附加费。通常承运人规定货物重量超过 5t 时就要增收超重附加费。

超重附加费是按重量计收的,而且超重重量越大其附加费率越高。如果超重商品需要转船时,则每转船一次,加收一次。如果单件货物既超长又超重,则二者应分别计算附加费,然后按其中收费高的一项收取附加费。

(8) 直航附加费(Direct Additional)

这是托运人要求承运人将其托运的货物从装货港,不经过转船而直接运抵航线上某一非基本港时所增收的附加费。

通常,承运人在运价本中会作出规定,当托运人交运的一批货物达到某一数量以上时,就可以同意托运人提出的直航要求,并按规定增收直航附加费。船舶直接加挂某一非基本港口后,会增加港口费用支出,并延长船期。选择直航一般以直航后产生的额外费用小于原来的转运费用为原则。

(9) 选港附加费(Optional Surcharge)

又称选卸附加费,即选择卸货港所增加的附加费。由于买卖双方贸易需要,有些货物直到装船时仍不能确定最后卸货港,要求在预先指定的两个或两个以上的卸货港中,待船舶开航后再作选定。这样,就会使整船货物的积载变得困难,甚至会造成舱容的浪费。另外,选择的卸货港港口必须是该航次挂靠的港口。在集装箱班轮运输中,选择卸货港已很少被船公司接受。

(10) 洗舱附加费(Cozening Fee)

船舶装载了污染货物后,或因为有些货物外包装破裂、内容物外泄时,为不再污染以后装载的货物,必须在卸完污染物后对货舱进行清洗,承运人对由此而支出的费用所增收的附加费称为洗舱附加费。清洗费用一般根据污染程度、清洗难度而定。

(11) 变更卸货港附加费(Alteration of Discharging Port Additional)

由于收货人变更、交货地变更或清关问题等需要,有些货物在装船后需变更卸货港,而货物不在提单上原定的卸货港卸货而增收的附加费称为变更卸货港附加费。

变更卸货港的运费超过原卸货港的运费时,提出变更要求方应补交运费差额;反之,不予退还。同时,由于因需要翻舱所引起的额外费用和损失,亦由提出变更要求的一方负担。

(12) 绕航附加费(Deviation Surcharge)

是指因某一段正常航线受战争影响、运河关闭或航道阻塞等意外情况的发生迫使船舶绕道航行,延长运输距离而增收的附加运费。绕航附加费是一种临时性的附加费,一旦意外情况消除,船舶恢复正常航线航行,该项附加费即行取消。

(13) 旺季附加费(Peak Season Surcharge,PSS)

也称高峰附加费,这是目前在集装箱班轮运输中出现的一种附加费,在每年运输旺季时,承运人根据运输供求关系状况而加收的附加费。

(14) 超额责任附加费(Additional for Excess of Liability)

这是托运人要求承运人承担超过提单上规定的赔偿责任限额时承运人增收的附加费。超额责任附加费按商品的 FOB 价格的一定百分比计收,因此,托运人托运时应同时提供货物的 FOB 价格。

(15) 低硫燃油附加费(Low Sulphur Fuel Surcharge,LSS)

随着国际海事组织制定的“限硫令”推行,各大船公司纷纷决定于 2018 年 11 月向由上海港和宁波港运出的货物征收低硫燃油附加费。自 2019 年 1 月起,全国其他港口相继开始推行低硫燃油附加费,每 TEU 征收 20 美元左右。

另外,还有一些其他的附加费,如冰冻附加费、苏伊士运河附加费、熏蒸费等。在集装箱班轮运输中,还有一些关于运输费用的概念,如“整体费率上调”(General Rate Increase, GRI)是指通常在每年的五月开始,承运人将所有的费率上调一定幅度;“目的地交货费”(Destination Delivery Charge,DDC)是指在北美地区的港口对到港的货物收取的费用;“空箱调运费”(Equipment Reposition Charge,ERC)也称设备调运费,是收货人没有按约定还空箱时,承运人为调运空箱而收取的费用。还有一些存在争议的费用,如码头作业(操作)费(Terminal Handling Charge,THC)、原产地接货费(Original Receiving Charge,ORC)等。

二、班轮运费的计费标准

班轮运费的计费标准(Freight Basis)也称计算标准,是指计算运费时使用的计算单位。在班轮运费的计收中,涉及的基本概念有运费吨、起码运费等。

运费吨或计费吨,是计算运费的一种特定的计费单位。通常,取重量和体积中相对值较大的为计费标准,以便对船舶载重量和舱容的利用给予合理的费用支付。如 100 个纸箱包装的纸制品,重 1.2t,体积为 1.5m^3,它的运费吨则按 1.5t 计算。而 100 箱的铁钉,重 9 000kg,体积 2.6m^3,它的运费吨则计为 9t。在运价表中,运费吨/计费吨一般表示为 FT(Freight Ton)/RT(Revenue Ton)。

起码运费(Minimum Rate/Minimum Freight),是指以一份提单为单位最少收取的运费。承运人为维护自身的最基本收益,对小批量货物收取起码运费,用以补偿其最基本的装卸、整理、运输等操作过程中的成本支出。不同的承运人使用不同的起码运费标准,件杂货和拼箱货一般以 1 运费吨为起码运费标准,最高不超过 5 运费吨;有的以提单为单位收取起码运费,按提单为标准收取起码运费后不再加收其他附加费。

班轮运输中,主要使用的计费标准是按容积和重量计算运费;但对于贵重商品,则按货物价格的某一百分比计算运费;而对于某些特定的商品,也可能按其某种包装状态的件数计算运费。某些商品则按实体个数或件数计算运费,如活牲畜按"每头(Per Head)"计收;车辆按"每辆(Per Unit)"计收以及按承运人与托运人双方临时议定的费率(Open Rate)计收运费等。按临时议定的费率计收运费多用于低价商品的运输。

在集装箱运输中有按每一个集装箱计算收取运费的规定。此时,根据集装箱的箱型、尺寸规定不同的费率(Box Rate)。

承运人制定的运价表中都具体规定了各种不同商品的计算运费标准。航运界通用的符号有:

(1) "W(Weight)"表示该种货物应按其毛重计算运费。

(2) "M(Measurement)"表示该种货物应按其尺码或体积计算运费。某些国家对运输木材按"板尺(Board Foot)"和"霍普斯尺(Hoppus Foot)"计算运费(12 板尺=0.785 霍普斯尺=1 立方英尺)。

(3) "W/M"表示该货物应分别按其毛重和体积计算运费,并选择其中运费较高者。

(4) "Ad. Val. (Ad Valorem)"表示该种货物应按其 FOB 价格的某一百分比计算运费。由于运价是根据货物的价格确定的,所以又称为从价运费。

(5) "Ad. Val. or W/M"表示该种货物应分别按其 FOB 价格的某一百分比和毛重、体积计算运费,并选择其中运费高者。

(6) "W/M plus Ad. Val"表示这种货物除应分别按其毛重和体积计算运费,并选择其中运费较高者外,还要加收按货物 FOB 价格的某一百分比计算的运费。

在运价表中,计算单位为运费吨,既有重量吨也有尺码吨。不同国家或地区采用不同的单位制。但目前各国都趋向采用国际单位制,以"t"(即公吨,简称吨)和"m^3"(即立方米)为计费单位。但英国和某些欧洲国家的航运界仍用长吨(英吨)和立方英尺为计费单位。

根据我国的基本计量制度规定,我国的法定计量单位采用"米制"。在运费计算中,重量单位用"吨(Metric Ton)";体积单位用"立方米(Cubic Meter)"。以 1 公吨或 1 立方米为 1 计费吨。

三、班轮运费的计算方法

1. 件杂货班轮运费的计算

(1) 运费计算的一般方法

件杂货班轮运费是由基本运费和各项附加运费组成的,其计算公式为

$$F=F_b+\sum S$$

式中 F——运费总额;

F_b——基本运费额;

S——某一项附加费。

基本运费是所运商品的计费吨（重量吨或容积吨）与基本运价（费率）的乘积，即

$$F_b = f \cdot Q$$

式中 f——基本运价；

Q——计费吨。

附加运费是各项附加费的总和。各项附加费均按基本运费的一定百分比计算时，附加费的总额应为

$$\sum S = (S_1 + S_2 + \cdots + S_n) \cdot F_b = (S_1 + S_2 + \cdots + S_n) \cdot f \cdot Q$$

式中，S_1、$S_2 \cdots S_n$ 分别为某一项附加费费率（百分比）。

因此，运费总额的计算公式为

$$F = F_b + \sum S = f \cdot Q + (S_1 + S_2 + \cdots + S_n) \cdot f \cdot Q = (1 + S_1 + S_2 + \cdots + S_n) \cdot f \cdot Q$$

（2）从价运费计算中的货物价格换算

从价运费是按货物的 FOB 价格的某一百分比计算的。但是，某些贸易合同可能是以 CIF 价格成交的。因此，要将 CIF 价格换算为 FOB 价格，之后，再算出从价运费。

按照一般的贸易习惯，按 CFR 价格是 CIF 价格的 99%的比例，通过以下关系式求得 FOB 价格。

$$P_{CFR} = 0.99 P_{CIF}$$

$$F = (\text{Ad. Val.}) \cdot P_{FOB}$$

$$P_{CFR} = P_{FOB} + F = P_{FOB} + (\text{Ad. Val.}) \cdot P_{FOB} = (1 + \text{Ad. Val.}) \cdot P_{FOB}$$

$$P_{FOB} = \frac{P_{CFR}}{(1 + \text{Ad. Val.})} = \frac{0.99 P_{CIF}}{(1 + \text{Ad. Val.})}$$

式中 P_{FOB}——货物的 FOB 价格；

P_{CFR}——货物的 CFR 价格；

P_{CIF}——货物的 CIF 价格。

2. 集装箱整箱货运费的计算

（1）集装箱运输中运费的结构

集装箱班轮运输中运费的计算原则与杂货班轮运输中运费的计算原则相似，但也有其自身的特点。随着集装箱班轮运输发展的需求，有些租船运输中的装卸费用条款也被引入集装箱班轮运输中。如航次租船中的 FI 或 FO 的装卸条件被引入集装箱班轮运输中。在这里，FI 的含义与航次租船中的 FI 相同，即承运人不负责装船费用；FO 的含义与航次租船中的 FO 相同，即承运人不负责卸船费用。例如，CY to FO 即意味着承运人在装货港集装箱堆场接收货物，并在卸货港船舶舱内交货，这种货物交接形式和费用分担往往用于大批量货物的货主。这些货主在与集装箱码头装卸公司有着合作或契约关系的条件下，可以获得比较低的卸货费率；或者承运人对当地港口的情况无法把握时，就会使用这些不常用的条款。当然，CY to FO 方式只适用于整箱货，通常用于 ISTANBUL、LATTAKIA、BEIRUT 等地中海东部航线的港口。

（2）计费方法

班轮运费的计收方法被广泛应用于计算集装箱货物的运费和其他费用。即在费率表中规定了基本运费和附加运费，并给出了费率和计费方法。不过，由于在整个运输过程中，货物要装箱、拆箱，而这些作业既可以由承运人负责进行，也可以由托运人自行负责进行。随之，费用

的负担责任也就确定。因此,不同的情况下的运费计算办法也就有所不同。

集装箱班轮运输中的基本运费的计算方法有两种:

① 采用与计算普通杂货班轮运输基本运费相同的方法,对具体的航线按货物的等级和不同的计费标准来计算基本运费。

② 对具体航线按货物等级及箱型、尺寸的包箱费率(Box Rate),或仅按箱型、尺寸的包箱费率而不考虑货物种类和级别计算基本运费。包箱费率指对单位集装箱计收的运费率。包箱费率也称为"均一费率(Freight All Kinds,FAK)"。采用包箱费率计算集装箱基本运费时,只需要根据具体航线、货物等级以及箱型、尺寸所规定的费率乘以箱数即可。

在使用第一种计算方法时,由于集装箱货物的交接方式较多,因此,就有不同的具体计算方法,包括拼箱货运费计算和整箱货运费计算。拼箱货的海运运费计算与普通杂货班轮运输货物的运费计算方法相似。

集装箱班轮运输中的附加费也与杂货班轮运输中的情况相似。但是,实践中有时会将基本运费和附加费合并在一起,以包干费(All in Freight)的形式计收运费。此时的运价称为包干费率,又称"全包价(All in Rate,A. I. R)"。

3. 集装箱拼箱货运费的计算

(1) 拼箱货运输中运费的结构

拼箱货运输可以分为直拼运输与混拼运输。通常,直拼运输方式比混拼运输方式在运输路线、相关手续、收费项目和费用等方面更为简单、更为节省。

① 拼箱货直拼运输的费用结构

拼箱货直拼运输的费用项目主要包括:

a. 拼箱及起运港的费用:如货物提前进站的仓储费和海关监管费、提运空箱和重箱进场的托运费和码头费用、货物装箱费和理货费用等。

b. 海运运费及手续费:如班轮公司运输整箱货所收取的海运运费、到船舶代理人处办理有关订舱等手续的费用。

c. 目的港的拆箱费用:如提重箱以及还空箱的托运费和码头费用、拆箱费和理货费、分拨费和相关的代理手续费、拼箱货的仓储费等。

d. 其他发生在装卸两港的相关服务费用。

如果拼箱货情况较为特殊,则还会产生特殊的费用。以上费用通常由集拼经营人按运价本或协议运价向托运人收取。

② 拼箱货混拼运输的费用结构

拼箱货混拼运输的费用项目除与直拼运输相同的费用外,还包括中转港再拼箱和转运所需的费用:

a. 中转港的拆箱和再装箱及理货的费用。

b. 集装箱的托运费用。

c. 拼箱货的搬运费和仓储费用。

d. 办理进出口手续的费用。

e. 中转港代理人的费用。

f. 其他相关的服务费用等。

(2) 拼箱货运费与成本的计算步骤

运费的计算在货运实务中是一项重要的工作。准确无误的计算将会避免不必要的商务纠纷、赔偿，同时也会在满足集拼公司营运需求的情况下，树立良好的企业形象。

① 拼箱货运费的基本计算步骤

a. 根据托运单查明所运货物的基本港和目的港所属的航线。注意的项目有：目的港或卸货港是否是航线的基本港，是否需要转船，是否要求直达。

b. 了解各货物的名称、特征、数量、包装状态、重量、体积，是否为超重或超长货件、冷藏货物，是否有特殊转运需求，是否接受拼箱运输等。

c. 根据各商品的名称在“商品分级表(Scale of Commodity Classification)”中查找出该商品所属等级，再从该商品的运输航线或运抵港口的“等级费率表(Scale of Rates)”中查找该级商品的费率。

d. 查出各项应收附加费的计算方法及费率。

e. 列式进行具体计算，从而得出应向各托运人收取的运费。

② 拼箱货运成本的基本计算步骤

a. 合理选择并计算集装箱的箱型和数量。需注意的是，应当正确地进行积载和装箱，以减少亏箱，并且充分利用载货重量。

b. 查找与班轮公司、相关的船舶代理人、仓储经营人等订有的服务协议，来计算整箱货运费。

c. 查出各项应收附加费的计算方法及费率。

d. 综合考虑其他费用。如由于实现业务流程和单证作业的流程再造所需要的费用、向托运人实报实收的费用、因突发事件产生的额外费用等。

e. 列式进行具体计算，从而得出总成本。

第三节 航空货物运价

一、航空运费及费收的种类和基本概念

航空货物运输所涉及的费用由多种，但主要可以分为以下三类。

(一) 航空运费(Weight Charge)

航空运费是指将一票货物自始发地机场运输到目的地机场所应收取的航空运输费用。

一般来说，货物的航空运费主要由两个因素组成，即货物适用的运价与货物的计费重量。航空运费的计算公式如下：

航空运费＝计费重量×适用的运价

1. 运价

运价，又称费率，是指承运人为运输货物对规定的重量单位(或体积)所收取的费用，它只包括机场与机场之间的航空运输费用。

由于航空运输货物的种类繁多，货物运输的起讫地点所在航空区域不同，每种货物所适用的运价亦不同。换言之，运输的货物种类和运输起讫地点的 IATA 区域使航空货物运价乃至运费计算分门别类。

(1) 航空货物运价所使用的货币：用以公布航空货物运价的货币称为运输始发地货币。

货物的航空运价一般以运输始发地的本国货币公布，有的国家以美元代替其本国币公布。

以美元公布货物运价的国家视美元为当地货币。运输始发地销售的航空货运单的任何运价、运费值均应为运输始发地货币,即当地货币。

(2) 航空货物运价的有效期:销售航空货运单所使用的运价应为填制货运单之日的有效运价。即在航空货物运价有效期内适用的运价。

(3) 航空货物运价的方向性:使用运价时要注意运输路线的方向性,不得反方向使用运价。

2. 计费重量(Chargeable Weight)

计费重量是指用以计算货物航空运费的重量。货物的计费重量,或者是货物的实际毛重,或者是货物的体积重量,或者是较高重量分界点的重量。

由于飞机业务载运能力受飞机最大起飞全重和货舱本身体积的限制,货物的计费重量需要同时考虑其体积重量和实际毛重两个因素。又因为航空货物运价"递远递减"的原则,产生了一系列重量等级运价,而重量等级运价的起码重量也影响着货物运费的计算。

(1) 实际毛重(Actual Gross Weight)

包括货物包装在内的货物重量,称为货物的实际毛重。

由于飞机最大起飞全重及货舱可用业载的限制,一般情况下,对于高密度货物(High Density Cargo,是指每千克体积不足 6 000cm^3 或 366in^3 或每磅不足 166in^3 的货物,又称"重货"),应考虑其实际毛重可能会成为计费重量。

(2) 体积重量(Volume Weight)

按照国际航协规则,将货物的体积按一定的比例折合成的重量,称为体积重量。

由于货舱空间体积的限制,一般对于低密度的货物(Low Density Cargo,是指每千克体积超过 6000cm^3 或 366in^3 或每磅超过 166in^3 的货物,又称"轻泡货"),应考虑其体积重量可能会成为计费重量。

不论货物的形状是否为规则的长方体或正方体,计算货物体积时,均应以最长、最宽、最高的三边的厘米长度计算。长、宽、高的小数部分按四舍五入法取整,体积重量的折算,换算标准为每 6 000cm^3 折合 1kg(有些国家体积重量换算是以 1kg=7 000cm^3 来计算的,参阅 TACT Rules 3.9.4)。

$$体积重量(kg)=\frac{货物体积(cm^3)}{6\,000(cm^3/kg)}$$

(3) 等级重量

如果托运人托运的货物,其重量接近于较高重量分界点,那么,用较高重量分界点的较低运价计算出来的运费低于按适用的运价计算出来的运费,此时,可以按较低运价收费。

【例题 7-1】

计算一箱普通货物 40kg 从上海至东京的航空运费。

上海至东京的运价为	M	230.00
	N	30.22
	45	22.71

① 按 45kg 以下运价计算

40×30.22 =1 208.80

② 因 40kg 接近于 45kg 这个重量分界点,故将计费重量提高到 45kg,即 45×22.71=1 021.95<1 208.80,故按较低的运费收取。

这时，45kg 就是计费重量。

(4) 计费重量的选取

一般的，采用货物的实际毛重与货物的体积、重量二者比较取高者；但当货物按较高重量分界点的较低运价计算的航空运费较低时，则此较高重量分界点的货物起始重量作为货物的计费重量。

综上所述，货物的计费重量可以是：
- 实际毛重
- 体积重量
- 等级重量（较高重量分界点起始重量）

(5) 计费重量的单位进整

国际航协规定，国际货物的计费重量以 0.5kg 为最小单位，重量尾数不足 0.5kg 的，按0.5kg计算；0.5kg 以上不足 1kg 的，按 1kg 计算。若计算单位是磅，则小数点均往前进一位。例如：

Gross Weight 105.2kgs＝Chargeable Weight 105.5kgs

Gross Weight 105.8kgs＝Chargeable Weight 106.0kgs

(二) 声明价值附加费(Valuation Charge)

根据《1999 年蒙特利尔公约》的规定，在国际航空运输中，承运人必须保证货物的安全正常运输，货物在承运人保管期间，发生货物毁灭、遗失或损坏而产生的损失，或因延误所产生的损失，承运人应负责任。赔偿的最高限额为每千克 17 特别提款权。如果货物的价值超过这个规定的限额，货主可以向承运人交纳声明价值附加费。

小知识

国际民航组织发布《1999 年蒙特利尔公约》限额修订生效的通知

《统一国际航空运输某些规则的公约》(简称《1999 年蒙特利尔公约》)是以统一国际航空运输规则和国际航空运输承运人责任为主要内容的多边国际公约。公约目前有 92 个当事国。我国于 2005 年 6 月 1 日批准了该公约，公约自 2005 年 7 月 31 日起对我国生效。

根据公约第 24 条规定，公约规定的责任限额由公约保存人(国际民航组织)在公约生效后每隔 5 年复审一次，并在复审结果表明通货膨胀因素已超过 10%时，修改责任限额。国际民航组织日前完成了第一次复审工作，根据国际货币基金组织公布的数据，国际民航组织确定的通货膨胀因素为 13.1%。在经过默认生效程序后，国际民航组织发出通知，确定经修改的责任限额自 2009 年 12 月 30 日起对《1999 年蒙特利尔公约》所有当事国生效。

修改后的责任限额主要涉及以下几个方面(1 特别提款权约合人民币 10.6912 元)(人民币对特别提款权的实时汇率，请参考国际货币基金组织网站公布的数据)：

(1) 根据公约第 21 条，对于因旅客死亡或者身体伤害而产生的损失，对每名旅客第一梯度的赔偿责任限额由 100 000 特别提款权(约合人民币 1 069 120 元)提高至 113 100 特别提款权(约合人民币 1 209 174.72 元)。

(2) 根据公约第 2 条第 1 款，在人员运输中因延误造成损失的，对每名旅客的赔偿责任限额由 4 150 特别提款权(约合人民币 44 368.48 元)提高至 4 694 特别提款权(约合人民币 50 184.4928 元)。

(3) 根据公约第22条第2款，在行李运输中造成毁灭、遗失、损坏或者延误的，对每名旅客的赔偿责任限额由1000特别提款权(约合人民币10691.2元)提高至1131特别提款权(约合人民币12091.7472元)。

(4) 根据公约第22条第3款,在货物运输中造成毁灭、遗失、损坏或者延误的,对每千克货物的赔偿责任限额由17特别提款权(约合人民币181.7504元)提高至19特别提款权(约合人民币203.1328元)。

根据公约保存人的通知,上述修改后的限额将于2009年12月30日起对我国生效。

(来源:中国民用航空局2009年11月20日)

国际民航组织审查《1999年蒙特利尔公约》责任限额

2014年6月11日,国际民航组织第202届理事会第2次会议审议通过了对《统一国际航空运输某些规则的公约》(《1999年蒙特利尔公约》)责任限额的复审,即文书中规定的责任限额将仍然维持在2009年进行第一次复审后确定的水平,并将该结果函告全体成员国。

《1999年蒙特利尔公约》的责任限额受内在定期复审机制的制约,以防止通胀情况造成限额减损。国际民航组织根据《1999年蒙特利尔公约》第24条关于责任限额应由保存人(国际民航组织)按五年间隔进行复审的规定,对责任限额进行了复审,确定相关复审周期通胀因素为8.2%,低于公约规定的触发责任限额10%的调整门限,因此,建议文书中规定的责任限额将仍然保持在2009年进行第一次复审后确定的水平。

《1999年蒙特利尔公约》	原始限额(特别提款权)	自2009年12月30日起经修改的限额(特别提款权)
第21条	100000	113100
第22条第1款	4150	4694
第22条第2款	1000	1131
第22条第3款	17	19

为便于参考,2014年5月1日的1个特别提款权的价值等于1.55美元。

(来源:中国民用航空局2014年6月20日)

发货人可以在运单上向承运人申报所托运货物的价值——供运输用的声明价值(Declared Value For Carriage),它表明承运人的赔偿责任和义务。“供运输用的声明价值”栏中可以是具体的数额,也可以是未声明价值NVD(No Value Declared)。实际工作中,托运申报价值可以用来计算声明价值附加费,还可用来判断是否为贵重货。

声明价值附加费=(货物的声明价值－实际毛重×每千克最高赔偿额)×0.5%

这里要注意两次进位,特别是托运申报价值以当地货币表示时,应先将特别提款权(SDK)换算成当地货币,即19×兑换率,再乘重量、进位。

有些国家承运人的责任限额是以当地货币表示,在计算时应以此为依据。

在办理声明价值时应注意以下事项:

(1) 承运人的赔偿责任是按货物毛重计算的,与体积重量、计费重量无关。

(2) 在计算声明价值附加费时,货物的毛重不包括各种集装箱设备。

(3) 在申报货物价值时,应填写整票货物的声明价值,不可分部分填写。

(4) 托运申报价值应由发货人或其授权的代理填写,当飞机起飞后不得修改。

(5) 承运人的赔偿责任及声明价值计算与运输地点有关。

(6) 声明价值的多少不能替代保险,货代应建议客户自己买保险。

(7) 有些国家有最低声明价值附加费的限定。

(8) 英国发出的货物声明价值附加费有特例。

(9) 托运声明价值和声明价值附加费在运单的相应栏目分别填写。

(三) 其他费用(Other Charges)

其他费用是指运输一票货物时,在航空运费之外由承运人、代理人或其他部门收取的与航空货物运输有关的费用。

在组织一票货物自始发地至目的地运输的全过程中,除了航空运输外,还包括地面运输、仓储、制单、国际货物的清关等环节,提供这些服务的部门所收取的费用即为其他费用。

1. 货运单费(Documentation Charges)

货运单费又称为航空货运单工本费,此项费用为填制航空货运单之费用。航空公司或其代理人销售或填制货运单时,该费用包括逐项逐笔填制货运单的成本。对于航空货运单工本费,各国的收费水平不尽相同。依 TACT Rules 4.4 及各航空公司的具体规定来操作。货运单费应填制在货运单的"Other Charges"一栏中,用两字代码"AW"表示(AW—Air Waybill fee)。

按国际航协规定:

(1) 航空货运单若由航空公司来销售或填制,则表示为 AWC,表示此项费用归出票航空公司(Issuing Carrier)所有。

(2) 如果货运单由航空公司的代理人销售或填制,则表示为 AWA,表示此项费用归销售代理人所有。

IATA 各分区制单费不相同:从加拿大、美国出口货物,没有制单费;有些国家在 TACT Rules Section 7 的各国资讯中,单独列出制单费,则优先使用这里列出的制单费,如 Malawi。

中国民航各航空公司一般规定,无论货运单是航空公司销售还是由代理人销售,填制 AWB 时,货运单中"OTHER CHARGES"一栏中用 AWC 表示,意为此项费用归出票航空公司所有。

2. 垫付款和垫付费(Disbursements and Disbursements Fees)

(1) 垫付款(Disbursements)

垫付款是指发生在始发站与货物运输有关的服务,需向目的站托收的有关费用,它仅限于飞机起飞前必须完成的相关工作的费用。垫付款由最终承运人收,再交给签发运单的承运人,由其付给代理或另一承运人。

这部分费用应按不同其他费用的种类代号、费用归属代号(A 或 C)及费用金额一并填入货运单的"Other Charges"一栏。常见的垫付款有:

① "AWA"表示代理人填制的货运单。

② "CHA"表示代理人代替办理始发地清关业务。

③ "SUA"表示代理人将货物运输到始发地机场的地面运输费。

(2) 限制条件

① 垫付款仅适用于货物费用及其他费用到付"Charges Collect",且按 TACT Rules 7.2 规定,目的地国家可接收的货物。

② 垫付款业务在有些国家不办理,操作时应严格按照 TACT Rules 4.2 规定。

③ 垫付款由最后一个承运人(Last Carrier)向提货人收取。按国际货物运费到付结算规

则,通过出票航空公司开账结算,付给支付垫付款的代理人或出票航空公司。

(3) 垫付款数额(Disbursement Amounts)

① 在任何情况下,垫付款数额不能超过货运单上全部航空运费总额。

② 但当货运单的航空运费总额低于100美元时,垫付款金额可允许达到100美元标准。

(4) 垫付费(Disbursements Fees)

垫付费是对于垫付款的数额而确定的费用。垫付费的费用代码为"DB",按 TACT Rules 规定,该费用归出票航空公司所有。在货运单的其他费用栏中,此项费用应表示为"DBC"。

垫付费的计算公式为

$$垫付费=垫付款\times 10\%$$

但每一票货物的垫付费不得低于 USD20 或等值货币。

TACT 规则中规定,对于一些固定美元值的货币换算,某些国家公布有固定的货币换算值,如在瑞士,USD20 = CHF45.00。对于 TACT Rules 中没有公布货币固定换算值的国家,其货币换算采用"Construction Exchange Rate"。

3. 危险品处理费(Charges for Shipments of Dangerous Goods Handling)

国际航空货物运输中,对于收运的危险品货物,除按危险品规则收运并收取航空运费外,还应收取危险货物收运手续费,该费用必须填制在货运单"Other Charges"栏内,用"RA"表示费用种类。TACT Rules 规定,危险品处理费归出票航空公司所有。在货运单中,危险品处理费表示为"RAC"。

自中国至 IATA 业务一区、二区、三区,每票货物的该费用最低收费标准为400元人民币。

4. 运费到付货物手续费(Charges Collect Fee,又称 CC Fee)

国际货物运输中,当货物的航空运费及其他费用到付时,在目的地的收货人,除支付货物的航空运费和其他费用外,还应支付到付货物手续费。

在国际航空货运中,有些货物不可做到付,它们是:①收货人与发货人是同一个人;②收货人是政府机构;③收货人没有人身自由;④所寄物品包含尸体、活动物、易腐食品、私人物品等;⑤目的国不接受到付;⑥承运人不接受到付;⑦货物自身的价值低于运费。

如果运单上标识航空运费和声明价值附加费为到付时,按照规定需要收取到付运费手续费(Fee For Charges Collect)。到付运费手续费是根据运费及声明价值附加费计算的。

此项费用由最后一个承运航空公司收取,并归其所有。一般 CC Fee 的收取,采用目的站开具专门发票,但也可以使用货运单(此种情况在交付航空公司无专门发票,并将 AWB 作为发票的情况下使用)。

对于运至中国的运费到付货物,到付运费手续费的计算公式及标准如下:

$$到付运费手续费=(货物的航空运费+声明价值附加费)\times 2\%$$

各个国家 CC Fee 的收费标准不同。在中国,CC Fee 最低收费标准为 CNY100。

5. 其他"其他费用"

国际航空货物运输中相关的其他费用还有很多,表7-1列出部分以供参考。

二、最低运费

最低运费(Minimum Charge)是指一票货物自始发地机场至目的地机场航空运费的最低限额。(Minimum Charge means the minimum amount applied for the transportation of the consignment.)它是不论货物的重量和体积多少,在两点之间运输一批货物应收取的最低费用金额。

表 7-1 国际航空运输其他费用

AC：Animal Container	MY：Fuel Surcharge
AS：Assembly Service Fee	MA：Miscellaneous - Due Agent
AT：Attendant	MZ：Miscellaneous - Due Issuing Carrier
AW：Air Waybill	PK：Packaging
BR：Bank Release	RA：Dangerous goods Surcharge
CD：Clearance and Handling - Destination	SD：Surface Charge destination
CH：Clearance and Handling -Origin	SI：Stop in transit
DB：Disbursement fee	SO：Storage -Origin
DF：Distribution Service	SR：Storage - Destination
FC：Charges collect fee	SU：Surface charge
GT：Government tax	TR：Transit
HR：Human remains	TX：Taxes
IN：Insurance Premium	UH：ULD Handling
LA：Live Animals	

货物按其适用的航空运价与其计费重量计算所得的航空运费，应与货物最低运费相比，取高者。

三、计算航空货物运价、运费所使用的货币

(一) 货币代号

自 1990 年 1 月 1 日起，国际标准化组织(ISO)公布了统一的货币代号，每一 ISO 货币代号由两位字母表示的国家代号和一位字母表示的货币组成，见表 7-2。

表 7-2 各国货币代号表

国家	两字国家代码	货币	首字母	ISO 货币代码
Australia 澳大利亚	AU	Dollar	D	AUD
Belgium 比利时	BE	Franc	F	BEF
Brazil 巴西	BR	Cruzeiro	C	BEC
Chile 智利	CL	Peso	P	CLP
China，P. R. 中国	CN	Yuan Renminbi	Y	CNY
Denmark 丹麦	DK	Krone	K	DKK
Dubai 迪拜	AE	UAE Dirham	D	AED
Japan 日本	JP	Yen	Y	JPY
Kenya 肯尼亚	KE	Shilling	S	KES
Kuwait 科威特	KW	Dinar	D	KWD
Mauritius 毛里求斯	MU	Rupee	R	MUR
Zambia 赞比亚	ZM	Kwacha	K	ZMK

(二)货币进整

货物航空运价、运费的货币进整,因货币的币种不同而不同。IATA 将各国货币的进整单位的规则公布在 TACT Rules Section 5.7 中。详细规则可参考 TACT Rules 5.7.1 中"CURRENCY TABLE"的"Rounding off units"或 TACT Rates Book Section 5.3.1 中"Construction Exchange Rates"。货币的进位规则分为"最低运费"和"除最低运费以外"两种,查阅时要注意分清规则。

运费进整时,需将航空运价或运费计算到进整单位的下一位,然后按半数进位法进位,计算所得的航空运价或运费,达到进位单位一半则入,否则舍去。

对于以"0.1""0.01""1""10"等为进位单位的货币,其货币进位就是我们常说四舍五入。

我国货币人民币(CNY)的进位规定为:最低航空运费进位单位为"5",除此之外的运价及航空运费等的进位单位均为"0.01"。

对于以"0.05""0.5""5"等为进整单位的货币,计算中应特别注意其进整问题。由于世界很多国家采用此类进位单位,在实际运输工作中,在处理境外运至我国的到付货物时,对航空货运单的审核及费用的收取,需注意此项规则。

采用进整单位的规定,主要用于填制 AWB 时对于所使用的运输始发地货币,按照进整单位的规定计算航空运价及运费,见表 7-3。

表 7-3　各国货币进整规定

国家	货币			进位单位	
	名称	单位	代码	除最低运费外	最低运费
China, People's Rep. 中国	Yuan Renminbi	100 Fen	CNY	0.01	5
Dubai 迪拜	UAE Dirham	100 Fils	AED	0.05	1
France 法国	French Franc	100 Centimes	FRF	0.05	10
Japan 日本	Yen	—	JPY	1	100
Kuwait 科威特	Kuwaiti Dinar	1000 Fils	KWD	0.005	0.1
United States 美国	US Dollar	100 Cents	USD	0.01	1

【例题 7-2】

按上述规定,对于 CNY 3 368.385、JPY 4 386.80、FRF 489.37、CHF 3957.227、USD 247.264应进位,见表 7-4。

表 7-4　货币进整实例

Country of Origin 始发国家	Total Weight Charge 航空运费总额	Rounded Off Amount to Show on the AWB 空运单所示的进位后金额
China 中国	CNY 3 368.385	CNY 3 368.39
Japan 日本	JPY 4 386.80	JPY 4 387.00
France 法国	FRF 489.37	FRF 489.35
Switzerland 瑞士	CHF 3 957.227	CHF 3 957.25
United States 美国	USD 247.264	USD 247.26

四、国际航空货物运价体系

按运价制定的途径划分，国际货物运价可以分为协议运价和国际航协运价。国际航协在TACT中所公布的运价又具有自己独立的运价体系。

国际航空货物运价体系，见表7-5。

表7-5　　国际航空货物运价体系

<table>
<tr><td rowspan="11">国际航空货物运价</td><td rowspan="5">协议运价</td><td rowspan="4">协议定价</td><td rowspan="2">包板（舱）</td><td>死包板（舱）</td></tr>
<tr><td>软包板（舱）</td></tr>
<tr><td rowspan="2">返　还</td><td>销售量返还</td></tr>
<tr><td>销售额返还</td></tr>
<tr><td colspan="3">自由销售</td></tr>
<tr><td rowspan="6">IATA运价</td><td colspan="2" rowspan="4">公布直达运价
Published Through Rates</td><td>普通货物运价
General Cargo Rate</td></tr>
<tr><td>指定商品运价
Specific Commodity Rate</td></tr>
<tr><td>等级货物运价
Commodity Classification Rate</td></tr>
<tr><td>集装货物运价
Unitized Consignments Rate</td></tr>
<tr><td colspan="2" rowspan="2">非公布直达运价
Un-published Through Rates</td><td>比例运价
Construction Rate</td></tr>
<tr><td>分段相加运价
Combination of Rates and Charges</td></tr>
</table>

虽然航空公司大多都是IATA的会员，但各公司出于竞争的考虑，很少有完全遵照国际航协运价的，大多都进行了一定的折扣。然而，IATA把世界上各个城市之间的运价通过TACT手册公布出来，使得每个航空公司在制定自身的运价时都能找到一种参照标准。

鉴于此，这里主要介绍IATA运价体系，本书所介绍的航空运价和运费的计算方法，也主要是IATA的相关规范。

（一）协议运价

协议运价是指航空公司为了揽取更多的货源、鼓励托运大批量货物，通过与托运人或代理人签订运价协议而给予的一种优惠运价。目前，航空公司使用的运价大多是协议运价，但在协议运价中又根据不同的协议方式细分为长期协议和短期协议、死包板（舱）和软包板（舱）、销售量返还和销售额返还以及自由销售等多种协议运价。

根据所订协议的时间长短，这种运价协议分为长期协议和短期协议两种。长期协议通常是指航空公司与托运人或代理人签订的一年期限的协议。短期协议通常是指航空公司与托运人或代理人签订的半年或半年以下期限的协议。

根据协议约定的定价方式的不同，分为协议定价和自由销售两种。

1. 协议定价

(1) 包板(舱)

包板(舱),是指托运人在一定航线上包用承运人的全部或部分舱位或集装器从而根据双方协议的运价来运送货物。具体又细分为:

死包板(舱),是指托运人在承运人的航线上通过包板(舱)的方式运输货物时,托运人无论向承运人是否交付货物,都必须支付双方协议规定的运费。

软包板(舱),是指托运人在承运人的航线上通过包板(舱)的方式运输货物时,托运人在航班起飞前72h如果没有确定舱位,承运人则可以自由销售舱位,但承运人对代理人的包板(舱)的总量有一个限制。

(2) 返还

销售量返还,是指如果代理人在规定期限内完成了一定的货运销售量,航空公司则可以按一定的比例返还运费。

销售额返还,是指如果代理人在规定期限内完成了一定的销售额,航空公司则可以按一定的比例返还运费。

2. 自由销售

也称议价货物或是一票一价,是指除了定过协议的货物,都是一票货物一个定价。

(二) 国际航协运价

国际航协运价是指IATA在TACT运价资料上公布的运价。国际航空货物运价的查询和计算主要是通过IATA的运价手册——TACT RATES BOOK,结合并遵守国际货物运输规则——TACT RULES来进行的。

按照IATA 货物运价公布的形式划分,国际货物运价可分为公布直达运价和非公直达运价。

1. 公布直达运价

公布直达运价是指承运人直接在运价资料中公布的从运输始发地至运输目的地的航空运价。运价的公布形式主要为N、Q运价结构:N运价,即Normal General Cargo Rate,指的是标准普通货物运价;Q运价则为Quantity Rate,指的是重量等级运价。

IATA公布直达运价主要有普通货物运价、指定商品运价、等级货物运价和集装货物运价等四种。

(1) 普通货物运价(General Cargo Rate)

普通货物运价是指运输除等级运价或指定商品运价以外的货物所使用的运价。它分为45kg以下货物运价(如无45kg运价,则为100kg以下运价)和45kg以上各个重量分界点的运价。

(2) 指定商品运价(Specific Commodity Rate)

指定商品运价是指自指定的始发地至指定的目的地而公布的低于普通货物运价的某些商品运价。这类运价的每一不同的运价都有一个不同的最低重量的规定,使用时应遵守规定。

(3) 等级货物运价(Class Rate)

等级货物运价是指在指定的地区内或地区之间实行的高于或低于一般货物运价的少数几种商品运价。这类运价以普通货物运价作为基数,附加或附减一个百分比。

(4) 集装货物运价(Unitized Consignments Rate)

集装货物运价是指适用于货物装入集装器交运而不另加包装的特别运价。

2. 非公布直达运价

如果货物运输的始发地至目的地没有公布直达运价，则可以采用比例运价和分段相加运价的方法构成全程直达运价，计算全程运费。

非公布直达运价主要有比例运价和分段相加运价两种。

(1) 比例运价(Construction Rate)

比例运价采用运价手册中公布的一种不能单独使用的运价附加数(Add-on Amount)，当货物运输始发地至目的地无公布直达运价时，采用此附加数与已知的公布运价相加构成非公布直达运价，此运价称为比例运价。

(2) 分段相加运价(Combination of Rates and Charges 或 Sector Rate)

对于相同运价种类，当货物运输的始发地至目的地无公布直达运价和比例运价时，只能采用分段相加的方法，组成运输起讫地点间的运价，一般采用最低组合运价，称为分段相加运价。

五、现有定价遵照的原则

(一) 重量分段对应运价

在每一个重量范围内设置一个运价。表 7-6 为北京至纽约普通货物运价表。

表 7-6 北京至纽约普通货物运价表

BEIJING	CN		BJS
Y. RENMINBI	CNY		KGS
NEW YORK	US	M	630.00
		N	66.86
		45	48.35
		100	45.19
		300	41.80

在这个运价表中，“N”表示“标准普通货物运价”，是指重量在 45kg 以下的运价为每千克人民币 66.86 元；也就是说，运价 66.86 元/kg 适用的重量范围是 0～45kg，在这个重量范围内使用的是同一个运价。

“45”“100”“300”几位重量等级运价，用字母“Q”表示，是指重量大于等于某个重量等级时的运价。例如，“Q45”表示重量大于等于 45kg 时的运价为每千克人民币 48.35 元。

(二) 数量折扣原则

从表 7-6 所示的运价表示中我们不难发现，从北京到纽约运输货物，45kg 以下的运价是 66.86 元，45kg 以上的运价是 48.35 元，100kg 以上的运价是 45.19 元，300kg 以上的运价是 41.80 元，随着所托运的货物重量的增大，运价是递减的。这就是定价原则中的数量折扣原则。通过这个原则，鼓励托运大批量货物，从而保证飞机舱位得到充分的利用。

(三) 递远递减原则

运距是运价制定要考虑的一个基本因素，运距越长，总成本越大，因此，运价也越高。这一点，从表 7-7 所示的北京到新加坡和北京到纽约的运价对比就不难发现。

表 7-7　　北京到新加坡和北京到纽约的普通货物运价表

BEIJING	CN		BJS
Y. RENMINBI	CNY		KGS
SINGAPORE	SG	M	360.00
		N	36.66
		45	27.50
		100	22.05
		300	15.38

BEIJING	CN		BJS
Y. RENMINBI	CNY		KGS
NEW YORK	US	M	630.00
		N	66.86
		45	48.35
		100	45.19
		300	41.80

但是,就运价与运距的对比数值,也就是单位距离货物的运价来说,随着运距的增长,单位运价越便宜,这即是运价递远递减的原则。

(四) 根据货物性质分类的原则

国际航协根据货物的性质制定了一系列在普通货物运价基础上附加或附减一定百分比形式构成的等级货物运价。例如,对活动物、尸体骨灰、贵重货物、急件等货物采取附加的形式,而对书报杂志、作为货物运输的行李等货物采取附减的形式。

第四节　航空货物运费计收

一、普通货物运价

(一) 基本知识

普通货物运价(General Cargo Rate,GCR)是指除了等级货物运价和指定商品运价以外的适合于普通货物运输的运价。该运价公布在 TACT Rates Books Section 4 中。

一般而言,普通货物运价根据货物重量不同,分为若干个重量等级分界点运价。例如,"N"表示标准普通货物运价(Normal General Cargo Rate),指的是 45kg 以下的普通货物运价(如无 45kg 以下运价时,N 表示 100kg 以下普通货物运价)。同时,普通货物运价还公布有"Q45""Q100""Q300"等不同重量等级分界点的运价。这里"Q45"表示 45kg 以上(包括 45kg)普通货物的运价,依此类推。对于 45kg 以上的不同重量分界点的普通货物运价均用"Q"表示。

用货物的计费重量和其适用的普通货物运价计算而得的航空运费不得低于运价资料上公布的航空运费的最低收费标准(M)。

这里,代号"N""Q""M"等字母在 AWB 的销售工作中,主要用于货运单运费计算栏中"RATE CLASS"一栏的填制。

(二) 运费计算

【例题 7-3】

Routing:　BEIJING, CHINA(BJS)
　　to TOKYO, JAPAN(TYO)
Commodity:　CLOTHES
Gross Weight: 28.4 KGS

Dimensions:　82×48×32 CM

Applicable TACT Rates are as follows:

BEIJING	CN		BJS
Y. RENMINBI	CNY		KGS
TOKYO	JP	M	200.00
		N	38.67
		45	29.04

解:

Volume:　82×48×32CM=125 952CM³

Volume Weight:　125 952CM³÷6000CM³/KG=20.99KGS = 21.0KGS

Gross Weight:　28.4 KGS

Chargeable Weight: 28.5 KGS

Applicable Rate:　GCR N 38.67 CNY/KG

Weight charge:　28.5×38.67=CNY 1 102.10

The AWB shall be filled in as follows:

No. of Pieces RCP	Gross Weight	Kg Lb	Rate Class	Commodity Item No.	Chargeable Weight	Rate / Charge	Total	Nature and Quantity of Goods (Incl. Dimensions or Volume)
1	28.4	K	N		28.5	38.67	1 102.10	CLOTHES DIMS: 82×48×32CM

【例题 7-4】

Routing:　BEIJING, CHINA(BJS)
　　to SINGAPORE(SGP)

Commodity:　PARTS

Gross Weight:　42.6KGS

Dimensions:　101×58×32CM

Applicable TACT Rates are as follows:

BEIJING	CN		BJS
Y. RENMINBI	CNY		KGS
SINGAPORE	SN	M	200.00
		N	30.50
		45	22.49

解:(1) 按实际重量计算

Volume: 101×58×32CM=187 456CM^3

Volume Weight: 187 456CM^3 ÷6 000CM^3/KG=31.24KGS=31.5 KGS

Gross Weight: 42.6 KGS

Chargeable Weight: 43.0 KGS

Applicable Rate: GCR N 30.50 CNY/KG

Weight Charge: 43.0×30.50=CNY 1 311.50

(2) 采用较高重量分界点较低运价计算

Chargeable Weight: 45.0KGS

Applicable Rate: GCR Q45 22.49 CNY/KG

Weight charge: 45.0×22.49=CNY 1 012.05

(1)与(2)相比,取运费较低者

即 Weight Charge: CNY 1 012.05

The AWB shall be filled in as follows:

No. of Pieces RCP	Gross Weight	Kg Lb		Rate Class	Chargeable Weight	Rate / Charge	Total	Nature and Quantity of Goods (Incl. Dimensions or Volume)
				Commodity Item No.				
1	42.6	K	Q		45.0	22.49	1 012.05	PARTS DIMS: 101×58×32CM

【例题 7-5】

Routing: SHANGHAI, CHINA(SHA)
to PARIS, FRANCE(PAR)

Commodity: TOY

Gross Weight: EACH 2.6 KGS, 2 PIECES TOTAL

Dimensions: 29×21×28 CM EACH

Applicable TACT Rates are as follows:

SHANGHAI	CN		BJS
Y. RENMINBI	CNY		KGS
PARIS	FR	M	320.00
		N	50.37
		45	41.43
		300	37.90

解：

Volume: $29\times21\times28CM\times2=34\,104CM^3$

Volume Weight: $34\,104CM^3\div6\,000CM^3/KG=5.684KGS=6.0KGS$

Gross Weight: 2.6 KGS×2=5.2 KGS

Chargeable Weight: 6.0KGS

Applicable Rate: GCR N 50.37 CNY/KG

Weight Charge: 6.0×50.37=CNY302.22

Minimum Charge: 320.00 CNY

CNY 302.22< CNY 320.00

Weight Charge: CNY 320.00

The AWB shall be filled in as follows:

No. of Pieces RCP	Gross Weight	Kg Lb	Rate Class		Chargeable Weight	Rate / Charge	Total	Nature and Quantity of Goods (Incl. Dimensions or Volume)
				Commodity Item No.				
2	5.2	K	M		6.0	320.00	320.00	TOY DIMS: 29×21×28 CM×2

二、指定商品运价

(一) 基本知识

指定商品运价(Specific Commodity Rate,SCR)是指适用于自规定的始发地至规定的目的地运输特定品名货物的运价。

通常情况下,指定商品运价低于相应的普通货物运价。就其性质而言,该运价是一种优惠性质的运价。鉴于此,指定商品运价在使用时,对于货物的起讫地点、运价使用期限、货物运价的最低重量起点等均有特定的条件。

指定商品运价的原因可归纳为以下两方面:①在某特定航线上,一些较为稳定的货主经常的或者是定期的托运特定品名的货物,托运人要求承运人提供一个较低的优惠运价;②航空公司为了有效地利用其运力,争取货源并保证飞机有较高的载运率,向市场推出一个较竞争力的优惠运价。有些指定商品运价也公布了不同的重量等级分界点,旨在鼓励货主托运大宗货物,并意识到选择空运的经济性及可行性。

在 TACT RATES BOOKS 的 SECTION 2 中,根据货物的性质、属性以及特点等对货物进行分类,共分为十大组,每一组又分为十个小组。同时,对其分组形式用四位阿拉伯数字进行编号。该编号即为指定商品货物的品名编号。

小知识

常见的指定商品货物的分组及品名编号,见表 7-8 所示。

表 7-8　　指定商品货物的分组情况

编　号	英文名称	中文名称
0001—0999	Edible animal and vegetable products	可食用的动植物产品
1000—1999	Live animals and inedible animal and vegetable products	活动物及非食用的动植物产品
2000—2999	Textiles, fibres and manufactures	纺织品、纤维及其制品
3000—3999	Metals and manufactures, excluding machinery, vehicles and electrical equipment	金属及其制品,不包括机器、汽车和电器设备
4000—4999	Machinery, vehicles and electrical equipment	机器、汽车和电器设备
5000—5999	Non-metallic minerals and manufactures	非金属材料及其制品
6000—6999	Chemicals and related products	化工材料及其相关产品
7000—7999	Paper, reed, rubber and wood manufactures	纸张、芦苇、橡胶和木材制品
8000—8999	Scientific, professional and precision instrument, apparatus and supplies	科学仪器、专业仪器、精密仪器、器械及配件
9000—9999	Miscellaneous	其他

为了减少常规的指定商品品名的分组编号,IATA 还推出了实验性的指定商品运价,该运价用 9700—9799 内的数字编出,其主要特点是一个代号包括了传统指定商品运价中分别属于不同指定商品代号的众多商品品名。如 9735 这个指定商品代号就包括了属于 20 多个传统指定商品运价代号的指定商品。

在使用指定商品运价时,只要所运输的货物满足下述三个条件,则运输始发地和运输目的地就可以直接使用指定商品运价:

(1) 运输始发地至目的地之间有公布的指定商品运价。

(2) 托运人所交运的货物,其品名与有关指定商品运价的货物品名相吻合。

(3) 货物的计费重量满足指定商品运价使用时的最低重量要求。

使用指定商品运价计算航空运费的货物,其航空货运单的“Rate Class”一栏用字母“C”表示。

(二) 运费计算

指定商品运价和运费的计算步骤如下:

(1) 先查询运价表,如有指定商品代号,则考虑使用指定商品运价。

(2) 查找 TACT RATES BOOKS 的品名表,找出与运输货物品名相对应的指定商品代。

(3) 如果货物的计费重量超过指定商品运价的最低重量,则优先使用指定商品运价。

(4) 如果货物的计费重量没有达到指定商品运价的最低重量,则需要比较计算。

【例题 7-6】

Routing:　BEIJING, CHINA(BJS)
　　　　　to OSAKA, JAPAN(OSA)

Commodity:　FRESH PEACH

Gross Weight:　EACH 52.6 KGS, 6 PIECES TOTAL

Dimensions:　100×50×20 CM EACH

Applicable TACT Rates are as follows:

BEIJING Y. RENMINBI	CN CNY			BJS KGS
OSAKA	JP		M	230.00
			N	37.51
			45	28.13
		0008	300	18.80
		0300	500	20.61
		1093	100	18.43
		2195	500	11.32

解:

Volume:　100×50×20 CM×6=600 000 CM^3

Volume Weight:　600 000 CM^3÷6 000 CM^3/KG=100.0 KGS

Gross Weight:　52.6 KGS×6 =315.6 KGS

Chargeable Weight:　316.0 KGS

查找TACT RATES BOOKS的品名表，品名编号“0008”所对应的货物名称为“FRUIT, VEGETABLES - FRESH”。本例托运人所交运的货物FRESH PEACH符合指定商品代码“0008”，并且货物的计费重量316.0 KGS超过了指定商品运价的最低重量300 KGS的要求，因此，优先使用指定商品运价。

Applicable Rate:　SCR 0008 / Q300 18.80 CNY/KG

Weight Charge:　316.0×18.80=CNY 5 940.80

The AWB shall be filled in as follows:

No. of Pieces RCP	Gross Weight	Kg Lb	Rate Class	Rate Class: Commodity Item No.	Chargeable Weight	Rate / Charge	Total	Nature and Quantity of Goods (Incl. Dimensions or Volume)
6	315.6	K	C	0008	316.0	18.80	5 940.80	FRESH PEACH DIMS: 100×50×20 CM×6

【例题 7-7】

Routing:　BEIJING, CHINA(BJS)
to OSAKA, JAPAN(OSA)

Commodity:　FRESH PEACH

Gross Weight:　EACH 52.6 KGS, 5 PIECES TOTAL

Dimensions:　100×50×20 CM EACH

Applicable TACT Rates are as follows:

BEIJING	CN			BJS
Y. RENMINBI	CNY		KGS	
OSAKA	JP		M	230.00
			N	37.51
			45	28.13
		0008	300	18.80
		0300	500	20.61
		1093	100	18.43
		2195	500	11.32

解:

Volume: 100×50×20 CM×5=500 000 CM^3

Volume Weight: 500 000 CM^3 ÷6 000 CM^3/KG=83.33 KGS=83.5KGS

Gross Weight: 52.6 KGS×5=263.0 KGS

Chargeable Weight: 263.0KGS

查找 TACT RATES BOOKS 的品名表，品名编号"0008"所对应的货物名称为"FRUIT, VEGETABLES - FRESH"。本例托运人所交运的货物 FRESH PEACH 符合指定商品代码"0008"；但是，货物的计费重量 263.0 KGS 没有达到指定商品运价最低重量 300 KGS 的要求，所以，需要比较计算。

(1) 按普通货物运价使用规则计算:

Applicable Rate: GCR / Q45 28.13 CNY/KG

Weight Charge: 263.0×28.13=CNY 7 398.19

(2) 按指定商品运价使用规则计算:

Chargeable Weight: 300.0 KGS

Applicable Rate: SCR 0008 / Q300 18.80 CNY/KG

Weight Charge: 300.0×18.80=CNY 5 640.00

计较(1)和(2)的计算结果，取运费较低者。

因此，航空运费为:CNY 5 640.00

The AWB shall be filled in as follows:

No. of Pieces RCP	Gross Weight	Kg Lb	Rate Class	Commodity Item No.	Chargeable Weight	Rate / Charge	Total	Nature and Quantity of Goods (Incl. Dimensions or Volume)
5	263.0	K	C	0008	300.0	18.80	5 640.00	FRESH PEACH DIMS: 100×50×20 CM×5

在使用指定商品运价计算运费时，如果其指定商品运价直接使用的条件不能完全满足(例

如，货物的计费重量没有达到指定商品运价使用的最低重量要求)，使得按指定商品运价计得的运费高于按普通货物运价计得的运费时，则按普通货物运价计算方法收取航空运费。关于这一点，请参看下例。

【例题 7-8】

Routing: BEIJING, CHINA(BJS)
to OSAKA, JAPAN(OSA)

Commodity: FRESH PEACH

Gross Weight: EACH 52.6 KGS, 3 PIECES TOTAL

Dimensions: 100×50×20 CM EACH

Applicable TACT Rates are as follows:

BEIJING	CN			BJS
Y. RENMINBI	CNY		KGS	
OSAKA	JP		M	230.00
			N	37.51
			45	28.13
		0008	300	18.80
		0300	500	20.61
		1093	100	18.43
		2195	500	11.32

解：

Volume: 100×50×20 CM×3 =300 000 CM^3

Volume Weight: 300000 CM^3 ÷6000 CM^3/KG=50.0 KGS

Gross Weight: 52.6 KGS×3 = 157.8 KGS

Chargeable Weight: 158.0KGS

查找 TACT RATES BOOKS 的品名表，品名编号"0008"所对应的货物名称为"FRUIT, VEGETABLES - FRESH"。本例托运人所交运的货物 FRESH PEACH 符合指定商品代码"0008"；但是，货物的计费重量 158.0 KGS 没有达到指定商品运价最低重量 300 KGS 的要求，因此，需要比较计算。

(1) 按普通货物运价使用规则计算：

Applicable Rate: GCR / Q45 28.13 CNY/KG

Weight Charge: 158.0×28.13 =CNY 4 444.54

(2) 按指定商品运价使用规则计算：

Chargeable Weight: 300.0 KGS

Applicable Rate: SCR 0008 / Q300 18.80 CNY/KG

Weight Charge: 300.0×18.80 =CNY 5 640.00

比较(1)和(2)的计算结果，取运费较低者。

因此，航空运费为：CNY 4 444.54

The AWB shall be filled in as follows:

No. of Pieces RCP	Gross Weight	Kg Lb	Rate Class		Chargeable Weight	Rate / Charge	Total	Nature and Quantity of Goods (Incl. Dimensions or Volume)
				Commodity Item No.				
3	157.8	K	Q		158.0	28.13	4 444.54	FRESH PEACH DIMS: 100×50×20 CM×3

三、等级货物运价

(一) 基本概念

等级货物运价(Class Rate)是指在规定的 IATA 业务区内或业务区之间运输特别指定的等级货物的运价。

IATA 规定的等级货物运价主要包括:①活动物运价;②贵重货物运价;③书报杂志类货物运价;④作为货物运输的行李运价;⑤尸体、骨灰运价;⑥汽车运价;等等。

等级货物运价是在普通货物运价基础上附加或附减一定百分比的形式构成,此种附加或附减的规则公布在 TACT Rules 当中,运价的使用和运费的计算必须结合 TACT Rates Books 一同使用。

小知识

货物运价代号"S"和"R"的含义

通常附加或不附加也不附减的等级货物运价用代号"S"表示(S—Surcharged Class Rate);附减的等级货物运价用代号"R"表示(R—Reduced Class Rate)。

代号"S""R"均用于填制 AWB 运费计算栏中"Rate Class"一栏。

IATA 规定,对于两个或两个以上承运人共同完成的等级货物的运输(即国际联运),其中参加联运的某一承运人对其承运航段的等级货物有特殊的等级货物百分比时,即使运输起讫地点间有公布的直达运价,也不可以直接使用。此时,应采用分段相加的办法计算运输始发地至运输目的地的航空运费。关于此项规则,本书不再赘述。

一般情况下,等级货物的最低运费按每一种等级货物规定的计费规则收取。

以下所述的各种等级货物运价均为运输始发地至运输目的地之间有公布的直达运价,并且可以直接使用情况下的运价计算。

(二) 活动物运费计算

1. *活动物运价规则*

中国与世界各区有关的活动物(Live Animals)运价规则见表 7-9 所示(注:具体使用时应查阅最新版的 TACT Rules 3.7.2)。

(1) 运价规则中有关名词和用语说明

① BABY POULTRY:幼禽类,指出生不足 72h 的幼禽。

② MONKEYS and PRIMATES:猴类和灵长类。

③ COLD BLOODED ANIMALS:冷血动物类。

表 7-9 活动物运价表

	IATA AREA(see Rule 1.2.2. "Definitions of Areas")													
	Within 1				Within 2 (see also Rule 3.7.1.3.)	Within 3	Between 1 and 2			Between 2 and 3	Between 3 and 1			
ALL LIVE ANIMALS Except: A. Baby Poultry less than 72 hours old B. Monkeys and Primates C. Cold blooded animals*	to/from Canada	to USA	from USA	other sectors			to/from Canada	to/from USA	Other sectors		to/from Canada	to USA	from USA	other sectors
	150% of appl. GCR Except: 12 below	150% of appl. GCR	110% of appl. GCR	Normal GCR Except: 13 below	150% of Normal GCR Except: 2 below	Normal GCR Except: 3, 4, 20 below	150% of appl. GCR Except: 8, 15 below	110% of appl. GCR Except: 1, 8 below	Normal GCR Except: 8, 17 below	Normal GCR Except: 4, 10, 19 below	150% of appl. GCR Except: 4 below	110% of appl. GCR Except: 4, 9 below	150% of appl. GCR	Normal GCR Except: 4, 16, 18 below
A. BABY POULTRY less than 72 hours old	150% of appl. GCR Except: 12 below	150% of appl. GCR	110% of appl. GCR	appl. GCR	Normal GCR Except: 5 below	Normal GCR or over 45kgs Except: 4, 20 below	150% of appl. GCR Except: 15 below	110% of appl. GCR Except: 1 below	Normal GCR or over 45kgs Except: 6, 17 below	Normal GCR or over 45kgs Except: 4, 19 below	150% of appl. GCR Except:4 below	150% of appl. GCR	150% of appl. GCR	Normal GCR or over 45kgs Except: 4, 16, 18 below
B. MONKEYS and PRIMATES	150% of appl. GCR Except: 12 below	150% of appl. GCR	110% of appl. GCR	appl. GCR	150% of Normal GCR Except:2 below	Normal GCR Except: 4, 20 below	150% of appl. GCR Except:15 below	110% of appl. GCR Except:1 below	appl. GCR Except:17 below	Normal GCR Except: 4, 19 below	150% of appl. GCR Except:4 below	150% of appl. GCR	150% of appl. GCR	appl. GCR Except: 4, 18 below
C. COLD BLOODED ANIMALS*	150% of appl. GCR Except: 11 below	appl. GCR	appl. GCR	Normal GCR Except: 13 below	150% of Normal GCR Except: 3, 4, 20 below	Normal GCR Except: 3, 4, 20 below	125% of appl. GCR Except:14 below	appl. GCR Except:7 below	Normal GCR Except:17 below	Normal GCR Except: 4, 19 below	125% of appl. GCR Except:4 below	appl. GCR	appl. GCR	appl. GCR Except: 4, 16, 18 below

④ ALL LIVE ANIMAL:指除上述三类以外的所有活动物。

⑤ 表中"Except"字样:表示与表中规则例外的情况,使用时,应严格按照 TACT Rules Book 的规则要求,正确计算航空运费。

(2) 运价规则的运用说明

① "Normal GCR",使用 45kg 以下的普通货物运价,如无 45kg 以下的普通货物运价,可使用 100kg 以下普通货物运价。不考虑较高重量点较低运价。

② "Normal GCR or Over 45kg",使用 45kg 以下普通货物运价或者 45kg 以上普通货物运价。即使有较高重量分界点的较低运价,也不可以使用。

③ "Appl. GCR",使用相适应的普通货物运价。可以考虑使用较高重量分界点的较低运价。

④ "as a percentage of Appl. GCR",按相应的普通货物运价附加某个百分比使用。可以考虑使用较高重量分界点的较低运价。

此外,运输动物所用的笼子等容器、饲料、饮用水等重量包括在货物的计费重量内。

(3) 活动物运输的最低收费标准

① IATA 三区内:相应 M 的 200%;

② IATA 二区与三区之间:相应 M 的 200%;

③ IATA 一区与三区之间(除到/从美国、加拿大以外):相应 M 的 200%;

④ 从 IATA 三区到美国:相应 M 的 110%;

⑤ 从美国到 IATA 三区:相应 M 的 150%;

⑥ IATA 三区与加拿大之间:相应 M 的 150%。

此外,对于冷血动物,有些区域间有特殊规定,应按规则严格执行。

2. 活动物运价、运费的计算

【例题 7-9】

Routing: BEIJING, CHINA(BJS)
to TOKYO, JAPAN(TYO)

Commodity: A MONKEY

Gross Weight: 65.4 KGS

Dimensions: 60×60×100 CM

Applicable TACT Rates are as follows:

BEIJING	CN		BJS
Y. RENMINBI	CNY		KGS
TOKYO	JP	M	200.00
		N	38.67
		45	38.04
		100	37.80

解:

Volume: 60×60×100 CM=360 000 CM^3

Volume Weight:　　360 000 CM^3 ÷ 6 000 CM^3/KG = 60.0 KGS
Gross Weight:　　65.4 KGS
Chargeable Weight:　　65.5KGS

查找 TACT Rules 3.7.2 的活动物运价规则，北京到东京属于三区之内的货物运输，运价的构成形式是"Normal GCR"。

Applicable Rate:　　S Normal GCR
100% × 38.67 CNY/KGS = 38.67 CNY/KG
Weight Charge:　　65.5 38.67 = CNY 2 532.89

The AWB shall be filled in as follows:

No. of Pieces RCP	Gross Weight	Kg Lb	Rate Class		Chargeable Weight	Rate / Charge	Total	Nature and Quantity of Goods (Incl. Dimensions or Volume)
				Commodity Item No.				
1	65.4	K	S	N100	65.5	38.67	2 532.89	A MONKEY DIMS: 60×60×100 CM

【例题 7-10】

Routing:　SHANGHAI, CHINA(SHA)
to PARIS, FRANCE(PAR)
Commodity:　BABY POULTRY
Gross Weight:　28.0 KGS EACH, 10 BOXES TOTAL
Dimensions:　70×50×50 CM×10

Applicable TACT Rates are as follows:

SHANGHAI	CN		SHA
Y. RENMINBI	CNY		KGS
PARIS	FR	M	320.00
		N	352.81
		45	45.58
		100	41.06

解：

Volume:　　70×50×50 CM×10 = 1 750 000 CM^3
Volume Weight:　　1 750 000 CM^3 ÷ 6 000 CM^3/KG = 291.667 KGS = 292.0 KGS
Gross Weight:　　28.0×10 = 280.0 KGS
Chargeable Weight:　　292.0　KGS

查找 TACT Rules 3.7.2 的活动物运价规则，上海到巴黎属于三区到二区的货物运输，运价的构成形式是“Normal GCR or over 45 KGS”。

Applicable Rate: S GCR over 45 KGS

100% 45.58 CNY/KGS = 45.58 CNY/KG

Weight Charge: 292.0×45.58 =CNY 13 309.36

The AWB shall be filled in as follows:

No. of Pieces RCP	Gross Weight	Kg Lb	Rate Class	Commodity Item No.	Chargeable Weight	Rate / Charge	Total	Nature and Quantity of Goods (Incl. Dimensions or Volume)
10	280.0	K	S	Q100	292.0	45.58	13 309.36	BABY POULTRY DIMS: 70×50×50 CM×10

【例题 7-11】

Routing: SHANGHAI, CHINA(SHA)

to SEATTLE, UNITED STATES(SEA)

Commodity: A LIVE PANDA

Gross Weight: 289.2 KGS

Dimensions: 240×120×60 CM

Applicable TACT Rates are as follows:

SHANGHAI	CN		BJS
Y. RENMINBI	CNY		KGS
SEATTLE	US	M	630.00
		N	64.46
		45	48.34
		100	45.19
		300	41.86

解:

Volume: 240×120×60 CM=1 728 000 CM^3

Volume Weight: 1 728 000 CM^3÷6 000 CM^3/KG=288.0 KGS

Gross Weight: 289.2 KGS

Chargeable Weight: 289.5 KGS

查找 TACT Rules 3.7.2 的活动物运价规则,上海到西雅图属于三区到一区的货物运输,运价的构成形式是“110% of Appl. GCR”。

(1) 按查找的运价构成形式计算:

Applicable Rate: S 110% of Applicable GCR

110%×45.19 CNY/KGS = 49.71 CNY/KG

Weight Charge: 289.5×49.71=CNY 14 391.05

(2) 按较高重量分界点较低运价计算:

由于货物的计费重量 289.5 KGS 已经接近下一个较高重量点 300 KGS,可以考虑用较高重量点的较低运价计算得到较低的运费结果使用:

Chargeable Weight: 300.0 KGS

Applicable Rate: S 110% of Applicable GCR

110%×41.86 CNY/KGS = 46.05 CNY/KG

Weight Charge: 300.0×46.05=CNY 13 815.00

比较(1)和(2)的计算结果,取运费较低者。

因此,航空运费为:CNY 13 815.00

The AWB shall be filled in as follows:

No. of Pieces RCP	Gross Weight	Kg Lb		Rate Class	Chargeable Weight	Rate / Charge	Total	Nature and Quantity of Goods (Incl. Dimensions or Volume)
				Commodity Item No.				
1	289.2	K	S	Q110	300.0	46.05	13815.00	A LIVE PANDA DIMS: 240×120×60 CM

(三) 贵重货物运费计算

1. 贵重货物运价规则

(1) 贵重货物运价标准

贵重货物运价一般为相应的 45kg 以下普通货物运价的 200%(表 7-10),但也有例外情况。其中,中国与 IATA TC1 之间(经北中太平洋,除朝鲜半岛至美国本土各点外)贵重货物的运输,如果交运的货物重量达到或者超过 1 000kg 时,运价为相应的 45kg 以下普通货物运价的 150%(150% of the Normal GCR)。

表 7-10 贵重货物运价规则

Area:	Rate:
All IATA area	200% of the Normal GCR

(2) 贵重货物运输的最低收费标准

贵重货物的最低运费按相应的普通货物最低运费的 200%收取,但不得低于 50 美元或其等值货币。

2. 贵重货物运价与运费的计算

【例题 7-12】

Routing: BEIJING, CHINA(BJS)

to FRANKFURT, GERMANY(FRA)

Commodity: REAL PEARLS

Gross Weight: 32.0 KGS EACH, 10 PIECES TOTAL

Dimensions: 60×50×50 CM EACH

Applicable TACT Rates are as follows:

BEIJING	CN		BJS
Y. RENMINBI	CNY		KGS
FRANKFURT	DE	M	320.00
		N	42.60
		45	35.27
		300	31.71

解:

Volume: 60×50×50 CM×10=1 500 000 CM^3

Volume Weight: 1 500 000 CM^3÷6 000 CM^3/KG=250.0 KGS

Gross Weight: 32.0×10 = 320.0 KGS

Chargeable Weight: 320.0KGS

Applicable Rate: S 200% of the Normal GCR

200%×42.60 CNY/KGS = 85.20 CNY/KG

Weight Charge: 320.0×85.20=CNY 27 264.00

The AWB shall be filled in as follows:

No. of Pieces RCP	Gross Weight	Kg Lb	Rate Class		Chargeable Weight	Rate / Charge	Total	Nature and Quantity of Goods (Incl. Dimensions or Volume)
				Commodity Item No.				
10	320.0	K	S	N200	320.0	85.20	27 264.00	REAL PEARLS DIMS: 60×50×50 CM×10

(四)书报、杂志类货物运费计算

1. 货物的范围

IATA 规定的书报、杂志类货物包括报纸、杂志、期刊、图书、目录、盲人读物及设备。

2. 书报、杂志类货物的运价规则(表 7-11)

表 7-11 书报、杂志类货物的运价规则

Area:	Rate:
From China to All IATA Areas	50% of the Normal GCR

3. 书报、杂志类货物运输的最低收费标准

书报、杂志类货物的最低运费按公布的相应普通货物最低运费 M 收取。

书报、杂志类货物按等级货物运价的计费结果可以与按普通货物较高重量分界点较低运价计算结果相比较，按低者收费，但英国始发的有所不同。

4. 书报、杂志类货物运价与运费的计算

【例题 7-13】

Routing: SHANGHAI, CHINA(SHA)
to PARIS, FRANCE(PAR)

Commodity: A BOX OF MAGAZINES

Gross Weight: 42.0 KGS

Applicable TACT Rates are as follows:

SHANGHAI	CN		SHA
Y. RENMINBI	CNY		KGS
PARIS	FR	M	320.00
		N	52.81
		45	45.58
		100	41.06

解：

Gross Weight: 42.0 KGS

Chargeable Weight: 42.0 KGS

Applicable Rate: R 50% of the Normal GCR

50%×52.81 CNY/KGS = 26.41 CNY/KG

Weight Charge: 42.0×26.41=CNY 1 109.22

The AWB shall be filled in as follows:

No. of Pieces RCP	Gross Weight	Kg Lb	Rate Class	Commodity Item No.	Chargeable Weight	Rate / Charge	Total	Nature and Quantity of Goods (Incl. Dimensions or Volume)
1	42.0	K	R	N50	42.0	26.41	1 109.22	A BOX OF MAGAZINES

【例题 7-14】

Routing: BEIJING, CHINA(BJS)
to LONDON, UNITED KINGDOM(LON)

Commodity: CHILDREN's BOOKS

Gross Weight: 99.0 KGS EACH, 10 BOXES TOTAL

Applicable TACT Rates are as follows:

BEIJING	CN		BJS
Y. RENMINBI	CNY		KGS
LONDON	GB	M	320.00
		N	59.06
		45	42.26
		300	38.54
		500	31.26
		1 000	28.71

解:

Gross Weight: 99.0 KGS×10 = 990.0 KGS

Chargeable Weight: 990.0 KGS

(1) 按等级货物运价计算:

Applicable Rate: R 50% of the Normal GCR

50%×59.06 CNY/KGS = 29.53 CNY/KG

Weight Charge: 990.0×29.53=CNY 29 234.70

(2) 按较高重量分界点较低运价计算:

由于货物的计费重量 990.0 KGS 已经接近下一个较高重量点 1000.0 KGS,可以考虑用较高重量点的较低运价计算得到较低的运费结果使用:

Chargeable Weight: 1 000.0KGS

Applicable Rate: Q1 000 28.71 CNY/KG

Weight Charge: 1 000.0×28.71=CNY 28 710.00

比较(1)和(2)的计算结果,取运费较低者。

因此,航空运费为:CNY 28 710.00

The AWB shall be filled in as follows:

No. of Pieces RCP	Gross Weight	Kg Lb	Rate Class	Commodity Item No.	Chargeable Weight	Rate / Charge	Total	Nature and Quantity of Goods (Incl. Dimensions or Volume)
10	990.0	K	Q		1 000.0	28.71	28 710.00	CHILDREN'S BOOKS 10 BOXES

(五) 作为货物运输的行李运费计算

1. 作为货物运输的行李运价规则(表 7-12)

表 7-12　作为货物运输的行李运价规则

Area:	Rate:
From China to IATA Area 2	50% of the Normal GCR
From China to IATA Area 3	50% of the Normal GCR

2. 运价的适用范围

(1) 在 IATA 业务 2 区内(全部航程为欧洲分区例外)。

(2) 在 IATA 业务 3 区内(至或从美国领地除外)。

(3) 在 IATA 业务 2 区与 3 之间(至或从美国领地除外)。

(4) 在 IATA 业务 1 区与 2 区之间(至这从美国、美国领地至或从格陵兰岛例外)。

由此项规则可见,中国至 1 区运输的此类货物,不属于该等级货物的范畴,不能使用上述等级折扣运价,而应采用普通货物运价或指定商品运价。

3. 作为货物运输的行李的运输的最低收费标准

以 10 KGS 为最低的计费重量与适用运价(50% of the Normal GCR)计算的运费与公布的普通货物最低运费 M 比较,取高者。

4. 可以使用普通货物较高重量点的较低运价

5. 作为货物运输的行李的运价与运费计算

【例题 7-15】

Routing:　SHANGHAI, CHINA(SHA)
　to LONDON, UNITED KINGDOM(LON)

Commodity:　PERSONAL EFFECTS

Gross Weight:　8.8 KGS, 1 PIECE ONLY

Applicable TACT Rates are as follows:

SHANGHAI	CN		SHA
Y. RENMINBI	CNY		KGS
LONDON	GB	M	320.00
		N	57.00
		45	46.93
		100	43.56
		300	39.22

解:

Gross Weight:　8.8 KGS

Chargeable Weight:　9.0 KGS

由于 9.0 KGS<10 KGS,所以应按最低重量 10 KGS 来计算:

Chargeable Weight:　10.0 KGS

Applicable Rate:　R 50% of the Normal GCR

　50%×57.00 CNY/KGS = 28.50 CNY/KG

Weight Charge:　10.0×28.50 =CNY 285.00

又因为 CNY 285.00<CNY 320.00(SHA-LON 的最低收费标准),应取高者。

因此,航空运费为:CNY 320.00

The AWB shall be filled in as follows:

No. of Pieces RCP	Gross Weight	Kg Lb	Rate Class	Commodity Item No.	Chargeable Weight	Rate / Charge	Total	Nature and Quantity of Goods (Incl. Dimensions or Volume)
1	8.8	K	M		10.0	320.00	320.00	PERSONAL EFFECTS 1 PIECE

(六) 尸体、骨灰运费计算

1. 尸体、骨灰的运价规则(表 7-13)

表 7-13　　尸体、骨灰的运价规则

IATA Areas	Ashes	Coffin
All IATA Areas	Appl. GCR	Normal GCR
Within IATA Area 2	300% of Normal GCR	200% of Normal GCR

2. 尸体、骨灰运输的最低收费标准

尸体、骨灰的最低运费按公布的普通货物最低运费 M 收取,但在 2 区内最低运费为 200% 的 M,并且不得低于 65 美元或等值货币。

3. 尸体、骨灰的运价与运费计算

【例题 7-16】

Routing: BEIJING, CHINA(BJS)
to TOKYO, JAPAN(TYO)

Commodity: HUMAN REMAINS IN COFFIN, ONE PIECE ONLY

Gross Weight: 215.0 KGS

Dimensions: 230×70×50 CM

Applicable TACT Rates are as follows:

BEIJING Y. RENMINBI	CN CNY		BJS KGS
TOKYO	JP	M	230.00
		N	37.51
		45	28.13
		100	24.15

解：

Volume：　$230 \times 70 \times 50\ CM = 805\,000\ CM^3$

Volume Weight：　$805\,000\ CM^3 \div 6\,000 CM^3/KG = 134.17\ KGS = 134.5\ KGS$

Gross Weight：　215.0 KGS

Chargeable Weight：　215.0 KGS

Applicable Rate：　S 100% of the Normal GCR

$100\% \times 37.51\ CNY/KGS = 37.51\ CNY/KG$

Weight Charge：　$215.0 \times 37.51 = CNY\ 8\,064.65$

The AWB shall be filled in as follows：

No. of Pieces RCP	Gross Weight	Kg Lb	Rate Class		Chargeable Weight	Rate / Charge	Total	Nature and Quantity of Goods (Incl. Dimensions or Volume)
				Commodity Item No.				
1	215.0	K	S	N100	215.0	37.51	8 064.65	HUMAN REMAINS DIMS: 230×70×50 CM

本章小结

本章第一节和第二节首先介绍了海运班轮运价与运费、运价本的基本概念、班轮运费的构成、各类海运附加费，然后详细阐述了海运班轮运费的计费标准和计算方法。第三节和第四节首先介绍了航空运费及费收、最低运费和货币进整、运价体系、定价原则等基本概念，然后详细阐述了普通货物运价、指定商品运价和等级货物运价的基本概念和计算方法。值得说明的是，本书阐述的是IATA的运价计算规则和基本原理，实践中，货运代理操作会有所不同。通过本章的学习，读者应能够比较熟练地进行海运班轮和航空货物运价与运费的计算工作。

思考与练习

一、单项选择题(从下列每题给出的四个选项中，选择一个符合题目要求的选项)

1. 从上海运往大阪的一票航空货物，品名是报纸，计费重量是65kg，请问选择的适用运价是(　　)。

A. Normal GCR　　　　B. 50% of the Normal GCR

C. 45kg 的运价　　　　D. 100kg 的运价

2. 承运人在提单中列明有关运价本的条款，说明承运人的运价本与提单正面所记载的运价不一致时(　　)。

A. 以运价本为准　　　　B. 以提单记载为准

C. 提单条款无效　　　　D. 双方另行商定

3. 按商品的FOB价格的一定百分比计收的集装箱运输附加费是(　　)。

A. 旺季附加费　　B. 货币贬值附加费

C. 超额责任附加费　　D. 目的地交货费

4. FAK 费率是指(　　)。

A. 不同等级费率　　B. 均一费率

C. 重量/尺码选择费率　　D. 近洋航线费率

5. 航空货运的公布直达运价中,具有优惠性质的是(　　)。

A. 普通货物运价　　B. 指定商品运价

C. 等级货物运价　　D. 集装货物运价

二、判断题(判断下列各题的表述是否正确,正确的打"√",错误的打"×")

1. 在国际海上运输中,托运人托运一件货物。货物的毛重为 5.6t,体积为 8.7m^3,通常其运费吨就是 8.7t。(　　)

2. 航空运输活动物所用容器、饲料、饮用水等重量应包括在货物的计费重量内。(　　)

3. 班轮运输下的装卸费用通常应由班轮公司负担。(　　)

4. 在集装箱班轮运输中,进口货物的收货人没有在规定的时间内及时将空箱交还班轮公司,则收货人要向船公司支付滞箱费。(　　)

5. 按照港口规定和运价本的规定,通常将单件重量为 5t 以上的货物称为重件货,计收超重附加费。(　　)

三、简答题(结合所学知识,回答下列问题)

1. 简述班轮运价的特点。

2. 航空货运中常见的"其他费用"有哪些?

3. 简述国际航空货运的运价体系。

4. 简述影响班轮定价的主要因素。

5. 海运中常见的附加费有哪些?

四、案例分析题(结合所学知识,分析案例材料,回答问题)

A 货主委托 B 货代公司出运一批货物,从青岛到新加坡。B 货代公司代表 A 货主向 C 船公司订舱,货物装船后,B 货代公司从 C 船公司处取得提单。C 船公司要求 B 货代公司暂扣提单,直到 A 货主把过去拖欠该船公司的运费付清以后再放单。随后 A 货主向海事法院起诉 B 货代公司违反代理义务,擅自扣留提单而造成其无法按时结汇产生的损失。

根据上述案例,请分析:

(1) B 货代公司对 A 货主的损失是否承担责任? 为什么?

(2) C 船公司本身是否有权暂扣提单? 为什么?

五、计算题(结合所学知识,根据题目要求进行计算,列出计算过程和结果)

1. 某出口商以 CFR 成交一批出口货物,货物成交价 USD350 000。该出口商委托甲货运代理人查问这批货物从装货港到卸货港的海运运费。甲货运代理人从乙船公司那里得知运输这批货物按从价运费的方式计收运费,并且"Ad. Val."是 0.6%。假如你是货运代理人,请告诉该出口商,运输这批货物所需要支付的海运运费是多少?

2. Routing:　SHANGHAI, CHINA(SHA)
TO NAGASAKI, JAPAN(NGS)

Commodity:　Personal Effects

Gross Weight:　EACH 20.4KGS, TOTAL 6 PIECES

Dimensions：　TOTAL 6 PIECES，EACH 89×61×35 CM

计算航空运费。

公布运价如下：

SHANGHAI	CN			SHA
Y. RENMINBI	CNY			KGS
MAGASAKI	JP		M	230
			N	38.22
			45	28.13
			100	37.80
		0008	300	18.80
		0300	500	20.61
		1093	100	18.43
		2195	500	18.80

答案：

Volume：______________________________

Volume Weight：______________________________

Gross Weight：______________________________

Chargeable Weight：______________________________

Applicable Rate：______________________________

____

Weight charge：______________________________

参考文献

[1] 中国国际货运代理协会. 国际海上货运代理理论与实务[M]. 北京:中国商务出版社,2005.

[2] 中国国际货运代理协会. 国际航空货运代理理论与实务[M]. 北京:中国商务出版社, 2005.

[3] 孙明,王学锋. 多式联运组织与管理[M]. 上海:上海交通大学出版社,2011.

[4] 唐兵,孙明. 班轮运输实务与法规[M]. 珠海:珠海出版社,2006.

[5] 杨志刚,孙明,吴文一. 国际货运代理实务、法规与案例[M]. 北京:人民交通出版社,2006.

[6] 王学锋. 国际货运实务[M]. 北京:高等教育出版社,2006.

[7] 顾丽亚,孙明. 航空货运业务[M]. 上海:华东师范大学出版社,2007.

[8] 王义源,曾觊. 远洋运输业务[M]. 北京:人民交通出版社,2003.

[9] 於世成,杨召南,汪淮江. 海商法[M]. 北京:法律出版社,1997.

[10] 尹东年,郭瑜. 海上货物运输法[M]. 北京:人民法院出版社,2000.

[11] 王学锋. 提单实务及其法律[M]. 北京:中国商务出版社,2005.

[12] [美]G. 吉尔摩,C. L. 布莱克. 海商法[M]. 杨召南,王俊纯,王君粹,译. 北京:中国大百科全书出版社,2000.

[13] 司玉琢. 海商法[M]. 北京:法律出版社,2003.

[14] 傅旭梅. 中华人民共和国海商法诠释[M]. 北京:人民法院出版社,1995.

[15] 沈木珠. 海商法比较研究[M]. 北京:中国政法大学出版社,1998.

[16] 办理水路与航空运输案件法律依据[M]. 北京:中国法制出版社,2003.

[17] 牛鱼龙. 货代物流操作实务[M]. 上海:同济大学出版社,2007.

[18] 联合国亚太经社理事会. 货运代理[M]. 大连:大连海事大学出版社,1997.

[19] 杨占林. 国际货运代理实务精讲[M]. 2 版. 北京:中国海关出版社,2016.